本书获得重庆工商大学学术专著出版基金以及重庆工商大学高层次人才科研启动项目
“失能老人长期照护资源优化配置研究”（2155032）的资助

CHANGQI ZHAOHU FUWU TIXIZHONG ZHENGSHI HE FEIZHENGSHI ZHAOHU DE PINGHENG YANJIU

长期照护服务体系中正式和非正式照护的平衡研究

袁　笛／著

西南财经大学出版社
中国·成都

图书在版编目(CIP)数据

长期照护服务体系中正式和非正式照护的平衡研究/袁笛著.—成都:西南财经大学出版社,2022.6
ISBN 978-7-5504-5327-2

Ⅰ.①长… Ⅱ.①袁… Ⅲ.①老年人—护理—社会服务—研究—中国
Ⅳ.①D669.6

中国版本图书馆 CIP 数据核字(2022)第 066623 号

长期照护服务体系中正式和非正式照护的平衡研究
袁 笛 著

责任编辑:李晓嵩
责任校对:王甜甜
封面设计:墨创文化
责任印制:朱曼丽

出版发行	西南财经大学出版社(四川省成都市光华村街 55 号)
网　　址	http://cbs.swufe.edu.cn
电子邮件	bookcj@swufe.edu.cn
邮政编码	610074
电　　话	028-87353785
照　　排	四川胜翔数码印务设计有限公司
印　　刷	四川五洲彩印有限责任公司
成品尺寸	170mm×240mm
印　　张	12.75
字　　数	275 千字
版　　次	2022 年 6 月第 1 版
印　　次	2022 年 6 月第 1 次印刷
书　　号	ISBN 978-7-5504-5327-2
定　　价	88.00 元

前言

近年来，我国老年人口呈现规模大、高增长和高龄化的特征。传统的生命周期理论表明，随着年龄的增加，老年人会面临更迅速的体力衰减和更频繁的健康冲击，这必然增加失能、失智老人在总人口中的比例。中国具有悠久的孝文化传统，老年人的照护主要由家庭提供。家庭非正式照护不仅在伦理、道德上值得肯定和弘扬，也是中国老年人的优势偏好。随着经济社会的发展，家庭结构发生了转变。生育率的降低、人口流动的加快，使得家庭向小型化和核心化发展。人口老龄化引致的照护需求，尤其是符合中国老人观念的非正式照护需求与弱化了的家庭照护能力形成矛盾，不断加重家庭的照护负担。2011 年，随着社会养老服务的推进，针对失能老人的正式照护服务开始出现。然而，受经济、社会、文化因素影响，正式照护服务仍处于初步发展阶段，在满足失能老人照护需求方面发挥的作用有限。

在老龄化和孝文化传统的双重背景下，如何构建一个既能够满足失能老人需求，又与我国经济发展水平相契合的照护服务体系？在体系中通过怎样的机制设计实现正式和非正式照护的共担、互补、协调，以最低的成本解决老年人的长期照护问题？基于此，本书将正式和非正式照护纳入照护服务体系进行全面考察。首先，本书梳理了我国照护服务体系的历史演进与发展现状，基于大型微观调查数据，采用描述统计和回归分析的方法，刻画正式和非正式照护失衡的表现，指出照护服务体系存在失衡的问题。其次，本书从供给、需求和制度层面分析问题的成因，量化失衡问题对失能老人和家庭照护者产生的后果，为问题的解决提供理论和实证支撑。最后，本书在借鉴德国、日本照护服务体系发展经验的基础上，明确提出我国照护服务体系的发展目标和原则，借助系统动力学分析工具，提出我国照护服务体系中正式和非正式照护平衡发展方案。

本书共八章，各章主要研究内容和观点如下：

第 1 章绪论。本章主要介绍研究的背景、意义，在对国内外相关文献进行梳理和评述的基础上，阐述研究的目的、内容、思路和方法，指出研究的创新和不足，起到总揽全书的作用。

第 2 章理论基础。首先，本章全面梳理长期照护服务体系的已有概念，对长期照护、长期照护服务、长期照护服务体系以及正式和非正式照护进行界定。其次，本章厘清照护服务的理论属性，确认长期照护的准公共品性质和政府责任。再次，本章明确了照护服务供给、需求和利用的特殊性。最后，本章回顾平衡理论和责任分担理论，建立正式和非正式照护服务互动关系的理论分析框架。长期照护服务体系是社会保障中服务保障的重要组成部分，政府在照护服务体系构建中负有主导责任。随着福利多元理论的发展，照护服务供给主体转变为政府、市场、家庭和非营利组织，不同模式下筹资、决策和使用机制存在显著差异。长期照护属于老人的生理需要，具有基础性和迫切性。将这种需要转化为有效需求有赖于购买能力。照护需要的满足是通过照护服务利用来实现的，修正的安德森模型能够较好地解释老人正式和非正式照护的选择行为。利特瓦克（Litwak）的平衡理论和责任分担理论表明，正规组织和非正规组织虽然在组织架构方面有差异，但不是相互区隔的，依照正规组织和非正规组织的特点，可以实现不同的分工和任务匹配。

第 3 章照护服务体系的历史演进与发展现状。首先，本章依据照护对象、照护主体以及政府的支持政策，将照护服务体系的演变划分为三个阶段，分别为中华人民共和国成立初期到改革开放前、改革开放到 1998 年、1999 年至今，梳理中华人民共和国成立 70 多年来老年人长期照护服务体系的历史演进。其次，本章围绕正式和非正式照护两条主线，通过统计年鉴的描述性数据以及最新的地方实践，研究正式和非正式照护发展水平。在照护服务体系历史演进方面，政策对象从最初的“三无”（无劳动能力、无生活来源、无赡养人和扶养人）、“五保”（保吃、保穿、保住、保医疗、保葬）老人到全体老人，再到失能、半失能老人，政策重点从最初的经济保障到服务保障。从 2011 年开始，随着社会化养老服务的发展，正式照护服务设施和机构数量快速增长。在居家（社区）服务方面，社区嵌入式照护、连锁化微型机构、居家智慧照护系统、家庭养老夜间照护床位已在多个城市试点。在机构建设方面，政策扶持力度加大，准入标准降低。在非正式照护方面，独生子女护理假、喘息服务、照护指导、互助照护在多地试点。然而，解决老人长期照护问题的政策仍严重不足，缺乏统一规划，针对性较差；实践探索集中在经济发达城市，地区性强、范围较小、作用有限。

第4章正式和非正式照护的使用现状。本章基于中国老年健康影响因素调查（CLHLS）2005年、2008年、2011年、2014年和2018年的数据，采用描述统计的方式，分析正式和非正式照护在2005—2018年的使用占比和趋势；依据安德森健康行为模型建立研究框架，采用IV-Tobit、IV-Probit和联立方程模型，分析在中国现实条件下，正式和非正式照护的关系，尤其是针对不同失能程度的老人，两者关系的变化。依据2018年CLHLS数据，在失能老人中，正式照护服务的使用比例为13.83%，非正式照护服务的使用比例为84.62%。非正式照护对正式照护具有替代作用。随着失能程度的增加，非正式照护对正式照护的替代作用不降反增，即保持其他条件不变，对重度失能老人，家庭照护对正式照护的替代作用最强。据此可知，我国照护服务体系中存在正式和非正式照护失衡的问题。其具体表现为：一方面，失能老人对非正式照护依赖过重，使用占比远高于正式照护；另一方面，即便对照护负担沉重、技术要求较高的重度失能老人，正式和非正式照护仍然是相互替代、此消彼长的关系，两者之间尚未形成分工配合。

第5章正式和非正式照护不平衡的成因。本章从照护供给、照护需求、照护政策层面对不平衡的成因进行分析。首先，本章从供给数量、质量和结构三个角度分析正式照护供给存在的问题，并试图探析数量不足、质量不高和结构不合理背后的深层原因。其次，本章从需求侧探析失能老人的照护观念，并基于CLHLS微观数据和实地调研数据，对比分析失能老人的经济状况与正式照护服务价格，量化现阶段失能老人购买力困境。最后，本章从治理层面分析当前照护管理可能存在的缺失，利用长期照护保险政策评估框架，结合最新地方实践，探讨照护筹资机制在试点过程中可能存在的问题。在供给层面，正式照护资源总量不足，主要是由于尚未建立有效的资源动员机制，以及服务主体间竞争不平等。在质量方面，照护服务的发展一直嵌于养老服务之中，尤其是居家和社区照护专业性不够。在结构方面，新增机构多为中高端养老院和乡镇敬老院，将绝大多数中低收入失能老人排除在外。一方面，正式照护资源城乡发展不均衡；另一方面，正式照护资源在城市中的布局不合理。在需求层面，老人在传统观念下偏好家庭非正式照护，同时失能老人购买力与现行照护机构收费标准存在较大差距，限制了有效需求的转化。在制度建设层面，目前我国缺乏完善的照护管理机制，未形成照护管理的单一窗口。此外，我国尚未建立覆盖全国的照护筹资机制。试点城市的长期照护保险方案在参保身份和年龄、保障对象和程度、资金来源和标准、待遇支付范围和水平以及推动不同照护模式协同、促进照护产业发展方面存在一些共性问题，亟待继续探索。

第6章正式和非正式照护不平衡的后果。本章采用理论和实证的方法对不平衡的后果进行分析，一方面考虑对失能老人的影响，另一方面将家庭照护人员作为重要利益相关者，考察其承担的隐性成本，测算其应获得的货币补偿，使得对不平衡的后果既有感性认识，又有明确的政策指向。首先，随着人口结构和家庭结构的转变，非正式照护资源的可获得性下降，失能老人可能会陷入无人照护的困境。其次，老龄化引致的长期照护需求与现有家庭照护能力形成矛盾，不断加重家庭照护负担，其中不仅包含经济影响（该研究国内已经较为成熟），还包含健康影响。在长期，非正式照护者面临初始健康劣势，且高强度照护者、持续照护者更甚。随着时间的推移，虽然照护者能够逐渐适应照护角色，但最终仍是“劣势累积”效应占主导，照护对健康的负面影响具有长期持续性。最后，基于福祉评估法为非正式照护估价，依照样本均值一小时家庭老年照护的经济价值为10.3元。由于照护时间差异，每月对照护者的经济补偿应为598~2 687元。健康资本一旦失去就难以弥补，如果照护者通过使用大量医疗服务来解决健康问题，势必产生额外的个人及社会成本。对此，政府需要尽早规划制定公共政策以减轻家庭照护者的负担。家庭照护经济价值和补偿金额的测算结果可以作为津贴和服务供给的理论依据。

第7章正式和非正式照护平衡发展的国际经验。首先，本章对筹资机制与服务体系的互动机制进行剖析。其次，本章在我国已经决定采用社会保险筹资的背景下，梳理德国和日本照护制度的建立背景、制度框架、制度演进和制度效果，尤其是在非正式照护支持、正式照护市场培育、正式和非正式照护的引导与选择方面对比两国政策的异同和服务递送效果，以期汲取两国的经验，为我国照护服务体系转型升级提供政策建议。照护保险与照护服务存在相互作用、相互依赖、共同发展的互动关系。在对待非正式照护服务时，德国的突出特点是“再家庭化”，即在补充性原则下要求家庭优先承担照护责任，政府补足家庭照护能力的不足。日本的突出特点是“去家庭化”，即使用正式照护代替非正式照护。非正式照护的解体使得政府投入照护的资源不断增加。关于正式和非正式照护的协调配合，德国和日本都强调“消费者导向”，以失能人员需求为核心，以社区照护据点或介护管理员为桥梁，实现供求匹配，同时注重照护咨询、照护计划制订、照护质量的监督和反馈。德国和日本两国经验对我国具有以下启示：其一，长期照护服务的组织和递送无论是“去家庭化”还是“再家庭化”，个人和家庭都不是照护责任的唯一承担者。其二，消费者导向下正式和非正式照护的协调配合需要发挥政府管理与服务的职能。其三，正式和非正式照护的平衡需要明确两者的角色和责任定位，这需要充分考虑各国长期照护保障发展的历史脉络、社会价值系统以及人口和经济因素，尤其应关注正式和非正式照护资源的可获得性、“去家庭化”或“再家庭化”引发的经济成本以及对正式照护产业的长期影响。

第8章我国照护服务体系中正式和非正式照护平衡发展建议。首先，本章阐明正式和非正式照护平衡发展的目标与原则。其次，本章基于系统动力学视角，分析为满足失能老人需求，正式和非正式照护组织与递送各环节的因果关系，明确正、负反馈环上可以被政策干预的因素。再次，本章依照以上分析，充分考虑我国社会、经济和文化状况，得出正式和非正式照护平衡发展需要的政策基础。最后，在政策基础上，本章构建了正式和非正式照护平衡发展的实现路径。正式和非正式照护平衡发展的目标是实现两者共担、互补和协调。平衡发展需要充分发挥政府在照护体系建设中的主导作用，同时明确正式和非正式照护的角色与责任定位——非正式照护是基础，正式照护是有效补充。照护服务体系的优化需要加强顶层设计：建立照护管理机制、筹资机制、非正式照护支持政策体系以及正式照护主体和人力的有效动员政策体系。具体措施包括：以社区建设为基础，促成家庭、社区、机构间的技术和服务流动；以失能老人为核心，依托照护管理中心优化供求匹配；以保险给付方式为动力，实现照护服务互补融合；以文化建设为引领，推动照护观念发展革新。

本书主要的创新之处如下：

首先，在研究视角方面，以往照护服务相关研究将非正式照护作为体系中既定的资源，主要集中于正式照护服务的组织和递送分析。本书的研究将正式和非正式照护纳入照护服务体系，以改善服务利用结构，优化照护资源配置为目标，探索两者共担、互补、协调的具体路径和必要的政策支持体系，为长期照护保障研究提供了新视角。

其次，在实证研究方面，本书将家庭照护人员作为重要的利益相关者，考察提供家庭照护对其健康的长期影响，通过估算家庭照护的经济价值，为将非正式照护纳入政策范畴奠定了理论基础。其一，在分析非正式照护对照护者健康的长期影响中，本书首次基于生命历程的视角，采用增长曲线模型探讨随着年龄的变化，个体在不同照护状态下的健康轨迹，构造 QWB 综合指标来反映身体健康状况，并充分考虑不同强度和不同持续期照护者的异质性。其二，本书首次基于中国代表性数据，使用福祉评估法测算家庭老年照护的经济价值，并依照不同照护强度，计算家庭照护者需要的经济补偿金额。

最后，在研究结论方面，本书为正式和非正式照护的平衡提供了系统性解决方案。其一，本书基于日本和德国照护服务体系“去家庭化”和“再家庭化”的比较分析，结合我国的现实国情，明确了正式和非正式照护的角色与责任定位。其二，本书借助系统思考的环路概念，分析为满足失能老人需求，照护服务体系各环节的因果关系，明确正、负反馈环上可以被政策干预的因素，得出实现平衡需要的政策基础。其三，本书在政策基础上构建了正式和非正式照护平衡发展的实现路径。

袁　笛

2022 年 1 月

目录

1 绪论

1.1 研究背景和意义

1.1.1 研究背景

人口老龄化是当今世界各国普遍面临的一个挑战。我国从 1999 年年底进入老龄化社会，老龄人口呈现规模大、高增长和高龄化的特征。在总量和占比方面，2000 年的第五次人口普查结果显示，60 周岁及以上人口为 12 998 万人，占总人口的 10.46%；65 周岁及以上人口为 8 827 万人，占总人口的 7.10%①。2010 年的第六次人口普查数据表明，60 周岁及以上人口已达 17 759 万人，65 周岁及以上人口已达 11 893 万人，占总人口的比重分别为 13.32%和 8.92%②。截至 2019 年年底，我国 60 周岁及以上人口为 25 388 万人，占总人口的 18.1%；65 周岁及以上人口为 17 603 万人，占总人口的 12.6%③。联合国《2019 年世界人口展望报告》预测，我国 65 周岁及以上人口在 2025 年将超过 2 亿人，2035 年将超过 3 亿人，2040 年将达到 3.44 亿人，超过 37 个经济合作与发展组织（OECD）国家的总和，到 2050 年将达到 3.66 亿人，超过总人口比重的 1/4④。

---

① 数据来源：国家统计局. 中国 2000 年人口普查资料［EB/OL］.（2002-08-01）［2020-09-01］. http://www.stats.gov.cn/tjsj/pcsj/rkpc/5rp/index.htm.

② 数据来源：国家统计局. 中国 2010 年人口普查资料［EB/OL］.（2012-04-01）［2020-09-01］. http://www.stats.gov.cn/tjsj/pcsj/rkpc/6rp/indexch.htm.

③ 数据来源：国家统计局. 中华人民共和国 2019 年国民经济和社会发展统计公报［EB/OL］.（2020-02-28）［2020-09-01］. http://www.stats.gov.cn/tjsj/zxfb/202002/t20200228_1728913.html.

④ 数据来源：联合国. 2019 年世界人口展望报告［EB/OL］.（2019-06-17）［2020-09-01］. https://population.un.org/wpp/.

在老龄化发展速度方面，从2000年开始，我国老龄人口加速增长。1990—2000年，我国65周岁及以上人口年均增长为246万人；2000—2010年，我国65周岁及以上人口年均增长为307万人；2010—2019年，我国65周岁及以上人口年均增长达634万人；2017年后，我国65周岁及以上人口每年增速保持在5%以上。联合国《2019年世界人口展望报告》预测，2031年后我国65周岁及以上人口年均增长将超过1 000万人。

在高龄人口方面，2000年，我国80周岁及以上人口为799万人，占总人口的0.96%；2010年，我国80周岁及以上人口为1 337万人，占总人口的1.57%，绝对数量比2000年增加了75%。截至2019年年底，依照0.1%人口变动调查样本数据，我国80周岁及以上高龄老人占总人口的比例达2.19%，约为3 067万人，与2010年相比增加了一倍以上。

传统的生命周期理论表明，随着年龄的增加，老年人会面临更迅速的体力衰减和遭受更频繁的健康冲击，慢性病患病率显著增加。随着我国老龄化和高龄化进程的加速，失能、失智老人在总人口中的比例不断增加。2016年第四次中国城乡老年人生活状况抽样调查结果显示，失能、半失能老人约为4 063万人，占老年人口的18.3%。庞大的失能人口不断催生长期照护需求，确保老年人能够得到充足的照护引起了政府和社会公众的广泛关注。

资金保障和服务保障是老年长期照护的核心议题，照护筹资受到了较多关注，学界对其进行了广泛而深入的研究。在实践层面，我国已经开始探索社会长期照护保险筹资机制。2015年10月，党的十八届五中全会提出“探索建立长期护理保险制度”。2016年6月，人力资源和社会保障部印发《关于开展长期护理保险制度试点的指导意见》，部署在15个城市开展试点，并确定了“十三五”期间基本形成我国长期护理保险制度政策框架的目标。2020年9月，国家医疗保障局和财政部出台《关于扩大长期护理保险制度试点的指导意见》，新增14个试点城市。在理论层面，随着实践的发展，学者们对长期照护筹资做了大量研究。早在20世纪90年代末，国内出现个别研究介绍国外长期护理保险制度以及提出商业长期护理保险产品的设计构想。21世纪初，多数研究集中于国际长期护理保险经验，详细分析各国长期照护保险产生的政策环境、制度运行以及评价借鉴。2012年至今，学者们对我国长期照护保险的制度选择进行了深入讨论。随着各地照护保险试点的开展，试点地区政策比较、微观效应考察、保险费率厘定、基金平衡测算等研究大量涌现。

相比于资金保障，长期照护服务受到的关注较少，多数政策和研究将其视为一般化的养老服务。长期照护制度化的最终目的是满足失能、失智老人的照护需求，让其享有适切的照护服务。服务的提供和使用是照护制度设计的出发点与落脚点，这不仅需要资金支撑，更需要照护资源的介入和统筹服务。

当前，我国照护服务体系面临严峻挑战。在非正式照护方面，我国具有悠久的孝文化传统，老年人的照护主要由家庭提供。家庭非正式照护不仅在伦理、道德上值得肯定和弘扬，也是中国老年人的优势偏好。随着经济社会的发展，家庭结构发生了转变。从育龄妇女总计生育率来看，2003—2014 的 11 年时间，该指标波动下降，其中 2011 年低于 3%[①]。从人口流动来看，1990—2014 年，流动人口快速增长，2000 年达到 1 亿人，2010 年达到 2.21 亿人，占全国总人口的 18.5%。2015 年以来，流动人口虽然逐年减少，但仍保持在 2.4 亿人以上。从家庭结构来看，每户人口从中华人民共和国成立初期的每户 4.33 人减少到 2010 年的每户 3.10 人[②]。生育率的降低、人口流动的加快，使得家庭向小型化和核心化发展。人口老龄化的发展增加了照护需求，尤其是符合中国老人观念和习惯的非正式照护，而家庭结构变迁弱化了家庭照护能力，不断加重家庭照护负担。

在正式照护方面，2011 年，《社会养老服务体系建设“十二五”规划》首次提出，解决失能、半失能老人的养老问题，针对失能、失智老人的正式照护服务开始发展。2019 年，《国务院办公厅关于推进养老服务发展的意见》要求建立健全长期照护服务体系，并对正式照护服务提出了居家、社区、机构做好衔接的要求。截至 2019 年年底，全国养老机构和设施为 20.4 万个，共提供养老床位为 775.0 万个，每 1 000 名老人的养老床位数达到 30.5 个（民政部，2020）。然而，正式照护服务总量不足、资源错配的问题仍广泛存在。在机构、设施方面，和发达国家每 1 000 名老人 50 张养老床位相比（朱凤梅和王震，2016）[③]，我国仍有较大差距。在照护人力方面，2018 年，我国每 100 个 80 周岁及以上老人拥有的正式照护人员为 0.15 人[④]，低于经济合作与发展组织国家中正式照护供给最低的斯洛伐克（约为 0.5 人）（Colombo，et al.，2011）[⑤]。在服务供给效率方面，2014 年，国家

---

① 数据来源：《中国统计年鉴》（仅有 2003—2014 年的数据）。

② 数据来源：《中国统计年鉴》。

③ 朱凤梅，王震. 长期照护供需失衡的政策分析［J］. 中国医疗保险，2016（9）：34-37.

④ 根据《中国民政统计年鉴》，截至 2018 年年底，我国鉴定合格的养老护理员为 44 102 人。依照 0.1%的人口变动调查样本数据，2018 年年底我国 80 岁及以上老人为 2 954.48 万人。

⑤ COLOMBO，FRANCESCA，ANA LLENA-NOZAL，et al. Help wanted? Providing and paying for long-term care，OECD health policy studies［M］. Paris：OECD Publishing，2011：179.

统计局数据显示①，养老服务机构床位空置率高达48%。目前，我国正式照护服务体系仍处于初步发展阶段，受经济、社会、文化因素影响，在满足失能老人照护需求方面发挥作用有限。

依照中国老年健康影响因素调查（CLHLS）最新一期（2018年）的数据，约85%的失能老人依靠子女、配偶等提供的非正式照护，仅有13.83%的失能老人选择正式照护服务。失能老人过度依赖非正式照护，正式和非正式照护间缺乏协调、配合，当家庭成员由于种种原因无法胜任照护任务时，许多老人实质上处于"照护真空"状态。

在人口老龄化和孝文化背景下，如何构建一个既能够满足失能老人需求，又与我国经济发展水平和社会文化传统相契合的照护服务体系？在体系中如何配置正式和非正式照护资源？通过怎样的机制设计来实现正式和非正式照护的共担、互补、协调，以最低的成本解决老人的长期照护问题，是本书研究的核心所在。

1.1.2 研究意义

1.1.2.1 理论意义

照护服务体系之所以重要，是因为它决定着照护服务供给效率和效果。以往的研究将非正式照护作为体系中的既定资源，本书的研究将正式和非正式照护均纳入照护服务体系，以改善服务利用结构、优化照护资源配置为目标，构建两者的责任共担机制，提出了长期照护保障研究的新视角。本书基于大型微观调查数据，使用描述统计和计量经济学建模的方法，揭示正式和非正式照护发展不平衡的现象，探索其背后的成因，并将失能老人和家庭照护人员作为重要的利益相关者，量化分析可能带来的后果，丰富了长期照护微观效应的实证研究。本书基于"去家庭化"和"再家庭化"的视角解析日本、德国长期照护服务体系稳定运行的环境系统和动态效果，为照护政策的国际比较研究提供了新思路。本书借助系统动力学环路分析的方法，梳理照护服务体系中各要素的因果关系及干预措施，提出正式和非正式照护平衡发展的政策基础与具体路径，为解决我国老年长期照护问题提供了理论支撑。

1.1.2.2 现实意义

长期照护服务体系的建立健全关系着失能老人的生活质量、生命尊严，

① 国家统计局从2014年后不再公布入住数据。

是维护社会公平正义、和谐稳定的应有之义。在老龄化与孝文化传统的双重背景下，用有限的资金最大可能地激发不同照护资源的潜力，探索照护服务体系中正式和非正式照护共担、互补、协调的具体路径与必要的政策支持体系，其结论对促进长期照护资源的高效优质匹配和包容性高质量发展以及构建与我国经济社会发展相适应的照护服务体系具有积极的现实意义。

1.2 文献回顾和评述

1.2.1 国内外研究回顾

关于长期照护服务体系中正式和非正式照护的相关研究，本书分以下几个方面进行梳理：一是长期照护服务体系制度框架研究，二是正式照护的供求现状、影响因素和发展路径研究，三是非正式照护家庭决策的微观经济基础、隐性成本和经济价值研究，四是正式和非正式照护关系的理论与实证研究。

1.2.1.1 长期照护服务体系制度框架研究

第一，长期照护服务体系的类型划分。

照护服务体系是长期照护体制的重要组成，国外学者在福利国家体制比较的基础上对各国长期照护体制进行了划分（杨红燕，2019）[①]。埃斯平-安德森在《福利资本主义的三个世界》一书中依据“去商品化”的程度（劳动者摆脱市场依赖的程度），将欧洲福利国家划分为三类，分别是社会民主主义国家、法团主义国家和自由主义国家[②]，相应地，在不同福利体制下，照护服务体系呈现普享型、混合型和补缺型的特点。安德森对福利体制的划分成为制度类型学分析中广泛使用的工具。然而，有学者认为，安德森所强调的社会权利事实上是建立在男性养家、女性提供非正式照护的基础上，以“去商品化”为主要划分标准强调了国家和劳动力市场的关系，忽略了国家和家庭的关系，并不完全适用于长期照护体制分析。

① 杨红燕. 去商品化与去家庭化：老年照护服务体制的国际比较——以欧洲 14 个典型国家为例［J］. 江淮论坛，2019（2）：143-150.

② 哥斯塔·埃斯平-安德森. 福利资本主义的三个世界［M］. 苗正民，滕玉英，译. 北京：商务印书馆出版社，2010：13-40.

奥尔洛夫（Orloff，1993）① 建立了一个理论框架将社会福利提供中的国家和市场两方关系拓展到了国家、市场和家庭，并开始关注社会公共服务与女性就业及其自主性的联系。安托宁和西皮莱（Anttonen & Sipila，1996）② 支持奥尔洛夫的观点，将社会照护服务（social care services）引入社会政策的比较研究中，考察了欧洲 14 个国家的社会照护服务与女性就业的关系以及政府在提供社会照护服务时发挥的作用，将福利国家分为四类：第一类是斯堪的纳维亚模式。该模式的照护服务由政府筹资和组织，公民按需普遍享有，正式照护服务占较大比重。第二类是家庭照护模式。政府提供的公共照护服务十分有限，老人照护主要依赖家庭和“灰色市场”（grey market），极少富裕阶级购买市场化的正式服务。该模式以非正式照护为主导。第三类是盎格鲁-撒克逊收入调查模式。政府提供正式照护服务但仅针对最需要的群体，具有“残补”特征。第四类是欧洲大陆辅助模式。政府承担照护筹资职能，老人的照护需求优先由非正式照护资源满足，在家庭资源耗尽后，国家提供适量的正式照护。巴尔奇克和克雷德勒（Barczyk & Kredler，2019）对以上理论进行了验证，使用欧洲微观数据（health，ageing and retirement in europe，SHARE）和美国微观数据（health and retirement study，HRS）计算了在总照料时间中非正式照护的占比，发现在欧洲，非正式照护的使用存在“南北梯度”，即北部国家（比利时、丹麦、荷兰、瑞典）非正式照护时长仅为全部照护时间的 22%，对应斯堪的纳维亚模式；在中部国家（奥地利、法国、德国），该比例达到 43%，对应欧洲大陆辅助模式；在南部国家（如意大利、西班牙），该比例高达 81%，对应家庭照护模式；在美国，非正式照护的比例约为 54%③，对应盎格鲁-撒克逊收入调查模式。

正式和非正式照护的不同组合，匹配不同的筹资方式，从本质上体现了政府、市场和家庭的责任划分，是照护体系分类的重要依据。克劳斯等（Kraus，et al.，2010）对欧盟 21 个国家的长期照护体系进行分类，选取的指标包括体系中使用正式照护老人的比例、现金福利的可得性、被照护者

---

① ORLOFF A S. Gender and the social rights of citizenship：The comparative analysis of gender relations and welfare states [J]. American Sociological Review，1993，58 (3)：303-328.

② ANTTONEN A，SIPILA J. European social care services：Is it possible to identify models? [J]. Journal of European Social Policy，1996，6 (2)：87-100.

③ BARCZYK D，KREDLER M. Long-term care across Europe and the United States：The role of informal and formal care [J]. Fiscal Studies，2019，40 (3)：329-373.

是否有自主选择权以及公共照护支出占国内生产总值的比例[①]。阿普尔鲍姆等（Applebaum，et al.，2013）将长期照护体系分为五类，分类依据为正式照护的可及性、体系对非正式照护的依赖程度和筹资方式。在其分类下中国属于第四类，老人仅能获得有限的居家或社区正式照护服务，机构照护服务基本可得，无照护津贴以及服务严重依赖非正式照护，照护筹资为依赖税收的补缺型[②]。

第二，长期照护服务体系的构成要素。

关于长期照护服务体系的构成要素，国外众多学者认为，其应包含服务接受者（beneficiaries）、服务内容（benefits package）、服务提供者（providers）三部分，加上筹资模式（financing），构成完整的长期照护体系（Norton & Newhouse，1994[③]；Ikegami & Campbell，2002[④]；Colombo，et al.，2011[⑤]；Rhee，et al.，2015[⑥]）。服务接受者，即明确"谁使用照护服务"。这一要素包含两个重要环节，分别是照护需求的识别和受益人群的选择。规范评估和筛选标准，可以保证制度透明性（Brodsky，et al.，2000）[⑦]。服务内容，即明确"提供什么样的服务"。一般而言，长期照护服务既涉及部分医疗护理也包含生活照料。具体服务项目与可供选择的服务提供者密切相关。各国对照护服务体系效率、成本节约及服务使用者选择权的侧重不同。服务提供方式有津贴和实物两种。服务提供者，即"谁来提供照护服务"，由此将照护服务划分为正式和非正式照护（Norton，2000[⑧]；Colombo ，et al.，2011[⑨]）。

---

① KRAUS M，et al. A typology of long-term care systems in Europe ［R］. ENEPRI research report No. 91 for the assessing needs of care in European nations（ANCIEN）research project. Brussels：European Network of Economic Policy Research Institutes，2010.

② APPLEBAUM R，BARDO A，ROBBINS E. International approaches to long-term services and supports ［J］. American Society on Aging，2013，37（1）：59-65.

③ NORTON E C，NEWHOUSE J P. Policy options for public long-term care insurance ［J］. JAMA The Journal of the American Medical Association，1994，271（19）：1520-1524.

④ IKEGAMI N，CAMPBELL J C. Choices，policy logics and problems in the design of long-term care systems ［J］. Social Policy & Administration，2010，36（7）：719-734.

⑤ COLOMBO，FRANCESCA，ANA LLENA-NOZAL，et al. Help wanted? Providing and paying for long-term care，OECD health policy studies ［M］. Paris：OECD Publishing，2011：37-59.

⑥ RHEE J C，DONE N，ANDERSON G F. Considering long-term care insurance for middle-income countries：Comparing South Korea with Japan and Germany ［J］. Health Policy，2015，119（10）：1319-1329.

⑦ BRODSKY J，HABIB J，MIZRAHI I. Long-term care laws in five developed countries：A review ［R］. Geneva World Health Organization，2000.

⑧ NORTON E C. Long-term care ［M］. //CULYER A J，NEWHOUSE J P. Handbook of health economics. New York：North-Holland，2000：955-994.

⑨ COLOMBO，FRANCESCA，ANA LLENA-NOZAL，et al. Help wanted? Providing and paying for long-term care，OECD health policy studies ［M］. Paris：OECD Publishing，2011：43-46.

第三，我国长期照护服务体系的构成。

我国长期照护的相关研究始于 20 世纪 90 年代。1999 年，随着我国进入老龄社会，长期照护方面的研究开始增多。张笑天等（1995）[①] 最早对城市老人长期照护保障体制进行探讨，其认为该体制应该包含服务供给系统、经费保障系统以及相应的法律法规。党俊武（2007）[②] 分析了长期照料服务体系的内涵，并在此基础上建立了城镇照护服务体系的基本框架，包含服务对象、服务内容、服务提供者、服务场所、服务方式、服务标准与规范、管理监督机制以及服务费用筹措。林艳等（2009）[③] 就长期照护的基本概念进行辨析，从需求端出发阐明了长期照护服务体系的重要性，长期照护不等于"长期"加"照护"，而是在政治、经济、文化背景下构成的制度性安排。刘柏惠（2012）[④] 认为老人照护服务体系是基于供需关系形成的以提供照料服务为目标的整体，由不同的照护形式和模式构成。罗小华（2014）[⑤] 基于城市失能老人照护困境，提出城市长期照护体系的基本框架和发展战略，包含战略层面、制度供给层面（长期照护保险、服务管理体系、评估监督机制）、照护支持层面（硬件和软件支撑体系）和服务模式层面（将养老机构移植于社区"三位一体"的照护模式）。

第四，我国长期照护服务模式。

在照护服务体系框架搭建的基础上，国内学者开始探讨照护服务"如何提供"的问题，即照护服务模式的问题。目前，我国长期照护模式主要包含家庭照护、居家照护、社区照护和机构照护四种，相关研究主要从以下两个方面展开。

其一，在国外照护模式经验借鉴方面，王裔艳（2012）[⑥] 介绍了英国居家照护服务的经验，并提出厘清政府职责、发展居家照护机构、探索多种收费模式的建议。施巍巍（2013）[⑦] 梳理了发达国家应对照护困境的方式，包含居家照护社会化、长期照护模式多样化、遏制成本以及强化政府监管

① 张笑天，吕海清，张亚林，等. 城市老年人长期照护保障体制探讨［J］. 中国卫生事业管理，1995（9）：483-485.

② 党俊武. 中国城镇长期照料服务体系研究［D］. 天津：南开大学，2007.

③ 林艳，党俊武，裴晓梅，等. 为什么要在中国构建长期照护服务体系？［J］. 人口与发展，2009，15（4）：52-64.

④ 刘柏惠. 中国老年照料服务体系分析与重建［D］. 上海：上海财经大学，2012：5-6.

⑤ 罗小华. 我国城市失能老人长期照护问题研究［D］. 成都：西南财经大学，2014.

⑥ 王裔艳. 英国居家照料服务及其对我国的启示［J］. 人口与发展，2012，18（6）：24-30.

⑦ 施巍巍. 发达国家破解老年长期照护难点带给我们的启示［J］. 西北人口，2013，34（4）：105-109.

责任。周春山和李一璇（2015）[①] 总结了发达国家照护服务体系的理论和实践经验，认为长期照护应秉承“就地老化”的理念，通过连续性照护对居家、社区和机构三种模式进行资源整合。王震和朱凤梅（2017）[②] 提出国际照护趋向于非机构化，同时在服务提供者上越来越倾向于非政府化，政府转为社会服务购买者。平力群和田庆利（2016）[③]、邵思齐（2018）[④]、李佳和于昌健（2019）[⑤] 总结了日本照护服务体系“黄金计划”的内容和成效，并对其中“地域综合照护体系”制度化方式进行归纳。该制度提供了一个居家（社区）照护模式的国际样板，即不断充实保险服务，强化照护与医疗的合作，推动预防照护，提供完备的生活支援服务。罗丽娅和郭林（2019）[⑥] 介绍了西班牙照护模式，即通过立法肯定家庭照护的主体地位，注重公私部门的协调。荆涛等（2019）[⑦] 梳理了美国“居家扶助型”养老模式，主要由非正式照护人员在培训后提供照护服务，并可获得资金补贴。罗丽娅和丁建定（2021）[⑧] 从目标对象、责任主体、消费者选择、照护支出与照护范围比例、市场化程度等方面探讨了荷兰、英国和西班牙的照护服务体系，提出我国应重视福利文化因素，确立适度普惠的照护服务理念，明确不同层级政府责任，丰富照护服务选择。

其二，在我国照护模式的分析和对策研究方面，陈卫民（2004）[⑨] 基于CLHLS 2000 年的数据，分析城市照护服务供需矛盾，认为应建立照护服务的长效供给机制，包含巩固家庭照护、发展社区照护、提升机构照护三方面。袁小波（2007）[⑩] 基于 CLHLS 2005 年的数据分析了农村高龄老人照护

---

① 周春山，李一璇. 发达国家（地区）长期照护服务体系模式及对中国的启示［J］. 社会保障研究，2015（2）：83-90.

② 王震，朱凤梅. 长期照护服务供给的国际趋势［J］. 中国医疗保险，2017（2）：70-72.

③ 平力群，田庆立. 日本构建“地域综合照护体系”政策理念的提出及其制度化［J］. 社会保障研究，2016（5）：98-104.

④ 邵思齐. 日本社区综合照护服务体系的构建与借鉴［J］. 东北财经大学学报，2018（6）：69-76.

⑤ 李佳，于昌健. 日本“黄金计划”对我国长期照护服务体系构建的启示［J］. 现代日本经济，2019，38（3）：63-72.

⑥ 罗丽娅，郭林. “家庭主义福利”的审视与再修正：来自西班牙老年长期照护服务发展的经验［J］. 国外社会科学，2019（4）：112-121.

⑦ 荆涛，杨舒，仲维树. “居家扶助型”养老模式：美国经验与中国实践［J］. 社会建设，2019，6（6）：25-33.

⑧ 罗丽娅，丁建定. 典型福利国家老年长期照护服务的国际比较与价值启示［J］. 经济社会体制比较，2021（1）：22-32.

⑨ 陈卫民. 城市高龄老人的照护资源与照护供给分析［J］. 中国人口科学，2004（S1）：119-122，178.

⑩ 袁小波. 农村高龄老人的照料需求与照料供给分析［J］. 西北人口，2007（6）：34-37，43.

供需矛盾，提出鼓励家庭照料、发展机构照料的应对措施。丁一（2014）[①]在了解失能老人照护需求和意愿的基础上构建照护供给模式，主要包含家庭照护、家庭照护结合家庭病床、居家照护、居家照护结合家庭病床、社区照护、社区照护结合家庭病床、养老院和护理院 8 种实现方式。个别学者还倡导“整合照料”的理念，如杜鹏等（2014）[②] 提出了整合照料的概念、政策导向、路径选择及具体的运行管理；杨晓娟等（2016）[③] 提出我国照护服务的供给要实现服务整合（包含预防、医疗、康复和护理）和资金整合；梁誉和林闽钢（2017）[④] 提出我国在照护服务的整合模式，在组织层面，实现“决策-合作”模式，在服务提供层面实现医养护一体化、不同机构协作、完善照护管理以及运用“互联网+”技术。

1.2.1.2 正式照护的供求现状、影响因素和发展路径研究

众多养老服务体系和养老服务业研究中涉及正式照护服务，正式照护服务属于养老服务的一部分，但受益的老年群体不同。本部分聚焦失能、失智老人正式照护服务供求、影响因素和发展路径的文献，以提高综述的针对性。

第一，正式照护供求现状和影响因素。

裴晓梅（2004）[⑤] 分析了 2000 年年初我国城市照护服务发展现状，发现投资兴办照护机构不再局限于政府，部分机构为国有企业或集体所有，或者由个人兴办。居住对象也由“三无”老人扩展到了所有有需要的老人，但截至 2001 年年底自费居住老人占比不足 25%。正式照护服务存在需求过剩和机构空置的问题。该现象的产生主要是由于缺乏照护政策和标准、正式服务缺乏连续性和专业性。黄匡时（2013）[⑥] 在人口预测的基础上动态考察了正式照护资源的供需状况，发现未来照护资源依然面临很大缺口，2013—2050 年每年有 2 000 万～3 000 万老人入住机构的需求得不到满足，

① 丁一. 我国失能老人长期照护模式构建研究［D］. 北京：首都经济贸易大学，2014：169.

② 杜鹏，李兵，李海荣.“整合照料”与中国老龄政策的完善［J］. 国家行政学院学报，2014（3）：86-91.

③ 杨晓娟，丁汉升，杜丽侠. 美国老年人全面照护服务模式及其启示［J］. 中国卫生资源，2016，19（4）：354-357.

④ 梁誉，林闽钢. 论老年照护服务供给的整合模式［J］. 中共福建省委党校学报，2017（7）：88-95.

⑤ 裴晓梅. 老年型城市长期照护服务的发展及其问题［J］. 上海城市管理职业技术学院学报，2004（6）：35-37.

⑥ 黄匡时. 供求关系视角下的中国老年照料服务资源分析［J］. 中国人口·资源与环境，2013，23（S2）：488-491.

每年约有床位缺口 2 000 万~4 000 万张，护理人员缺口在 2050 年将达到 15 万人，因此应完善市场导向型养老照料政策体系，完善机构建设及相关配套措施。李明（2015）① 基于济南市城区入户调查和访谈数据，发现失能家庭具有较高的居家照护需求，主要集中于生活照料、健康指导和医疗护理三类服务。然而，从目前来看，社会化照护服务供给不足，主要表现在服务内容和设施的欠缺、管理体制的分块化、需求处理的碎片化。涂爱仙（2016）② 发现目前我国照护服务供需失衡，与低生育率和预期寿命延长密不可分，但政府责任存在缺位是导致这一现象的重要原因。政府应将社会照护政策落实到位，加大补贴、优惠力度，承担起政府对失能老人的责任。

部分研究深入分析了正式照护需求的影响因素。顾大男和柳玉芝（2008）③ 对老人的照料需要和照料费用的相关研究进行综述，发现国外众多研究证实老人的正式照护需要与个体的社会经济地位、种族、健康状况、居住安排、家庭照料资源的可获得性以及正式照护服务的内容、条件和地区密切相关。苏群等（2015）④ 基于城乡差异的视角对以上因素进行了本土分析，发现失能老人家庭人均收入和社区起居照料服务的供给对其选择正式照护具有显著影响。陆杰华和张莉（2018）⑤ 基于中国老年社会追踪调查（CLASS）2014 年的数据，采用 Logit 回归发现家庭代际支持、自评健康和养老观念对老人选择社会化照护方式具有重要影响。

第二，正式照护的发展路径。

关于正式照护的发展路径，杨团等（2008）⑥ 提出在农村发展长期照护产业，通过产业机制吸收过剩劳动力。荣增举（2013）⑦ 分析了青海省西宁市日间照料中心现存的问题，包括政府界定不清、民众认知模糊、设施闲置和忽视软件建设等，并提出日间照料中心应明确服务对象和功能，整合

---

① 李明. 济南市城区失能老年人居家长期照护现状及需求研究［D］. 济南：山东大学，2015.

② 涂爱仙. 供需失衡视角下失能老人长期照护的政府责任研究［J］. 江西财经大学学报，2016（2）：70-76.

③ 顾大男，柳玉芝. 老年人照料需要与照料费用最新研究述评［J］. 西北人口，2008（1）：1-6.

④ 苏群，彭斌霞，陈杰. 我国失能老人长期照料现状及影响因素：基于城乡差异的视角［J］. 人口与经济，2015（4）：69-76.

⑤ 陆杰华，张莉. 中国老年人的照料需求模式及其影响因素研究：基于中国老年社会追踪调查数据的验证［J］. 人口学刊，2018，40（2）：22-33.

⑥ 杨团，李振刚，石远成. 农村老人照护服务体系的初步探索［J］. 社会保障研究，2008（2）：116-131.

⑦ 荣增举. 社区老年日间照料中心存在的问题与对策：以青海西宁市为例［J］. 北京工业大学学报（社会科学版），2013，13（2）：19-23，58.

社区资源、降低服务成本、提高从业人员待遇和专业技能的建议。张娜和苏群（2014）[①] 对社会照料体系构建中的提供主体、融资主体和服务内容进行了讨论，建议发展城乡有别的、以需求为导向的社会照料服务体系。何文炯（2015）[②] 认为构建更加有效的正式照护服务体系，需要运用市场机制，使更多资源进入照护领域，推进服务均等化以及政府、家庭、企业和社会组织实现多元共治。唐钧（2015）[③] 提出在城市将照护筹资和服务打通，由保险公司牵头，成立照护服务机构联盟。张盈华和闫江（2015）[④] 提出实施社会化和产业化政策，培育照护服务市场。曹艳春和陈翀（2016）[⑤] 提出依托大数据，对照护需求者和长期照护机构进行分级、匹配，实现照护供需的短期和长期均衡。唐敏（2018）[⑥] 将正式照护服务分为三类，分别是为特殊失能老人免费提供的兜底服务、以成本价格为普通失能老人提供的非营利服务、以市场价格向全体失能老人提供的营利服务。谢立黎和付敏（2019）[⑦] 将照护模式分为公营型、公私合作型和私营型。照护模式具体又可以分为政府服务、合同承包、政府补助及自由市场模式。构建照护服务供给伙伴关系需要明确各方责任，提供多层次正式照护服务，政府需要扮演好在公私合作中的角色。同时，有的研究针对正式照护人力短缺的问题提出对策。肖云和陈涛（2013）[⑧] 提出加大政策扶持、转变就业观念、强化培训和激励机制。曹煜玲（2014）[⑨] 提出照护供给中的人力问题，包括缺乏统筹规划和管理、专业人员和志愿服务人员严重短缺，建议政府出台培训、补贴以及加快照护服务业发展等政策。李芳和姜日进（2019）[⑩] 提出建

---

① 张娜，苏群. 基于需要视角的我国老年照料问题分析：兼论社会照料体系的构建［J］. 学术论坛，2014，37（6）：135-139.

② 何文炯. 老年照护服务：扩大资源并优化配置［J］. 学海，2015（1）：88-93.

③ 唐钧. 中国老年服务的现状、问题和发展前景［J］. 国家行政学院学报，2015（3）：75-81.

④ 张盈华，闫江. 中国养老服务现状、问题与公共政策选择［J］. 当代经济管理，2015，37（1）：51-56.

⑤ 曹艳春，陈翀. 大数据背景下我国老年长期照护分级机制及其动态系统均衡探讨［J］. 社会保障研究，2016，23（1）：149-158.

⑥ 唐敏. 失能老人养老服务的理论模型、系统构成与支持体系［J］. 社会保障评论，2018，2（2）：148-156.

⑦ 谢立黎，付敏. 我国老年照护服务供给模式的变迁与选择［J］. 老龄科学研究，2019，7（4）：21-30.

⑧ 肖云，陈涛. 老龄背景下民营养老机构护理人员队伍的优化［J］. 四川理工学院学报（社会科学版），2013，28（2）：29-33.

⑨ 曹煜玲. 我国老年人的照护需求与服务人员供给分析：基于对大连和南通的实证研究［J］. 人口学刊，2014，36（3）：41-51.

⑩ 李芳，姜日进. 我国长期照护人力资源的短缺及其制度应对［J］. 东方论坛，2019（5）：44-52.

立照护人员合理的职业发展体系，鼓励退休人员、失业人员、农村富余劳动力进入照护行业等措施。

1.2.1.3 非正式照护家庭决策的微观经济基础、隐性成本和经济价值研究

第一，非正式照护家庭决策的微观经济基础。

在经济学领域，学者们将照护服务视为一种稀缺资源，对如何创造和分配照护资源进行了广泛的研究，形成了照护经济学（刘二鹏等，2019）①。依据微观经济学理论，国外学者构建了家庭照护决策的理论模型。

第一类研究认为老人使用非正式照护是由子女决定的。诺切拉和兹韦费尔（Nocera & Zweifel，1996）② 最早使用 Roy 模型考察子女非正式照护决策。在该模型中，子女的效用函数包含消费、闲暇和非正式照护，并受到时间和收入约束。子女是否提供非正式照护取决于照护的保留工资高低，这与子女在劳动力市场的工资密切相关，同时受到照护效率、闲暇和消费偏好的影响。分析表明，那些高收入、对消费评价较高的子女，不会减少工作时间，照护可能性较低；那些照护效率较高，比如与父母居住邻近的子女，提供家庭照护的可能性较高。在以上研究的基础上，斯马特等（De Zwart，et al.，2017）③ 加入了正式照护，即子女的照护决策变为了两种选择：一种是不工作提供非正式照护；另一种是工作，并且购买正式照护。此时，是否提供家庭照护还受每小时正式照护价格和工资率相对高低的影响。

第二类研究将非正式照护视为家庭决策。克里默和罗德尔（Cremer & Roeder，2017）④ 的模型包含两期。长期照护可以通过三种方式实现：一是子女提供非正式照护；二是父母购买商业保险，在失能时获得正式照护；三是父母通过社会保险，在失能时获得正式照护。他们假设三种方式可以完全替代。父母的效用来自财富，在第一期决定购买商业照护保险还是将部分财富作为遗产留给子女。无论做出哪种决定，父母在第一期的效用均会降低。在第二期，如果父母失能，他们可以选择使用商业保险提供的正

① 刘二鹏，张奇林，韩天阔. 照料经济学研究进展［J］. 经济学动态，2019（8）：99-115.

② NOCERA S，ZWEIFEL P. Women's role in the provision of long-term care，financial incentives，and the future financing of long-term care［M］. //Long-term care：Economic issues and policy solutions. Boston：Springer，1996：79-102.

③ DE ZWART P L，BAKX P，VAN DOORSLAER E K A. Will you still need me，will you still feed me when I'm 64? The health impact of caregiving to one's spouse［J］. Health Economics，2017（26）：127-138.

④ CREMER H，ROEDER K. Long-term care policy with lazy rotten kids［J］. Journal of Public Economic Theory，2017，19（3）：583-602.

式照护服务或子女提供的非正式照护服务。同时，子女在第二期决定提供的非正式照护时间与劳动供给，取决于工资和遗产的相对大小。结果表明，父母和子女间的博弈仅能得到次优结果，一方面可能是由于商业照护保险的附加保费太高或父母的支付能力不足，在第一期购买的商业照护保险不够；另一方面可能是由于在第二期子女有获得遗产的动机，导致非正式照护可能挤出有酬劳动。最后，非正式照护的供给可能低于最优水平，因为子女不会考虑父母对家庭照护的评价高于正式照护的评价。在这一模型中，购买力弱的父母是最需要社会长期照护保险进行兜底的群体，他们既无法购买充足的商业照护保险，也无法通过丰厚的遗产激励子女提供非正式照护，政府的介入有利于社会福利的提升。

第三类研究假设子女是利他的，即子女可以从提供照护中获得“过程效用”以及拥有健康的父母获得间接效用。由此，帕斯塔和塞图（Pestieau & Sato，2018）[①] 认为子女为父母提供非正式照护或提供经济支持（供父母购买正式照护），对两者的选择取决于子女的劳动生产率。低劳动生产率的子女的劳动收入较低，更倾向于提供家庭照护；高劳动生产率的子女更倾向于提供经济支持。因此，随着子女劳动生产率的提高，父母获得的照护服务或经济支持呈 U 形分布：在 U 形的左侧，随着子女劳动生产率的提高，其提供的非正式照护逐渐减少；在 U 形的底部，子女提供家庭照护和经济支持无差异；在 U 形的右端，随着劳动生产率的上升，子女提供的经济支持逐渐增加。在该模型中，收入较高的父母可以通过购买商业照护保险，为自己提供照护保障；收入较低、子女劳动生产率较高的父母也能获得充足的照护；收入较低、子女劳动生产率也较低的父母无法获得足够的照护服务，这部分人是需要政府重点关注的。政策制定者通过商业保险投保激励，实现富裕老人的自选择，对无保障老人提供适量的机构照护服务。

第二，非正式照护的隐性成本。

非正式照护虽然会带来直接成本，如家庭用于照料老人的直接现金支出（曾毅等，2008）[②]，但学者们更重视非正式照护的隐性成本。法斯特（Fast，et al.，1999）[③] 对非正式照护的隐性成本的类别进行了归纳，在此基

① PESTIEAU P，SATO M. Long-term care：The state，the market and the family［J］. Economica，2008，75（299）：435-454.

② 曾毅，陈华帅，王正联. 21 世纪上半叶老年家庭照料需求成本变动趋势分析［J］. 经济研究，2012，47（10）：134-149.

③ FAST J E，WILLIAMSON D L，KEATING N C. The hidden costs of informal elder care［J］. Journal of Family and Economic Issues，1999，20（3）：301-326.

础上分析了失能老人、照护者、照护者家庭、照护者雇主、全社会这五个主体分别承担的隐性成本。其中，非正式照护隐性成本包含经济成本（劳动就业相关机会成本，如工资、奖金、劳动生产率）和非经济成本（对心理、身体、社会交往的影响）。在五个主体中，家庭照护者（一般是失能人员的配偶或子女等近亲属）受到的负面影响最大，承担的隐性成本最多，应作为非正式照护隐性成本研究的核心。

其一，非正式照护对照护者劳动市场表现的影响。家庭照护的隐性经济成本主要是对照护者劳动市场表现的影响，国内关于这一领域的研究已经较为成熟。影响分为两个方面（Carmichael & Charles，1998）①：一个是在外延边际探讨提供家庭照护对劳动供给的影响，另一个是在内涵边际探讨家庭照护对照护者劳动时间、劳动收入的影响。蒋承和赵晓军（2009）② 最早探讨了照护父母对成年子女劳动参与率和工作时间的影响，他们使用 CLHLS 2005 年的数据，通过含有工具变量的两部模型，得出非正式照护对成年子女的就业概率和工作时间均有显著的负面影响的结论。刘岚等（2010）③ 将研究的重点集中于农村已婚妇女，基于 CHNS 2000—2006 年的数据，得出照护行为对她们的农业劳动时间并无显著影响，而对非农业劳动时间具有影响的结论，即照护老人会显著降低她们的非农业劳动时间。黄枫（2012）④ 使用 CHNS 1991—2009 年的数据，研究家庭照护对女性劳动参与率的影响，基于工具变量法，得出照护老人降低了女性的劳动参与率的结论。与父母同住的女性照护者劳动参与率降低了 0. 215，高强度照护者劳动参与率降低了 0. 695。马炎和李龙（2014）⑤ 使用第三期中国妇女社会地位调查数据研究城镇已婚中青年妇女照料父母对其就业状况的影响，得出家庭照护使得就业概率降低了 29. 6% 的结论。刘柏惠（2014）⑥ 使用 CLHLS 2002 年和 2005 年的数据，通过 Heckman 样本选择模型和 Oaxaca 分解，得出老年照料会降低照护者劳动参与率和工资水平，带来隐性的“工

---

① CARMICHAEL F, CHARLES S. The labour market costs of community care [J]. Journal of Health Economics, 1998, 17 (6): 747-765.

② 蒋承，赵晓军. 中国老年照料的机会成本研究 [J]. 管理世界，2009 (10)：80-87.

③ 刘岚，董晓媛，陈功，等. 照料父母对我国农村已婚妇女劳动时间分配的影响 [J]. 世界经济文汇，2010 (5)：1-15.

④ 黄枫. 人口老龄化视角下家庭照料与城镇女性就业关系研究 [J]. 财经研究，2012，38 (9)：16-26.

⑤ 马焱，李龙. 照料老年父母对城镇已婚中青年女性就业的影响 [J]. 人口与经济，2014 (2)：39-47.

⑥ 刘柏惠. 我国家庭中子女照料老人的机会成本：基于家庭动态调查数据的分析 [J]. 人口学刊，2014，36 (5)：48-60.

资惩罚”的结论。范红丽和陈璐（2015）[①] 基于 CHNS 2009 年的数据，采用工具变量法，发现老年照护对女性劳动参与存在替代效应而不是收入效应。陈璐等（2016）[②] 使用 CHNS 1991—2011 年横跨 20 年的数据，在控制内生性的基础上发现对高强度照护者而言（每周照护时间超过 20 小时），劳动参与率降低 7.31%，提供照护会降低女性每周劳动时间 2.8~4.8 小时，使其工资收入每周减少 7.21%；对 45~49 周岁的城镇女性，家庭照护对其提前退休决策无显著影响。至此，非正式照护对照护者劳动市场表现的影响已经得到了较为全面的考察。

其二，非正式照护对照护者健康的影响。国外早期的研究集中于家庭照护对照护者心理健康的影响，得到了负面影响的较为一致的结论；然而，对身体健康的影响，目前来看研究结论较为模糊。一些研究发现提供老年照护对子女身体健康有显著的负面影响。有研究者（Do，et al.，2015）[③] 基于韩国老龄追踪调查数据，发现为父母公婆提供照料会显著提高女性身体疼痛的发生率和自评健康较差的概率。有研究者（Pavalko & Woodbury，2000）[④] 基于美国妇女调查的数据，发现中年女性在整个照护持续期，健康指标并无显著变化。有研究者（Di Novi，et al.，2015）[⑤] 使用欧洲代表性数据，发现在北欧和欧洲大陆，老年照护能提升子女的健康水平。

研究结果差异较大，一方面受限于研究时选用的健康衡量指标。从照护者健康的研究趋势来看，相关研究已经从对心理健康、自评健康的考察逐渐过渡到对客观健康状况和影响机制的探讨（Harmell，et al.，2011）[⑥]。另一方面，照护者之间存在着异质性，如果将照护状态仅分为“是否提供照护”，忽视照护强度和照护持续期，可能会得到完全不同的结果。肯尼等（Kenny，et al.，2014）[⑦] 发现在老年照护者中并不是所有人均承受负面健康

① 范红丽，陈璐. 替代效应还是收入效应？家庭老年照料对女性劳动参与率的影响［J］. 人口与经济，2015（1）：91-98.

② 陈璐，范红丽，赵娜，等. 家庭老年照料对女性劳动就业的影响研究［J］. 经济研究，2016，51（3）：176-189.

③ DO Y K，NORTON E C，STEARNS S C，et al. Informal care and caregiver's health［J］. Health Economics，2015，24（2）：224-237.

④ PAVALKO E K，WOODBURY S. Social roles as process：Caregiving careers and women's health［J］. Journal of Health and Social Behavior，2000，41（1）：91-105.

⑤ DI NOVI C，JACOBS R，MIGHELI M. The quality of life of female informal caregivers：From scandinavia to the mediterranean sea［J］. European Journal of Population，2015，31（3）：309-333.

⑥ HARMELL A L，CHATTILLION E A，ROEPKE S K，et al. A review of the psychobiology of dementia caregiving：A focus on resilience factors［J］. Current Psychiatry Reports，2011，13（3）：219-224.

⑦ KENNY P，KING M T，HALL J. The physical functioning and mental health of informal carers：Evidence of care-giving impacts from an Australian population-based cohort［J］. Health & Social Care in the Community，2014，22（6）：646-659.

影响，当兼顾高强度照护和工作时，家庭照护才会损害照护者健康。莱格（Legg，2013）[①] 也得出高强度照护者的健康风险更大的结论。关于照护持续期，科埃和范·胡特托思（Coe & Van Houtvern，2009）[②] 发现子女一开始提供照护并不会对身体健康产生影响，只有持续照护才会降低已婚男性和女性的自评健康，并增加单身男性的心脏病发病率。时间可能在多个维度对照护者健康的变化产生影响。有研究表明当把观察期拉长，照护者和非照护者的健康差距才会逐渐出现（Bookwala，2009）[③]。施密茨和韦斯特法尔（Schmitz & Westphal，2015）[④] 使用德国社会经济调查数据发现，老年照护对女性心理健康有显著影响，这种影响随时间减弱，但对身体健康无论是短期还是中期均无影响。刘等（Liu，et al.，2015）[⑤] 使用美国数据，发现随着时间推移，老年照护者身体功能受损率上升，但身体疼痛率反而下降。

国内关于家庭照护对照护者健康影响的大样本代表性研究不多。刘岚和陈功（2010）[⑥]、顾和军和刘云平（2012）[⑦]、陈璐和范红丽（2016）[⑧] 的研究分别探讨城镇已婚妇女照护父母对自评健康的影响、农村妇女照护父母对自评健康的影响以及这种影响在城乡、家庭结构、居住模式上的差异。研究结果表明无论是在城市还是农村，照护父母与较差的自评健康密切相关，并且城镇女性、兄弟姐妹较少的女性、与父母同住的女性受到的负面影响更大。

第三，非正式照护的经济价值。

一般商品的价格由市场供求决定，非正式照护被排除在市场之外。范

---

① LEGG L, WEIR C J, LANGHORNE P, et al. Is informal caregiving independently associated with poor health? A population-based study [J]. Epidemiol Community Health, 2013, 67 (1): 95-97.

② COE N B, VAN HOUTVEN C H. Caring for mom and neglecting yourself? The health effects of caring for an elderly parent [J]. Health Economics, 2009, 18 (9): 991-1010.

③ BOOKWALA J. The impact of parent care on marital quality and well-being in adult daughters and sons [J]. The Journals of Gerontology Series B: Psychological Sciences and Social Sciences, 2009, 64B (3): 339-347.

④ SCHMITZ H, WESTPHAL M. Short-and medium-term effects of informal care provision on female caregivers' health [J]. Journal of Health Economics, 2015 (42): 174-185.

⑤ LIU Y, KIM K, ZARIT S H. Health trajectories of family caregivers: Associations with care transitions and adult day service use [J]. Journal of Aging and Health, 2015, 27 (4): 686-710.

⑥ 刘岚，陈功. 我国城镇已婚妇女照料父母与自评健康的关系研究 [J]. 人口与发展，2010，16 (5): 52-59.

⑦ 顾和军，刘云平. 照料父母对中国农村已婚妇女健康状况的影响 [J]. 妇女研究论丛，2012 (5): 23-27.

⑧ 陈璐，范红丽. 家庭老年照料对女性照料者健康的影响研究 [J]. 人口学刊，2016 (4): 48-59.

德伯格等（Van den Berg, et al., 2004）① 和卡曼斯科等（Koopmanschap, et al., 2008）② 对非正式照护经济价值评估的常用方法进行了分析比较。第一种是相对市价法（proxy good method），即用市场上替代品的价格（如正式照护）作为家庭照护的价格。该方法假设正式照护和非正式照护是完全替代品，两者没有质量和效率的差异。第二种是机会成本法（opportunity cost method），即以劳动市场的工资率为衡量基础，但对于无业、退休人员而言，其工资率不易获得，如果照护者牺牲的是闲暇时间，也无法使用工资率作为机会成本。第三种是假想市场评价法（contingent valuation method），即通过问卷设计询问非正式照护者每提供一小时照护希望得到多少补偿（willing to accept, WTA），或者减少提供照护时间希望支付多少报酬（willing to pay, WTP）。该方法能反映受访者偏好并加以量化。第四种是联合分析法（conjoint analysis），即通过选择性实验，让受访者排列几种假设的照护情形，计算得出照护的经济价值。此外，福祉评估法（well-being valuation method）也逐渐应用于非正式照护经济价值评估中。该方法将经济因素与非经济因素的影响结合起来，问题设置简便，仅需受访者回答对生活的整体主观感受，数据可得性较强。

在实证研究方面，范德伯格等（Van den Berg, et al., 2006）③ 比较了相对市价法和机会成本法，关于非正式照护经济价值的估计，两种方法分别得出每小时 12.19 欧元和 10.64 欧元。卡里等（Chari, et al., 2015）④ 使用机会成本计算了美国非正式老年照护的经济价值，一年约为 5 220 亿美元。梅耶尔等（Meijer, et al., 2009）⑤ 使用假想市场评价法发现非正式照护者每减少 1 小时照护，愿意支付的最高金额是 9.13 欧元；每增加 1 小时

---

① VAN DEN BERG B, BROUWER W B F, KOOPMANSCHAP M A. Economic valuation of informal care [J]. The European Journal of Health Economics, 2004, 5 (1): 36-45.

② KOOPMANSCHAP M A, VAN EXEL N J A, VAN DEN BERG B, et al. An overview of methods and applications to value informal care in economic evaluations of healthcare [J]. Pharmacoeconomics, 2008, 26 (4): 269-280.

③ VAN DEN BERG B, BROUWER W, VAN EXEL J, et al. Economic valuation of informal care: Lessons from the application of the opportunity costs and proxy good methods [J]. Social Science & Medicine, 2006, 62 (4): 835-845.

④ CHARI A V, ENGBERG J, RAY K N, et al. The opportunity costs of informal elder-care in the United States: New estimates from the American time use survey [J]. Health Services Research, 2015, 50 (3): 871-882.

⑤ MEIJER C D, BROUWER W, KOOPMANSCHAP M, et al. The value of informal care – a further investigation of the feasibility of contingent valuation in informal caregivers [J]. Health Economics, 2009, 19 (7): 755-771.

照护，希望得到的最低补偿是 10.52 欧元。范德伯格等（Van den Berg, et al., 2005）① 采用联合分析法，发现非正式照护人员需要的平均时薪为 12.36 欧元。范德伯格和费雷尔-I-卡博内尔（Van den Berg & Ferrer-I-Carbonell, 2007）② 基于福祉评估法，得出每小时非正式照护的经济价值为 9~10 欧元。

关于非正式照护的经济价值，国内相关研究较少。随着女性主义经济学的兴起和发展，越来越多的研究将“女性劳动”的衡量标准从“收入”转向“时间”，关注女性在非劳动力市场，即家庭中的无酬劳动（张林和黄蕾，2017）③。陈璐（2018）④、刘二鹏等（2019）⑤、南希·福布尔和宋月萍（2020）⑥ 从定性的层面分析了非正式照护经济价值核算的重要性。

第四，非正式照护的支持策略。

基于对非正式照护隐性成本、经济价值的认同，有学者提出我国也应该实施非正式照护支持策略。例如，李俊（2018）⑦ 总结了发达国家对家庭照护者提供的立法保护和经济投入措施，提出我国应实施全面灵活的照护者支持政策，同时应强化国家和志愿者组织对照护的责任，建立长期照护保险等。王莉和王东（2019）⑧ 提出对家庭照护人员，国家应在宏观层面出台非正式照护支持政策，在中观层面整合社区照护资源，提供喘息、培训等服务，推动社会舆论环境形成对家庭照护价值和贡献的认可。

1.2.1.4 正式和非正式照护关系的理论与实证研究

国外学者总结出几种照护模型，用来概括正式和非正式照护的关系。其一，有学者认为正式和非正式照护是替代关系，正式照护的介入，尤其是政府提供的公共照护服务会显著减少非正式照护的提供，同理，非正式

---

① VAN DEN BERG B, AL M, VAN EXEL J, et al. Economic valuation of informal care: Conjoint analysis applied in a heterogeneous population of informal caregivers [J]. Value in Health, 2008, 11 (7): 1041-1050.

② VAN DEN BERG B, FERRER-I-CARBONELL A. Monetary valuation of informal care: The well-being valuation method [J]. Health Economics, 2007, 16 (11): 1227-1244.

③ 张林，黄蕾. 女性主义经济学的兴起及衡量“女性劳动”价值的分析 [J]. 福建论坛（人文社会科学版），2017 (9): 161-165.

④ 陈璐. 家庭老年照料的成本和经济价值 [J]. 中国保险，2018 (12): 7-10.

⑤ 刘二鹏，张奇林，韩天阔. 照料经济学研究进展 [J]. 经济学动态，2019 (8): 99-115.

⑥ 南希·福布尔，宋月萍. 照料经济的特征、价值与挑战：基于性别视角的审视 [J]. 妇女研究论丛，2020 (5): 5-11.

⑦ 李俊. 支持非正式照料者：发达国家老年福利制度新动向及其对中国的启示 [J]. 学海，2018 (4): 80-86.

⑧ 王莉，王冬. 老人非正式照护与支持政策：中国情境下的反思与重构 [J]. 人口与经济，2019 (5): 66-77.

照护会减少失能人员社区照护服务的使用并延缓进入机构的时间（Cantor & Little，1985）[①]。其二，有学者认为正式和非正式照护是互补关系，家庭照护者使用正式照护的决策并不会减少其自身服务的提供（Chappell & Blandford，1991）[②]，两者具有不同的分工（Litwak，1985[③]；Messeri，et al.，1993[④]）。

国外在经济学框架内严谨探讨正式和非正式照护关系的实证研究从2000年起逐渐增多。范侯特和诺顿（Van Houtven & Norton，2004）[⑤] 基于美国数据研究子女提供家庭照护对正式照护的影响，结果表明非正式照护和正式照护是完全替代关系，家庭照护时间每增加10%，居家正式照护的使用概率降低0.87%，护理机构的入住概率降低0.77%，护理机构的入住时间减少两天。柏林等（Bolin，et al.，2008）[⑥] 使用欧洲数据（health，ageing and retirement in Europe，SHARE）研究发现，非正式照护对居家正式照护有替代作用，但对上门看病和住院仅具有补充作用，而且欧洲各国间的这种非正式对正式照护的替代效应存在差别，这种效应在推行家庭主义的南欧较强，在中欧和北欧逐渐减弱。邦桑（Bonsang，2009）[⑦] 同样使用欧洲数据（SHARE）研究来自子女的照护对正式照护的替代作用，发现当老人所需照护技术含量较低时，家庭照护才对正式照护存在替代作用。具体而言，家庭照护对家政服务有替代作用，但是随着老人失能程度的增加，这种效应消失，对居家医疗护理服务仅有微弱的补充作用。在研究方法方面，正式和非正式照护可能互为因果，学者们多采用工具变量法。例如，查尔斯和斯瓦克（Charles & Sevak，2005）[⑧] 基于美国数据（asset and health

① CANTOR M，LITTLE V. Aging and social care [M]. //BINSTOCK R H，SHANAS E. Handbook of aging and social sciences. New York：Van Nostrand Reinhold，1985：745-781.

② CHAPPELL N，BLANDFORD A. Informal and formal care：Exploring the complementarity [J]. Ageing & Society，1991，11（3）：299-317.

③ LITWAK E. Helping the elderly：The complementary roles of informal networks and formal systems [M]. New York：The Guilford Press，1985：8-12.

④ MESSERI P，SILVERSTEIN M，LITWAK E. Choosing optimal support groups：A review and reformulation [J]. Journal of Health and Social Behavior，1993，34（2）：122-137.

⑤ VAN HOUTVEN C H，NORTON E C. Informal care and health care use of older adults [J]. Journal of Health Economics，2004，23（6）：1159-1180.

⑥ BOLIN K，LINDGREN B，LUNDBORG P. Informal and formal care among single-living elderly in Europe [J]. Health Economics，2008，17（3）：393-409.

⑦ BONSANG E. Does informal care from children to their elderly parents substitute for formal care in Europe? [J]. Journal of Health Economics，2009，28（1）：143-154.

⑧ CHARLES K K，SEVAK P. Can family caregiving substitute for nursing home care? [J]. Journal of Health Economics，2005，24（6）：1174-1190.

dynamics of the oldest old study, AHEAD) 发现当不控制两者内生性时，非正式照护会增加护理院入住概率，即两者存在互补关系；当控制两者内生性时，非正式照护显著降低了护理院入住率，两者为替代关系。在操作层面，查尔斯和斯瓦克（Charles & Sevak）使用了两阶段最小二乘法，并分别检验一系列工具变量的有效性，如是否存在居住距离较近的儿子（女儿）、已婚的儿子（女儿）数量、未婚的女儿（儿子）数量、距离较近的女儿（儿子）数量等。范侯特和诺顿（Van Houtven & Norton，2004）① 使用两部模型和工具变量法，采用子女数和最大的孩子是女性作为非正式照护时间的工具变量。柏林等（Bolin，et al.，2008）使用子女数和子女是否居住在100千米以外以及最大子女的年龄作为子女照护时间工具变量。邦桑（Bonsang，2009）的研究由于被解释变量为是否使用正式照护和正式照护的使用数量，采用两部模型和工具变量法，其中采用子女与父母的居住距离和在子女中女儿的比例作为工具变量。在研究视角方面，柏林等（Bolin，et al.，2008）考察了正式照护和非正式照护关系的国别差异。邦桑（Bonsang，2009）构造了失能指数，并考察了随着失能程度的增加正式和非正式照护替代关系的变化。范侯特和诺顿（Van Houtven & Norton，2008）② 考察了家庭照护对长期照护费用的影响，并依据照护者来源和老人是否孤寡进行了异质性分析。

国内关于正式和非正式照护关系的研究，目前仍处于起步阶段。在理论分析方面，部分研究探讨了长期照护服务体系中正式和非正式照护的定位与关系。穆光宗（2002）③ 基于中国都市的社会养老问题，提出了一个理论构想，即建立以老年人自助互助为原则，以家庭支助为基础，以社区服务为依托，以法律政策为保障的老年照料体系。陈卫民（2002）④ 认为我国在照护服务体系构建中，应借鉴发达国家照护改革的经验，提供相应的政策支持，促成正式和非正式照护的融合。桂世勋（2008）⑤ 认为应该构建一个广义的老年照料体系，其中包含正式和非正式照护服务。唐咏（2012）⑥

---

① VAN HOUTVEN C H, NORTON E C. Informal care and health care use of older adults [J]. Journal of Health Economics, 2004, 23 (6): 1159-1180.

② VAN HOUTVEN C H, NORTON E C. Informal care and medicare expenditures: Testing for heterogeneous treatment effects [J]. Journal of Health Economics, 2008, 27 (1): 134-156.

③ 穆光宗. 中国都市社会的养老问题：以北京为个案 [J]. 中国人民大学学报，2002 (2): 80-87.

④ 陈卫民. 发达国家老年照护服务供给体制改革及其借鉴意义 [J]. 南开学报，2002 (3): 58-64.

⑤ 桂世勋. 构建广义的老年人照料体系：以上海为例 [J]. 人口与发展，2008 (3): 78-83.

⑥ 唐咏. 去碎片化：中国老年长期照护政策的整体化路径 [J]. 深圳大学学报（人文社会科学版），2012，29 (5): 83-88.

提出政府应合理配置长期照护资源，维持非正式照护的主体地位。杨团（2014）① 提出长期照护体系建设的核心目标是以家庭为本，以社区服务为基础。杨团（2016）② 再次提出中国长期照护的政策选择在中观层面要实施"家庭为根、社区为本、基层治理为重的长期照护社区计划"。李珍（2018）③ 认为要构建支持和维护家庭的长期照护政策体系。罗丽娅和丁建定（2019）④ 认为在照护服务体系中，正式和非正式照护是相互补充的共同体，而不是此消彼长的分离体。

在实证分析方面，林莞娟等（2014）⑤ 使用 CLHLS 2005 年和 CHARLS 2011 年的数据，基于工具变量法发现非正式照护能显著减少老人家政服务、养老院服务、门诊医疗等正式护理服务的使用。刘柏惠和寇恩惠（2015）⑥ 基于 CLHLS 2008 年的数据采用两阶段最小二乘法和 IV-Probit 模型研究社会照护和家庭照护的关系，得出社会照护会显著减少家庭照护的使用时间的结论。黄枫和傅伟（2017）⑦ 使用 CLHLS 2005 年、2008 年和 2011 年的数据发现日常时期家庭照料能显著降低家政费用，但对于临终老人而言，正式和非正式照料是互补关系。纪竞垚（2020）⑧ 基于中国老年社会追踪调查（CLASS）2016 年的数据构建了老年人家庭-社会照料模型，发现社会照护可以减轻家庭照护负担，但两者关系受到社会照护类型、老人健康以及家庭经济资源的影响，表现为非线性变化。

1.2.2 国内外研究评述

国外长期照护服务体系的研究起步较早，研究较为成熟。在福利国家建设期，研究集中于长期照护服务体系的分类、构成、发展导向以及机构

① 杨团. 以家庭为本、社区服务为基础的长期照护政策探索［J］. 学习与实践，2014（6）：82-91，207.

② 杨团. 中国长期照护的政策选择［J］. 中国社会科学，2016（11）：87-110，207.

③ 李珍. 关于完善老年服务和长期护理制度的思考与建议［J］. 中国卫生政策研究，2018，11（8）：1-7.

④ 罗丽娅，丁建定. 长期照护服务的国际实践举措与启示［J］. 学习与实践，2019（6）：67-76.

⑤ 林莞娟，王辉，邹振鹏. 中国老年护理的选择：非正式护理抑或正式护理：基于 CLHLS 和 CHARLS 数据的实证分析［J］. 上海财经大学学报，2014，16（3）：54-62.

⑥ 刘柏惠，寇恩惠. 社会化养老趋势下社会照料与家庭照料的关系［J］. 人口与经济，2015（1）：22-33.

⑦ 黄枫，傅伟. 政府购买还是家庭照料？基于家庭照料替代效应的实证分析［J］. 南开经济研究，2017（1）：136-152.

⑧ 纪竞垚. 中国居家老年人家庭-社会照料模型［J］. 人口研究，2020，44（3）：53-70.

照护等问题；在后福利国家时期，研究集中于照护服务递送的效率、照护主体的组合以及非正式照护支持等（赵怀娟，2012）[①]。

国内照护服务体系的相关研究开始于20世纪90年代，经历了国际经验借鉴、本国现状问题分析、制度框架搭建、服务模式探讨这几个阶段。在具体照护模式的研究中，多数研究集中于正式照护服务中居家、社区、机构服务的组织和递送，对供求现状和影响因素的研究较为成熟，提出了整合照料、公私合作、产业化、分级匹配、人力发展等具体政策。关于非正式照护，近几年学术关注度略有上升，主要集中于提供家庭照护对照护者劳动市场表现的影响以及零星的照护支持政策研究，但对其经济价值的核算尚处于空白，对其隐性成本的考察并不深入。

对正式和非正式照护关系的分析，应嵌入长期照护服务体系制度框架中。国内学者针对这一点，在实证方面探讨较多，但仍显不足。随着社会化养老趋势的发展，使用最新的数据才能捕捉正式和非正式照护关系的变化以及对不同失能老人两者的协调配合程度。在理论方面，由于起步较晚，我国学者对长期照护服务体系制度框架仍没有得出一致结论，在框架中正式和非正式照护的角色定位虽然多有讨论，也有研究提出要实现正式和非正式的融合发展，但对于如何实现，具体的路径和方式还不清晰。

1.3 研究目的和内容

1.3.1 研究目的

本书立足于中国人口老龄化背景，充分考虑中国家庭养老的孝文化传统，将正式和非正式照护纳入长期照护服务体系，着重解决以下问题：其一，照护服务利用是照护需求和供给相互作用的结果，正式和非正式照护的利用是否存在不平衡问题？其二，如果存在不平衡问题，造成这种现象的根源是什么？其三，依照当前人口结构和家庭结构发展趋势，不平衡问题对失能老人和家庭照护者会产生哪些影响，会引致哪些社会成本？其四，通过怎样的途径才能解决正式和非正式照护不平衡的问题，需要什么样的顶层设计及具体措施？

① 赵怀娟．老年人长期照护服务供给：国内学者相关研究综述［J］．福建江夏学院学报，2012（5）：62-67.

1.3.2 研究内容

本书共分为八章，各章研究内容如下：

第一章为绪论。本章主要介绍研究的背景、意义，在对国内外相关文献进行梳理和评述的基础上，阐述研究的目的、内容、思路和方法，提出研究的创新和不足，起到导览全书的作用。

第二章为理论基础。首先，本章全面梳理长期照护服务体系的已有概念，对长期照护、长期照护服务、长期照护服务体系以及正式和非正式照护进行界定。其次，本章厘清照护服务的理论属性，确认长期照护的准公共品性质和政府责任。再次，本章明确照护服务供给、需求和利用的特殊性。最后，本章回顾平衡理论和责任分担理论，建立正式和非正式照护服务互动关系的理论分析框架。由此，本章使照护服务体系的优化在宏观政策定位、中观方式选择、微观供需匹配上都有据可循。

第三章为照护服务体系的历史演进与发展现状。首先，本章依据照护对象、照护主体及政府的支持政策，将照护服务体系的演变划分为三个阶段，分别为中华人民共和国成立初期到改革开放前、改革开放到 1998 年、1999 年至今，梳理中华人民共和国成立 70 多年来老年长期照护服务体系的历史演进。其次，本章围绕正式照护和非正式照护两条主线，描绘照护服务体系发展现状，通过统计年鉴的描述性数据及最新的地方实践，总揽正式和非正式照护发展水平，为澄清体系的焦点问题奠定基础。

第四章为正式和非正式照护的使用现状。本章基于中国老年健康影响因素调查（CLHLS）2005 年、2008 年、2011 年、2014 年和 2018 年的数据，采用描述统计的方式，分析正式和非正式照护在 2005—2018 年的使用占比及趋势；依据安德森健康行为模型建立研究框架，采用 IV-Tobit、IV-Probit 和联立方程模型，分析在中国现实条件下，正式和非正式照护的关系，尤其针对不同失能程度的老人，两者关系的变化（是分工配合还是相互替代、此消彼长），以期明确正式和非正式照护失衡的表现，提出照护服务体系存在的问题。

第五章为正式和非正式照护不平衡的成因。在照护服务体系中过度依赖非正式照护，正式照护作用发挥不足，既有微观照护供给和需求的问题，也有宏观照护制度建设的问题。首先，本章从供给数量、质量和结构三个角度分析正式照护供给存在的问题，并试图探析数量不足、质量不高和结构不合理背后的深层原因。其次，本章从需求侧探析失能老人的照护观念，并基于 CLHLS 微观数据和实地调研数据，对比分析失能老人的经济状况与正式照护服务价格，量化现阶段失能老人购买力困境。最后，本章从治理层面分析当前照护管理可能存在的缺失，利用长期照护保险政策评估框架，结合最新的地方实践，探讨照护筹资机制可能存在的共性问题，为照护服务体系的优化奠定基础。

第六章为正式和非正式照护不平衡的后果。本章对照护服务体系不平衡的后果进行分析，一方面考虑对失能老人的影响，另一方面将家庭照护人员①作为重要利益相关者，考察其承担的隐性成本，测算其应获得的货币补偿，使得对不平衡的后果既有感性认识，又有明确的政策指向。首先，本章结合我国的人口形势和家庭结构，分析非正式照护资源现状，指出老人的照护困境。其次，本章基于中国健康与营养调查（CHNS）1991—2011 年的数据，在生命历程视角下，考察家庭老年照护对照护者身体健康的长期影响及其随年龄的变动趋势。最后，本章基于中国健康与养老追踪调查（CHARLS）2011 年的数据，采用福祉评估法测算非正式照护的经济价值和不同强度下照护者应获得的补偿，使这部分研究具有明确的政策意义。

第七章为正式和非正式照护平衡发展的国际经验。首先，本章对筹资机制与服务体系的互动机制进行剖析。其次，本章在我国已经决定采用社会保险筹资的背景下，梳理德国和日本照护制度建立背景、制度框架、制度演进和制度效果，尤其在非正式照护支持、正式照护市场培育、正式和非正式照护的引导与选择方面对比两国政策的异同和服务递送效果，以期汲取两国的经验，为我国照护服务体系转型升级提供政策建议。

第八章为我国照护服务体系中正式和非正式照护平衡发展建议。首先，本章阐明正式和非正式照护平衡发展的目标与原则。其次，本章基于系统动力学视角，分析为满足失能老人需求，正式和非正式照护组织与递送各环节的因果关系，明确正、负反馈环上可以被政策干预的因素。再次，本章依照以上分析，充分考虑我国社会、经济和文化状况，得出正式和非正式照护平衡发展需要的政策基础。最后，本章在政策基础上，构建正式和非正式照护平衡发展的实现路径。

① 一般为失能人员的配偶、子女等近亲属。

1.4 研究思路和方法

1.4.1 研究思路

本书依照提出问题、分析问题、解决问题的思路进行研究。非正式照护和正式照护共同构成老人照护支持网络。在基本概念界定、经典理论回顾的基础上，首先，本书梳理了我国照护服务体系的历史演进与发展现状，基于大型微观调查数据，采用描述统计和回归分析的方法，刻画正式和非正式照护失衡的表现，提出照护服务体系存在的失衡问题。其次，本书从供给、需求和制度层面分析问题的成因，量化失衡问题对失能老人和家庭照护者产生的后果，为问题的解决提供理论和实证支撑。最后，本书在借鉴德国、日本照护服务体系发展经验的基础上，明确我国照护服务体系的发展目标和原则，借助系统动力学分析工具，提出我国照护服务体系中正式和非正式照护平衡发展方案。

本书的研究框架如图 1-1 所示。

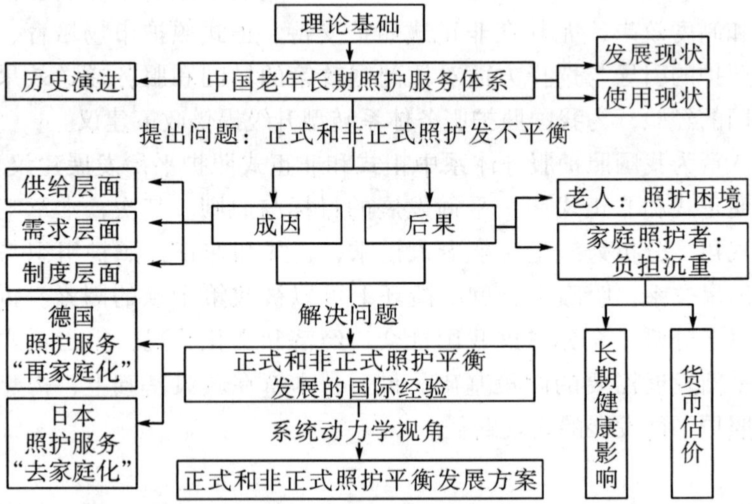

图 1-1 本书的研究框架

1.4.2 研究方法

长期照护服务体系中正式和非正式照护资源的平衡涉及社会、经济、文化等多个领域。本书从提出问题、分析问题到解决问题，综合运用了社会保障经济学、福利经济学、健康经济学、保险学和社会学等多学科的理论与分析范式，主要研究方法如下：

1.4.2.1 文献研究方法

一方面，本书回顾经济学、社会学经典理论，厘清长期照护服务体系的理论属性，明确照护服务供给、需求和利用的特殊性，深入理解平衡理论内涵，为正式和非正式照护的平衡搭建理论框架。另一方面，本书梳理国内外相关文献，包括长期照护服务体系制度框架研究，正式照护供求现状、影响因素和发展路径研究，非正式照护决策的微观经济基础、隐性成本和经济价值研究，正式和非正式照护关系的理论与实证研究，厘清研究对象的内涵和外延，总结已有研究成果，找到研究的突破点。

1.4.2.2 计量经济学研究方法

本书依托全国公开大型微观调查数据库，如中国老年健康影响因素调查（CLHLS）、中国健康与养老追踪调查（CHARLS）、中国健康与营养调查（CHNS）①，基于经典的安德森（Andersen）健康行为模型、格罗斯曼（Grossman）健康生产函数，构建非正式照护对正式照护的影响、家庭照护对照护者健康的影响、家庭照护经济价值评估的研究框架，采用 IV-Tobit 模型、IV-Probit 模型、联立方程模型、两阶段最小二乘法（2SLS）、增长曲线模型等估计方法，实证分析正式和非正式照护间的关系、非正式照护的隐性成本和经济价值，为我国照护服务体系的优化提供实证依据。

1.4.2.3 案例分析方法和比较分析方法

我国照护服务体系缺乏顶层设计，对其发展现状的梳理除了查阅地方政策文件，采集历年《中国统计年鉴》和《社会服务发展统计公报》中相关数据，更多是引用具有代表性的地方推动正式和非正式照护服务发展的实践案例，为两种照护方式的协调、配合整体方案的提出提供新思路。在国际经验部分，本书比较分析了日本和德国照护服务“去家庭化”和“再

---

① 本书选用 CLHLS、CHARLS 和 CHNS 三个数据库，主要因为 CLHLS 针对的是 65 周岁及以上的老年人，用于分析失能老人照护服务利用状况较为合适。当将家庭照护人员作为重要利益相关者分析时，CHARLS 样本较为合适，覆盖 45 周岁及以上受访者，但 CHARLS 全国样本时间跨度不足，CHNS 主要针对 52 周岁以下女性照护者，追踪时间跨越在 20 年以上，适合引入生命历程分析。

家庭化”的环境系统与动态效果，尤其在非正式照护支持、正式照护市场培育、正式和非正式照护的引导与选择方面对比两国政策的异同，以汲取两国经验，完善我国照护服务体系。

1.5 研究创新和不足

1.5.1 研究创新

随着我国老龄化的发展，对长期照护服务的研究不断涌现，与以往文献相比，本书在以下几方面有所尝试和创新。

首先，在研究视角方面，以往照护服务相关研究将非正式照护作为体系中既定的资源，主要集中于正式照护服务的组织和递送分析。本书的研究将正式和非正式照护纳入照护服务体系，以改善服务利用结构，优化照护资源配置为目标，探索两者共担、互补、协调的具体路径和必要的政策支持体系。本书在考察正式和非正式照护各自使用情况与配合情况的基础上，揭示体系存在的失衡问题，剖析问题的成因、后果，借鉴国际经验提出平衡发展框架，为长期照护保障研究提供了新视角。

其次，在实证研究方面，本书将家庭照护人员作为重要利益相关者，考察提供家庭照护对其健康的长期影响，通过估算家庭照护的经济价值，为将非正式照护纳入政策范畴奠定了理论基础。其一，在非正式照护对照护者健康的长期影响分析中，本书首次基于生命历程的视角，采用增长曲线模型探讨随着年龄的变化个体在不同照护状态下的健康轨迹，构造 QWB 综合指标来反映身体健康状况，并充分考虑不同强度和不同持续期照护者的异质性。其二，本书首次基于中国代表性数据，使用福祉评估法测算家庭老年照护的经济价值，并依照不同照护强度，计算家庭照护者需要的经济补偿金额。

最后，在研究结论方面，本书为正式和非正式照护的平衡提供了系统性解决方案。其一，本书基于日本和德国照护服务体系“去家庭化”和“再家庭化”的比较分析，结合我国的现实国情，明确了正式和非正式照护的角色与责任定位。其二，本书借助系统思考的环路概念，分析为满足失能老人需求照护服务体系各环节的因果关系，明确正、负反馈环上可以被政策干预的因素，得出实现平衡需要的政策基础。其三，本书在政策基础上规划正式和非正式照护平衡发展的实现路径：以社区建设为基础，促成家庭、社区、机构间技术和服务流动；以失能老人为核心，依托照护管理中心优化供求匹配；以保险给付方式为动力，实现照护服务互补融合；以文化建设为引领，推动照护观念发展革新。

1.5.2 研究不足

本书依旧存在一些不足。首先，实证分析主要依赖于大型公开调查数据，对失能老人正式和非正式照护利用情况的刻画不够细致，如 CLHLS 问卷中缺少多种居家（社区）正式照护服务的利用情况以及不同来源的非正式照护服务的使用时间等。其次，数据的时效性有所欠缺，其中 CLHLS 公开的最新一期为 2018 年的数据，CHNS 最新一期为 2015 年的数据，CHARLS 最新一期为 2018 年的数据。在 CHARLS 问卷中，由于本书研究的关键变量提问样本发生变化，因此本书在实证过程中仅采用 2011 年的数据。再次，由于时间和人力的限制，本书正式照护的调研数据仅来自成都市，一定程度上缺乏全国代表性。未来的研究希望能开展多地调研，通过问卷和访谈结合的方式，补充我国照护服务体系发展的最新代表性数据，充实和完善实证研究。

2 理论基础

本章就照护服务体系中正式和非正式照护平衡的理论基础进行论述。目前，学术界对长期照护服务体系的概念并未达成共识。全面梳理已有概念，明确其内涵和外延，是本书的研究需要解决的首要问题。照护服务体系中正式和非正式照护资源配置问题一方面是供给责任划分、供给方式选择问题，另一方面是需求分析、供需匹配问题。由此，本书首先厘清照护服务体系的理论属性，确认长期照护的准公共品性质和政府责任。其次，本书明确照护服务供给的特殊性，在福利多元主义影响下主流照护服务供给模式有哪些，正式和非正式照护服务的供给受到哪些因素影响。再次，本书以需求和需要理论的辨析为起点分析长期照护需求的一般性和特殊性，依照安德森模型建立老人照护服务利用行为模型。最后，本书回顾平衡理论和责任分担理论，建立正式和非正式照护互动关系的分析框架。本书的研究使长期照护服务体系的优化在宏观政策定位、中观方式选择、微观供需匹配上都有据可循。

2.1 基本概念界定

2.1.1 长期照护

1978 年，凯恩（Kane）提出了长期照护（long-term care）的概念，长期照护是为那些由于先天疾病或后天事故导致的失能群体提供的医疗护理、日常生活照料和相关的社会服务①。2000 年，世界卫生组织（WHO）提出

① 施巍巍. 发达国家老年人长期照护制度研究［M］. 北京：知识产权出版社，2012：16.

长期照护是由非正式照护提供者（家庭、朋友或邻居）和专业人员（卫生、社会和其他）开展的活动系统，以确保缺乏自理能力的人能根据个人的优先选择保持最高可能的生活质量，并享有最大可能的独立、自主、参与、个人充实和人类尊严。经济合作与发展组织（OECD）指出长期照护是围绕日常生活活动提供的协助性服务，即通常所说的个人照料服务，包括洗浴、穿衣、行走等活动项目。美国健康保险协会（HIAA）对长期照护的界定较为全面，即在一段较长的时期内，持续地为患有慢性疾病（包括早老性痴呆等认知障碍）或处于伤残状态下（出现功能性损伤）的人提供的护理服务，可以包括健康医疗服务（如住院护理、愈后的医疗护理及康复护理和训练）、社会服务、居家服务、运送服务或心理护理和临终关怀等其他支持性服务。关于"长期"的界定，主要体现在实践中，如社会长期照护保险的申领条件明确规定参保人员因年老、疾病、伤残等导致失能，经过治疗不能康复，丧失生活自理能力持续6个月以上。商业长期护理保险合同条款也载明被保险人丧失生活能力需要护理的，若该伤残为身体功能伤残，存在180天的观察期，观察期结束后才能根据鉴定结果给付保险金。

依据以上研究，本书对长期照护的界定如下：由正式和非正式照护人员，对连续6个月及以上日常活动能力或认知功能丧失人员，提供的生活照料、医疗护理及其他相关支持性服务。该定义表明了长期照护的提供者是正式和非正式人员；长期照护的接受者是存在功能障碍的个体，即失能（生活不能自理）或失智（认知功能障碍）人员；功能障碍存续的时间至少要在连续6个月及以上；长期照护的内容包含照料、护理及其他相关支持性服务。

虽然长期照护不仅针对老人，还针对其他因疾病或伤残导致的失能、失智群体，但不可否认的是，伴随着全球老龄化程度的加深，长期照护逐渐引起社会公众的广泛关注。在需要长期照护的群体中，绝大多数是老年人。在本书中，"照护""长期照护""照护服务体系"如无特别说明，主要针对的是老年群体。

2.1.2 长期照护服务

服务是指为他人做事，使他人获益的一种有偿或无偿的活动。服务通常是无形的、为了满足他人需求的劳务形式。长期照护本身就包含服务的内涵。本书使用"长期照护服务"的概念，目的是突出在长期照护体系中，以满足失能、失智老人需求为目的，服务的优化配置是论述的重点。

长期照护服务与养老服务既有区别又有联系。从含义上来看，董红亚（2010）[①] 指出养老服务是政府和社会为老年人安度晚年提供的各类服务的总称，包含经济供养、生活照料、精神慰藉、社会参与等。照护服务是组织或个人为失能、失智老人提供的生活照料、医疗护理和相关支持性服务。养老服务项目涵盖更广泛，照护服务是养老服务的重要组成部分。养老服务的对象是全体老人，照护服务的对象主要是失能、失智老人。

2.1.3 长期照护服务体系

关于长期照护服务体系，目前仅有零散的讨论。

一方面，有学者使用其广义概念，接近于整个照护制度安排。党俊武（2007）[②] 认为满足失能老人长期照料需求，最根本的出路是建立长期照料服务体系[③]。该体系包含服务提供者、服务对象、方式、内容、场所、标准和规范、管理监督体制、服务费用筹措八项内容。陶裕春（2013）[④] 认为长期照护服务体系是社会保障体系的重要组成，在体系框架搭建方面从居家、社区、机构照护形式的协调、多元递送体系、评估体系、管理体系、筹资体系和人力资源体系几方面提出建议。

另一方面，有学者使用其狭义概念，即对失能老人提供照料、护理等服务行为，以及围绕这一行为形成的设施和制度。吕宝静（2001）[⑤] 认为老人的社会照顾体系是由家人、亲戚、朋友等提供的非正式支持和由社会服务机构及其工作人员提供的服务组成的支持系统。宋岳涛（2009）[⑥] 认为长期照护服务体系与老年人的医疗服务、养老服务体系同等重要，主要应包含长期照护管理机构、服务机构、人才队伍、信息化管理和保障网络几部分。刘柏惠（2012）[⑦] 认为老年照料服务体系是供需双方按照秩序形成的以提供照料服务为目标的整体，是不同照料模式和照料形式的组合。肖云

① 董红亚. 中国政府养老服务发展历程及经验启示［J］. 人口与发展，2010（5）：86.

② 党俊武. 中国城镇长期照料服务体系研究［D］. 天津：南开大学，2007：184-186.

③ “长期照料”和“长期照护”均来自英文“long-term care”的翻译，本书将其等同。

④ 陶裕春. 失能老年人长期照护研究［M］. 南昌：江西人民出版社，2013：233.

⑤ 吕宝静. 老人照顾：老人·家庭·正式服务［M］. 台北：五南图书出版股份有限公司，2001：7.

⑥ 林艳，党俊武，裴晓梅，等. 为什么要在中国构建长期照护服务体系？［J］. 人口与发展，2009，15（4）：52-64.

⑦ 刘柏惠. 中国老年照料服务体系分析与重建［D］. 上海：上海财经大学，2012：5-6.

(2017)①认为长期照护服务体系是面向失能老人提供生活照料、康复护理、精神慰藉、紧急救援、社会参与等设施、组织、人才和技术要素形成的网络以及服务标准、运行机制、监管制度。

此外，还有学者对长期照护体系进行了界定。林艳（2009）认为长期照护体系是在特定政治、经济、文化、社会背景下，不同部门构成的制度性安排。目标系统，即“就地老化”；运行系统包含社会文化环境、道德、血缘亲情等；支持制约系统包括硬扶持（质量控制和信息系统）和软扶持（政策法规、准入机制、照护保险）；资源系统包含人力资源（家庭成员和专业人员）、机构设置及资金（来自政府、市场和个人）。邬沧萍和杜鹏(2012)②提出了中国长期照料体系的初步构想，以服务主体（家庭、社区、机构）为依托，对服务内容、硬件设施、软件设施、资金筹措机制进行统筹规划，通过法律法规对运作的各个环节予以规范，制定配套政策并由相应部门监管，通过试点，不断完善，最终确立。

借鉴以上研究，结合邬沧萍和杜鹏（2012）对养老体系的界定，本书认为长期照护不仅需要资金支撑，更需要资源介入和统筹服务，因此长期照护体系包含物质保障体系和服务体系两部分。服务体系是本书的研究对象（使用其狭义概念）。长期照护服务体系是为满足失能、失智老人服务需求，保障失能、失智老人生活质量，将各种正式和非正式服务资源有效结合在一起的服务政策、服务项目和服务内容的总和。

2.1.4 正式和非正式照护服务

按照供给来源，长期照护服务体系由正式照护服务体系和非正式照护服务体系构成（施巍巍，2012)③。亚伯（Abel，1986)④认为正式照护(formal care）是由专业人员为老年人提供的有酬服务。正式照护可以由老人或他的家庭以现金的形式支付，也可以由私人保险或公共保险支付⑤。霍曼（2007)⑥指出非正式照护（informal care）是由家庭、朋友以及邻居为

① 肖云. 中国失能老人长期照护服务问题研究［M］. 北京：中国社会科学出版社，2017：25.

② 邬沧萍，杜鹏. 老龄社会与和谐社会［M］. 北京：中国人口出版社，2012：420.

③ 施巍巍. 发达国家老年人长期照护制度研究［M］. 北京：知识产权出版社，2012：24.

④ ABEL E K. Adult daughters and care for the elderly［J］. Feminist Studies，1986，12（3）：479-497.

⑤ 国务院发展研究中心社会部课题组. 养老服务体系发展的国际经验与中国实践［M］. 北京：中国发展出版社，2019：290-293.

⑥ 霍曼. 社会老年学：多学科的视角［M］. 周云等，译. 北京：中国人口出版社，2007：419.

在日常活动能力（ADL）和工具性日常活动能力（IADL）方面有需要的人提供的无偿帮助。以上界定强调了正式照护提供人员的专业性和有酬性质，以及非正式照护提供者的亲友、邻居身份和无偿性。吴华（2011）[①] 对正式和非正式照护的界定与以上界定基本相同。刘妮娜和郭月青（2017）[②] 认为正式和非正式照护资源重要的划分标准是“是否需要付费”。刘和肯迪格（Liu & Kendig，2000）[③] 根据付费主体将正式照护资源分为个人支付型（营利型）、政府部分支付型（志愿型或半营利型）和政府全部支付型（福利型）三类。

科伦布等（Colombo，et al.，2011）[④] 认为正式照护包含在正式雇佣法规范围内（formal employment regulations）提供的所有照料和护理服务。其中，正式照护人员（formal LTC workers）包括护士（nurses），即按照国际标准职业分类（ISCO-08）中代码为2221的专业护士和代码为3221的助理护士，在家或照护机构（不是医院）提供护理服务；护理员（personal care workers），即按照ISCO-08中代码为53（其没有通过护士资格认证），为居家或机构老人提供洗澡、穿衣、修饰等个人照料服务。科伦布等对非正式照护没有直接界定，他们指出家庭照护者（family carers）包含定期提供长期照护服务的个体，通常是无偿的、没有合同的，如配偶、其他家庭成员、邻居和朋友。非正式照护者一般作为家庭照护者的专业术语使用，严格来讲，非正式照护者还包含部分“有酬”照护人员，但他们提供的服务不是基于正式雇佣法规，如国外非法移民形成的照护“灰色市场”。科伦布等划分正式和非正式照护的依据主要是照护提供者是否受到正式雇佣法规的约束。

曾宪新（2012）[⑤] 认为非正式照护体系（informal care systems）是解决老人照护问题的自然机制，其由家庭、朋友和邻居组成。正式照护体系（formal care system）主要包括经济和政治制度、公立和私立社会福利机构及

① 吴华. 苏北城市社区老年社会问题研究：以徐州市为例［M］. 徐州：中国矿业大学出版社，2011：100.

② 刘妮娜，郭月青. 城乡有别：我国老年人照料方式的选择［M］. //中国人口学会. 新形势·新挑战·新机遇：中国人口学会年会论文集（2016）. 北京：中国人口出版社，2017：350-367.

③ LIU W T, KENDIG H. Critical issues of caregiving: East-west dialogue［M］. // LIU W T, KENDIG H. Who should care for the elderly: An east west value divide. Singapore: Singapore University Press, 2000.

④ COLOMBO, FRANCESCA, ANA LLENA-NOZAL, et al. Help wanted? Providing and paying for long-term care, OECD health policy studies［M］. Paris: OECD Publishing, 2011: 11-12.

⑤ 曾宪新. 北京市社区养老支持对老年健康的影响研究［M］. 北京：中国人口出版社，2012：18-24.

各种社会志愿团体。正式照护体系的协助者通常在科层制的结构下，以可预测、有组织的方式输送服务。曾宪新的界定丰富了正式照护的内涵，尤其是认为正式照护的服务输送具有组织性。吕学静等（2012）① 认为正式照护主要是指由政府、非政府组织和私人机构为老年人提供的养护服务。张盈华（2015）② 也认为正式照护是由专门机构或服务供给商提供的收费型服务。国务院发展研究中心社会部课题组（2019）③ 在分析英格兰正式照护服务时，认为其是由相关组织提供的、收费的服务。刘二鹏等（2019）④ 提出正式照护是由政府、社会团体、企业等正式组织提供的货币化和专业化的服务。

正式和非正式照护的划分标准涉及供给主体与接受者是否具有既定社会关系、供给主体是否具有专业性、使用者是否需要付费、供给主体是否受雇佣法规约束以及服务输送模式是否具有组织性。在结构特征方面，施巍巍（2012）⑤ 指出正式和非正式照护在招募（recruitment）、承诺（commitment）和任务（tasks）三方面具有显著差异（见表 2-1）。

表 2-1　正式和非正式照护结构比较

类别	正式照护	非正式照护
招募	技能知识	亲属、婚姻、友谊
承诺	有限，多数为收费服务	长期，建立在感情、责任的基础之上
任务	技能技巧	通过社会化以及基本的和工具性的活动发展的技能

综合以上观点，本书提出正式照护（formal care）是由政府、企业、社会团体等正式组织提供的货币化、专业化的服务，服务使用者与提供者之间会达成服务契约。在一般情况下，正式照护体系的服务人员受过正规培训，在特定的组织规范下以可预测的方式输送服务，具有任务取向、目标导向、特定时段内提供、专业化和需要付费的特征。

非正式照护（informal care）是由家庭成员（如配偶和子女等）、邻居、朋友等个体提供的非专业服务，无收费标准且不以收费为目的。非正式照

① 吕学静，江华. 基于社交网络的北京市城市老年人服务体系研究［M］. 北京：首都经济贸易大学出版社，2012：15-16.

② 张盈华. 老年长期照护制度选择与国际比较［M］. 北京：经济管理出版社，2015：17.

③ 国务院发展研究中心社会部课题组. 养老服务体系发展的国际经验与中国实践［M］. 北京：中国发展出版社，2019：151-153.

④ 刘二鹏，张奇林，韩天阔. 照料经济学研究进展［J］. 经济学动态，2019（8）：99-115.

⑤ 施巍巍. 发达国家老年人长期照护制度研究［M］. 北京：知识产权出版社，2012：24-28.

护服务具备五个特征：提供非技术性帮助（如个人照护、家务劳动等），能够符合老人即兴需求，能够迅速为老人提供协助，基于亲情纽带，有重要的情感支撑作用（吕宝静，2001）①。

需要注意的是，虽然保姆提供的服务组织性、专业性较差，但其属于按照市场原则领薪的护理人员，提供的服务属于正式照护范畴，这一认识已经达成共识。虽然志愿服务者提供的照护服务具有组织性，但是这类服务多为无偿提供，且供需双方不受合同约束，本书认为其属于非正式照护服务。该界定与施巍巍（2012）②、张盈华（2015）③ 的观点相同。在上海政策文本中，互助类型的志愿服务也属于非正式照护范畴④。

另外，部分国家建立了失能津贴和照护津贴制度。失能津贴是向服务使用者发放现金，由其选择照护者，但可能存在服务使用者自愿向家庭照护者给予现金转移的情形。照护津贴是向家庭照护者发放的现金补偿。由于家庭非正式照护者与失能人员之间具有亲密关系，因此服务提供的初衷一般不是获取报酬。家庭照护人员未进入服务市场，不受雇佣关系约束，即使照护人员能得到现金收入，也不是按照市场原则对其付出的等价补偿，他们提供的服务仍属于非正式照护范畴［该界定与张盈华（2015）的观点相同］。

与现行的主要照护模式相比，正式和非正式照护的划分主要基于服务提供主体特征以及是否需要付费的性质，而居家照护、社区照护和机构照护的划分依据主要是服务提供场所。两种分类下几种照护模式既有区别又有联系。居家照护是老人居住在自己家中，由家庭内和家庭外的照护资源提供服务的照护模式（宋岳涛和杨兵，2015）⑤。家庭成员、志愿者及护工都可以成为服务提供主体。服务内容主要包括个人照料、家务劳动、饮食照料和健康照料。居家照护可以完全依赖非正式照护，也可以是正式和非正式照护的结合。社区照护包含“在社区照护”和“由社区照护”两层含义，其中“在社区照护”是指入住社区照护机构，如托老所、日间照料中心等；“由社区照护”是指利用社区正式照护服务资源，以上门的形式为居家

---

① 吕宝静. 老人照顾：老人·家庭·正式服务［M］. 台北：五南图书出版股份有限公司，2001：14.

② 施巍巍. 发达国家老年人长期照护制度研究［M］. 北京：知识产权出版社，2012：24-28.

③ 张盈华. 老年长期照护制度选择与国际比较［M］. 北京：经济管理出版社，2015：17.

④ 全国老龄工作委员会办公室. 老龄政策调研（2017 版）［M］. 北京：华龄出版社，2018：259.

⑤ 宋岳涛，杨兵. 老年长期照护［M］. 北京：中国协和医科大学出版社，2015：15.

老人提供照护服务。社区照护主要依托于正式照护服务，家庭承担部分辅助责任，如接送老人进出日间机构、负责老人回家后的照护等。机构照护是指老人居住在专业的养老或护理机构，接受全天候照护服务，属于正式照护范畴。在三种模式中，居家照护与社区照护具有较好的正式和非正式照护平衡属性。

2.2 照护服务体系的理论属性

2.2.1 照护服务体系的社会保障属性

社会保障作为国民生活保障系统，从层次上划分为经济保障、服务保障和精神保障（郑功成，2005）①。其中，经济保障通过现金给付或援助的方式实现，解决的主要是人在遭受困难时的经济来源问题；服务保障主要是在适应家庭变迁和自我保障弱化的情况下，满足个体生活照料的需求；精神保障属于更高层次的文化、伦理、精神慰藉方面的保障，体现了社会保障制度的人性化要求。

照护服务体系是社会保障中服务保障的重要组成，与经济保障具有协同性。没有经济保障，就无法形成对服务的有效需求；相应地，没有服务供给，则无法实现保障的最终目的。经济保障需要服务保障的配套。在某种程度上，服务保障可以起到改善经济保障并补充经济保障不足的作用。就基本长期照护保障制度而言，保险保障与服务保障具有同等重要性（郑伟，2020）②。

2.2.2 照护服务体系构建中的政府责任

在照护服务体系构建中，政府是否需要介入以及如何以恰当的方式和程度介入，有赖于社会保障中政府责任的定位和责任机制构建的理论分析。

2.2.2.1 社会保障中政府责任理论脉络

西方社会保障理论分为三大流派，其中自由主义强调市场的作用，反对强制所有人参与社会保险，在社会保障领域也要求加强内部竞争；国家

---

① 郑功成．社会保障概论［M］．上海：复旦大学出版社，2005：5-6.
② 郑伟．全面理解“多层次长期照护保障制度”［J］．中国医疗保险，2020（2）：34.

干预主义侧重在社会经济活动中政府的参与，即国家应该承担制定和实施社会政策的职责；“第三条道路”的主张介于自由主义和国家干预主义之间。

自由主义分为英国古典学派和新自由主义学派。英国古典学派以亚当·斯密、大卫·李嘉图和约翰·穆勒为代表，新自由主义学派中具有影响力的是以哈耶克为代表的伦敦学派、以弗里德曼为代表的现代货币学派和以拉弗为代表的供给学派。在社会保障领域，英国古典学派反对政府干预，亚当·斯密认为《伊丽莎白济贫法》和《住所法》由于规定了福利领取仅限“本教区”居民，限制了劳动力和资本的自由流动，影响了资源的优化配置。哈耶克认为社会保障分为“有限度的保障”和“绝对保障”（弗雷德里希·奥古斯特·冯·哈耶克，1997）①，其中有限度的保障是维持生计的最低保障，人人可以获得，存在于市场之外；绝对保障是某种生活水平以上的保障，并不是人人可得的，绝对保障需要国家控制市场才能实现。绝对保障减少了个人的责任，基于特殊群体的这种保障损害了市场的自由和效率。哈耶克明确反对福利国家。弗里德曼同样极力反对福利国家，崇尚个人自由选择、限制政府权力，通过建立社会化的社会保障制度以应对福利危机。供给学派也反对政府直接的福利政策，认为不需要政府干预再分配。持续减税会刺激储蓄、增加商品和劳务供给。长远来看，随着经济的稳定，穷人也可以增加收入。

国家干预主义分为德国新历史学派、福利经济学派、瑞典学派和凯恩斯主义。在社会保障领域，德国新历史学派认为政府应增加福利责任，加强对工人的保障，用温和而不是革命的方式调整社会关系。在实践中，俾斯麦政府接受了新历史学派的主张，以社会保险法的方式建立了国家强制提供的社会保障体系。庇古认为社会保障政策可以实现收入的再分配，从而增加社会福利，具体措施如增加政府补贴，保障伤残、年老、患有疾病的人，对高收入者征税救济低收入者，实施全民的养老金政策以及推行政府转移支付。庇古的旧福利经济学成为福利国家建设的理论基础。新福利经济学看到了自由竞争市场在实现资源优化配置方面的优势和劣势，为了减少市场的副作用，政府需要提供社会保险，发展社会福利，减少社会的不稳定性。瑞典学派主张以累进税和转移支付的方式，兴办社会福利设施，建立覆盖范围广、保障水平高、项目齐全的社会保障体系，并通过北欧福利国家的建立实践了瑞典学派的经济主张。凯恩斯认为政府应通过税收和

① 弗雷德里希·奥古斯特·冯·哈耶克. 通往奴役之路［M］. 王明毅，等译. 北京：中国社会科学出版社，1997：116-128.

福利政策调节收入分配，社会保障政策一方面通过收入再分配，提高社会整体的边际消费倾向；另一方面充当经济发展的“自动稳定器”，而政府在其中仅承担有限责任。

“第三条道路”在否定凯恩斯主义和新自由主义的基础上，提出了社会民主主义和欧洲保守主义之间的第三种选择。在社会保障领域，“第三条道路”强调“无责任即无权利”，福利国家的建立需要国家、社会和个人等多方力量通力合作。

不同学派对政府在社会保障中的定位有争议，这是由于理论产生于不同的社会背景。在早期，随着亚当·斯密的《国富论》的出版，古典经济学派崇尚市场，反对政府干预的思想处于主导地位。随着20世纪30年代资本主义经济危机的爆发，单靠市场无法解决经济问题，强调政府干预的凯恩斯主义受到重视，市场失灵（如公共品、外部性等）问题得到了合理解释，然而忽略了政府失灵。20世纪70年代“滞胀”的出现是这一问题的重要体现，财政政策束手无策，新自由主义受到推崇，再次将自由市场提升到第一位置。同时，新自由主义主张使用货币政策，但带来了高赤字、高债务等问题，为新凯恩斯主义的发展创造了条件。时至今日，国家干预主义和自由主义逐渐走向融合，政府和市场已脱离了两者择一的关系，讨论的重点转向如何科学划分政府和市场的责任边界，以增进社会福利。

2.2.2.2 社会保障中政府与市场边界划分

在完全竞争市场中，资源配置朝着帕累托最优的方向自我调节。完全竞争市场需要满足大量的买者和卖者、产品具有同质性、资源可以自由流动及信息具有完全性的前提条件。对于完全竞争市场中的消费者而言，出于效用最大化的考虑，其购买任何一种产品或服务的私人边际收益应该等于边际成本（产品价格），此时的私人边际收益等于社会边际收益；对于完全竞争市场中的生产者而言，其以利润最大化为目标，生产产品的私人边际成本与边际收益（产品价格）相等，并且此时的私人边际成本也应该等于生产商品所耗费的社会边际成本。将生产和消费结合得到 $P=MPB=MPC=MSB=MSC$①，当以上条件在全部市场和交易的商品与劳务中得到满足时，市场通过自发调节实现了资源配置的帕累托最优。然而垄断、外部性、信息不对称广泛存在，同时市场机制也存在固有的缺陷。一方面，市场主要遵循效率原则，按照市场分配会导致收入和财富的初次分配不公。另一方

① *P* 代表商品或劳务价格，*MPB* 代表私人边际收益，*MPC* 代表私人边际成本，*MSB* 代表社会边际收益，*MSC* 代表社会边际成本。

面，公共产品供给不足，由于公共产品使用的非排他性，在使用中经常出现“搭便车”现象，使得私人提供公共产品的数量小于社会合意数量。合成谬误导致经济波动，市场自发调节是一种事后行为，完全依靠市场，社会会为经济波动付出高昂的代价。

政府权力具有公共性、强制性和全局性，能够在一定程度上克服市场缺陷。其一，政府权力可以有效限制垄断。其二，通过外部性内部化或明确的产权界定，政府权力有效克服外部性问题。其三，政府权力采用信息披露、质量监管、消极限制和积极鼓励的方式，减少不完全信息导致的道德风险和逆向选择。其四，政府权力注重社会公平，通过收入的再分配来实现社会公平。其五，政府权力提供公共产品。其六，政府权力维持经济稳定，通过宏观调控平抑经济周期。但是，政府内部也存在缺陷，政府对市场的干预有时并不能达到理想目标，甚至会引发其他问题，即“政府失灵”。其一，政府限制垄断存在困难，单一的价格管制难以奏效，会限制企业创新，导致企业采取降低产品质量等行为，甚至会将行政垄断带入经济领域，发生寻租行为。其二，政府解决外部性问题时，外部性内部化的大小难以准确衡量。此外，政府供给公共产品可能会带来低效率。其三，政府的再分配一方面会由于行政成本的存在而产生“漏桶效应”；另一方面对高收入者征税可能会影响生产积极性，对低收入的补贴可能降低劳动参与率。其四，政府宏观调控也可能存在失灵，即对经济预测通常缺乏准确性、政府政策缺乏灵活性和政策惯性的存在，政策会产生“时滞”问题。其五，政府行为本身存在低效率问题，民主决策流程效率较低，同时政府内部缺乏竞争，决策有时受官员个人观点、偏好和利益的影响，容易引发寻租行为。

政府机制和市场机制均存在不同程度的问题，两者配合使用能有效提高资源的配置效率，并兼顾社会公平。两者在合作的时候，要明确各自的定位，市场在资源配置中起决定性作用，政府职能主要体现在三个方面，分别是公共产品的供给、收入的再分配和市场环境的维护。

在社会保障领域，政府和市场都是实现全民保障的重要途径。由于社会保障具有公共产品属性，因此政府需要在社会保障制度中发挥主导作用，主要表现为制定各项法律政策并监督执行，以确保社会保障的全民覆盖性、横向和纵向分配的公平性以及社会的稳定性。但是，社会保障又具有部分竞争性和排他性，市场机制能够在社会保障中发挥重要的补充作用，提高制度的运作效率。

2.2.2.3 对照护服务体系构建的指导意义

长期照护服务体系作为我国照护保障制度的重要组成部分，在建设过程中需要发挥政府的主导作用。政府应成为照护服务的责任主体和财政后盾。具体而言，政府责任横向表现为立法责任、财政责任和监管责任，纵向表现为中央政府和地方政府不同职能的划分。

在立法责任方面，政府应为照护服务体系的建设提供法律制度保障，明确行政机关和立法机关在政策法规制定中的定位，建立完善包括主体责任、法律责任和监督责任的立法责任体系（于洪，2016）①。在财政责任方面，无论采用税收筹资还是社会保险筹资，政府都是筹资的主导者。政府通过筹资机制设计，保证照护服务的财源充足及可持续。对特殊失能老人（如极端贫困、孤寡等情况），财政还应承担照护服务的兜底责任。在监管责任方面，营造公平竞争的市场环境，在照护机构准入、机构评级、正式和非正式照护质量监督反馈方面，政府应负主要责任。在中央和地方政府责任划分方面，中央政府应负责制度框架设计，在顶层设计上推动照护服务体系建设。地方政府应在顶层设计的指导下细化实施细则，建立与地方经济社会发展相协调的照护服务网络。

需要强调的是，政府一直被认为是公共服务的天然提供者，然而随着实践的发展，政府一元供给主体的模式已经被打破，私人企业、第三部门也广泛参与到照护服务的提供当中。其中，政府的角色由直接提供服务者转为间接生产者（如运用政府特许经营、参股经营、补助等方式）；私人部门多采用独立提供、与政府联合提供、与社区联合提供等方式；同时，非营利组织和非政府组织等第三部门也逐渐承担起了照护服务供给责任。

2.3 照护服务的供给与需求分析

2.3.1 照护服务供给

2.3.1.1 照护服务供给的内涵和特征

任何一种物品或劳务的供给量是卖者愿意而且能够提供的数量（曼昆，2003）②。形成有效供给需要具备两个条件：一是有提供产品或服务的意愿，

① 于洪．国际社会保障动态：社会保障的政府责任［M］．上海：上海人民出版社，2016.

② 曼昆．经济学原理（微观部分）［M］．梁小民，译．北京：机械工业出版社，2003：62.

二是有供给能力。长期照护服务供给是依据失能、失智人员对照护服务的客观需求，由供给主体通过一定方式提供服务的行为和过程。

照护服务供给具有以下特征：其一，服务提供的即时性。与产品消费不同，服务消费的生产行为和消费行为同时发生，失能、失智人员享受服务的过程，也是照护者提供服务的过程。其二，不确定性。由于个体生理特征、健康状况、心理状况存在差异，对不同的个体应采用不同的照护方案，使得照护服务供给的过程和效果具有不确定性。其三，外部性。照护的核心价值在于创造、发展和维护人类能力①，具有较强的正外部性。无论是正式照护还是非正式照护都能提高失能、失智人员的生命质量，保证其独立、自主、有尊严的生活，减少对稀缺医疗资源的无效利用，是“最基本的养老服务”。其四，公益性和福利产品的短缺性。长期照护服务具有准公共品性质，在市场机制下供给量低于合意水平，容易发生供给短缺，需要政府介入才能保证有效的供给量。

2.3.1.2 照护服务供给模式

随着福利多元主义理论的发展，福利的提供主体从市场、国家和家庭（福利三角）发展到市场、国家、家庭和非营利部门（四分法）。照护服务具有准公共品性质，供给主体应涵盖政府、市场、非营利部门和家庭，前三个供给主体提供的为正式照护，家庭提供的为非正式照护。

家庭供给照护服务主要基于血缘亲情，在传统照护服务中扮演着重要角色，失能人员无需额外付费，照护资金和隐性成本由家庭承担，服务内容基于个体分散决策，缺少激励和约束机制。政府供给资金来自公共财政，政府依照特殊失能、失智人群（如“三无”“五保”老人）的照护需求，以直接或间接的形式提供照护服务，费用的分担采用无偿或低偿的形式，服务具有兜底的性质。市场提供的照护服务，资金来自私人，供给主体独立决定提供服务的内容和规模，在成本、收入核算下实现利润最大化，服务价格为市场供求均衡价格。非营利部门供给照护服务，资金来自个人或非营利组织，供给主体独立决定服务的内容和规模，在保本微利的前提下提供照护服务，收取的服务价格为成本价格。此外，随着实践的发展，公共品供给开始采用政府和社会资本合作模式（PPP 模式）。该模式提供的主要为正式照护服务，供给主体为政府和私人部门，两者共同决定照护的内容和规模，合作的形式有政府购买、特许经营、股权合作等，政府向私人部

① 南希·福布尔，宋月萍．照料经济的特征、价值与挑战：基于性别视角的审视［J］．妇女研究论丛，2020（5）：5-11.

门付费作为对其成本的补偿或收益的回报。

2.3.1.3 照护服务供给影响因素

在经济学理论中，价格、投入要素的价格、技术、预期和卖者的数量都会影响供给总量（曼昆，2003）[①]。具体到长期照护服务的供给，正式和非正式照护服务供给具有不同的影响因素，正式照护服务供给主要受到照护服务价格、照护服务技术、社会对照护服务的重视程度（预期）的影响，非正式照护供给主要受到传统养老观念、人口结构和家庭结构的影响，而其中照护成本（投入的照护资源价格）、照护保障制度对正式和非正式照护的供给都具有显著影响，成本因素中对正式照护产生影响的主要是显性成本，非正式照护供给主要是隐性成本在起作用。

第一，照护服务价格。在正式照护服务供给中，价格是重要影响因素，尤其对于市场供给主体而言，在成本不变的前提下，价格的升高使得利润增加，从而提高服务供给量。对于非营利组织而言，虽然其不以利润最大化为经营目标，但是作为独立核算的经济实体，其也会进行成本效益分析，提供照护服务的量也会受到价格的影响，价格过低，服务量会减少。对于政府供给主体而言，盈亏由财政兜底，针对目标需求群体，供给的价格弹性较小，供给量变化小于价格变化。

第二，照护服务技术。技术水平影响照护服务的供给能力，其包含数量和质量两个方面。区别于养老服务，照护服务的需求群体是失能、失智老人，照护服务应涵盖生活照料、非治疗性护理、功能维护、康复训练、风险防范等。在某种程度上，随着照护服务技术水平的进步，照护供给的质量会显著提高，供给数量也会增加。同时，照护技术水平的提高会增加需求方的信任，使需求增加成为可能，进一步促进供给数量的上升。

第三，社会对照护服务的重视程度（预期）。社会对照护服务的重视程度，尤其是政府部门的重视程度会直接影响照护服务的社会供给。一方面，政府的重视会增加对社会提供照护服务的优惠和扶持政策，吸引供给主体进入照护产业；另一方面，政府重视会产生照护产业良好发展的预期，对供给主体的增加也具有一定的促进作用。

第四，传统养老观念。在传统养老观念中，家庭是照护服务的主要供给主体。孝道观念、家庭养老观念的延续，有助于提高家庭照护者的照护意愿，增加非正式照护服务供给。

第五，人口结构和家庭结构。在非正式照护供给中，尤其对于高龄老

---

① 曼昆. 经济学原理（微观部分）[M]. 梁小民，译. 北京：机械工业出版社，2003：65.

人而言，丧偶率较高，子女、孙子女及其配偶是家庭照护的重要来源，非正式照护供给受到子女数量的影响。此外，居住模式决定了非正式照护提供的便利性，子女与父母同住会增加非正式照护供给。

第六，照护成本。照护成本受到照护要素价格的影响，其中正式照护服务的供给需要具备机构、人力和照护设备，要素的投入是正式照护服务提供的基础，要素投入的数量、结构与质量直接影响照护服务提供的能力。长期照护行业具有重资本属性，前期机构、设施投入较高，同时由于照护服务属于人力密集型劳动，对专业照护服务人力也具有较高的要求，人力成本是照护成本的重要组成部分。照护成本的上升对照护服务供给具有一定的抑制作用。同样，对于非正式照护而言，其也受到成本因素的影响，主要体现为隐性成本，即提供家庭照料对子女劳动供给、工资、闲暇、健康的影响。在成本收益比较下，个体做出是否提供家庭照护的决策。

第七，照护保障制度。长期照护保障制度对照护服务的供给也会产生影响，制度设计可以对照护服务供需双方产生激励或抑制。一方面，采用不同的给付方式可以对照护服务供给产生直接影响；另一方面，对照护服务需求方采用各种费用分担形式影响需求，从而对照护供给产生间接影响。同时，照护保障制度会对照护供给行为产生约束，促进照护提供者之间的竞争，减少低质量照护服务的提供。

2.3.2 照护服务需求与利用

2.3.2.1 照护服务需求的内涵和特征

欲望产生需要（need），需要更为具体和必要，它是人的一种本能，是人体面对生存必须具备的生理和社会条件，具有较强的主观性（彭华民，2017）①。马斯洛在《人类动机的理论》中提出需要层次理论，即人具有生理的需要、安全的需要、社交的需要、尊重的需要和自我实现的需要。五个需要层次由低到高逐层递进。需要表现为一种渴望，并没有考虑价格、风险、效用和其他产品或服务的比较因素以及自己愿意为其付出的代价。需求（demand）是指在一定时期内，在一定价格水平下，消费者愿意而且能够购买的某种物品或服务的数量（曼昆，2003）②。其中，消费者具有购

① 彭华民. 解析社会政策（上）：重要概念与主要理论［M］. 上海：华东理工大学出版社，2017.

② 曼昆. 经济学原理（微观部分）［M］. 梁小民，译. 北京：机械工业出版社，2003：57.

买欲望，且必须有支付能力才能构成现实需求。

照护服务体系的出发点应是界定失能老人的需要，落脚点是满足失能老人的需要。从马斯洛需要层次理论可以发现，生理需要是人最基本的需要。对于失能老人而言，照料和护理的需要多属于这一层次，这是保障老人正常生活的前提条件，是老人在失能后最基本的也是最迫切的需要。将这种需要转化为对正式照护服务的有效需求①必须具备两个条件：一个是老人有使用正式照护的意愿，另一个是老人具有相应的购买力。合理确定长期照护服务需求，是科学配置照护服务资源的前提。

长期照护服务需求具有如下特征：其一，不确定性。对照护服务的需求源自个体失能、失智的发生，然而发生的时间、发展的进程以及持续的时间都具有不确定性。在具体实践中很难预测个体失能、失智发生的具体时间、严重程度、需要的服务类型和数量、依赖的持续期以及需要的照护费用。其二，信息不对称。消费者在充分了解产品或服务信息的前提下采取行动，使自己能够利用有限的资源获得最大的满足，即效用最大化。然而，个体在选择不同类型的照护服务时，很难对服务需求的数量、质量以及使用效果事先做出正确判断，个体在选择时缺乏足够的信息，在利用照护服务时带有一定的盲目性。

2.3.2.2　照护服务需求影响因素

一般而言，需求受以下几类因素的影响：一是商品价格。价格变化后，需求量的变动受到替代效应和收入效应的综合影响。二是其他商品价格。其他商品分为互补品、替代品和独立性商品。互补品具有消费的同时性，在互补品中，一种商品价格上升往往带来另一种商品的需求量下降。在替代品中，一种商品价格上升，替代品的需求量也上升。独立性商品价格的变化对其他商品的需求量不会带来影响。三是偏好，即消费者喜好。偏好与个体思想观念、社会习俗密切相关。四是收入。对于一般商品而言，收入增加会带来需求量增加；对于劣等品而言，收入增加会带来需求量下降。五是其他因素，如消费预期、政府的消费政策、人口结构和消费结构变化等。正式照护服务的需求量受到服务价格、其他商品（非正式照护服务）价格、偏好、收入等因素的影响。

我国的现状是传统家庭养老观念占主导，老人对正式照护的使用意愿不强，“未富先老”和“未备先老”广泛存在，失能老人购买力不足。这些

① 从正式照护服务开始是一个较好的起点，因为需求理论建立在市场交换中，正式和非正式照护是非此即彼的选择。

情况直接影响了对正式照护服务有效需求的转化。在价格方面，正式照护服务具有“鲍莫尔成本病”的特征，难以实现技术对劳动的替代，照护服务的生产率落后于社会生产率的增长速度，使得照护部门工资的增长等于或高于全社会平均工资增长率，出现成本的快速膨胀。在其他相关商品价格方面，非正式照护在传统观念中被视为“零成本”的照护方式。在收入方面，老年人一般由于不再从事生产性劳动，在家庭和社会中面临双重弱势地位，这些又再次压缩了正式照护服务的需求，使得非正式照护承担了绝大多数的照护负担。正式和非正式照护的平衡，应当符合需求原理，一方面，构建筹资机制，使失能老人具有购买力；另一方面充分尊重老人偏好，赋予老人自主选择权，为正式和非正式照护的协同创造条件。

2.3.2.3 照护服务利用

照护服务利用是照护需求和供给相互作用的结果，反映的是照护服务使用的全过程。无论是老人照护偏好的表达、照护服务需求的测度还是照护服务供给的优化，最终目的是老人能够使用适切的服务，从而维持其独立自主的生活。虽然在照护服务需求的测量上，很难和服务利用完全分开，但两者存在显著差异。照护服务利用除了可以反映照护需求外，还能反映个体在失能、失智后选择的具体照护方式。

安德森模型（Andersen，et al.，1983）① 是研究卫生服务利用行为的较为成熟的理论模型和研究范式，可以用于全样本或特定类别人群的卫生服务利用研究。在老年长期照护研究方面，该模型是失能、失智老人照护服务利用行为的重要分析框架（彭希哲等，2017②；丁雪萌，2020③）。安德森模型的演变分为四个阶段。在第一阶段，1968 年，安德森建立模型，试图解释家庭为什么会选择利用卫生服务，衡量和界定卫生服务的公平性和可及性。卫生服务使用受到先决（predisposing）因素、使能（enabling）因素和需要（need）因素的影响。在第二阶段，安德森模型中增加了环境因素，即医疗卫生服务利用的同时受到卫生政策、外部环境的影响。此外扩充了失能因素，加入了资源和组织，其中资源指卫生服务系统中的人、财、物，组织指系统如何管理资源、影响服务结构和可及性。在第三阶段，安德森模型扩充为主要决定因素（环境因素、先决因素、使能因素、需要因素）、

① ANDERSEN R M, MCCUTCHEON A, ADAY L A, et al. Exploring dimensions of access to medical care.［J］. Health Services Research, 1983, 18（1）: 49-74.

② 彭希哲，宋靓珺，黄剑焜. 中国失能老人长期照护服务使用的影响因素分析：基于安德森健康行为模型的实证研究［J］. 人口研究，2017，41（4）：46-59.

③ 丁雪萌. 中国老年人长期照护服务的供需研究［D］. 北京：对外经济贸易大学，2020.

健康行为和健康结果，并且认为三者具有线性关系。在第四阶段，安德森模型趋于成熟，环境因素、人群特征、健康行为和健康结果四要素相互影响，形成回路。其中，环境因素和人群特征共同影响健康行为，产生健康结果，健康结果和健康行为对人群特征又会产生反作用。

对安德森模型进行修正，将其应用于长期照护领域，失能、失智老人长期照护服务利用受到几方面因素的影响（见图 2-1）。环境因素和个人特征共同决定了失能老人照护模式的选择，其中环境因素起间接作用。这里的环境因素应包括国家的政治、经济、文化环境和照护政策。在个人行为方面，不同照护模式会产生不同的照护效果，使用老人主观满意度和客观生命质量来反映。同时，照护模式的选择和最终照护结果又会对老人个人特征中的需要因素产生反作用。

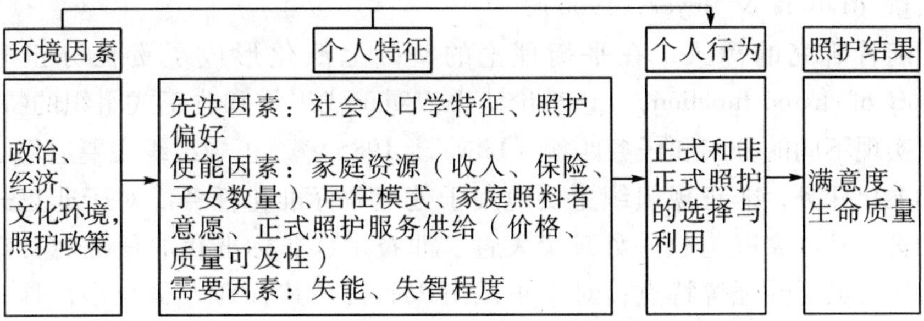

图 2-1 照护服务利用行为模型

2.4 平衡理论

2.4.1 基本原理

在社会学领域，韦伯（Weber，1947）[①] 认为在现代工业社会中，随着技术的进步，强调专业知识、原则的正规组织不断得以强化，注重情感、义务（如家庭等）非正规组织不断衰弱，强有力的科层组织系统和家庭系统两者择一是社会的发展趋势。帕森斯（Parsons，1959）[②] 部分认同这种观

① WEBER M. The theory of social and economic organization [M]. New York: Oxford University Press, 1947: 354-358.

② PARSONS T. The social structure of the family [M]. //ANSHEN R N. The family: Its function and destiny. New York: Harper and Brothers, 1959: 260-263.

点，即正规组织和非正规组织相互对立，但他指出家庭具有的独特社会功能，不可能被正规组织取代，保持相对隔离可有效避免冲突。美国社会学家利特瓦克（Litwak）在20世纪60年代提出了平衡理论（balance theory of coordination），认为正规组织的发展不能取代非正规组织（如家庭等初级群体）的功能和作用。两者虽然在组织架构方面是有差异的，但不是相互区隔的，为了实现特定社会目标，两者相互依赖、功能互补。平衡理论的目标是通过机制设计实现正规和非正规组织的协调、合作，从而达到最优的社会控制。在平衡理论中，“距离”（distance）和“中点”（midpoint）是一对核心概念。对于不同的社会目标而言，控制正规组织和非正规组织的社会距离，可以在不同时间、不同环境下使两者相互配合，实现“角色替代”。同时，在一定程度上，正规组织功能的发挥取决于非正规组织的规模和质量（Litwak & Meyer，1966）①。

随着研究的深入，在平衡理论的基础上演化形成了责任分担理论（theory of shared function）。该理论认为依照正式组织和非正式组织的特点，可以实现不同的分工和任务匹配（Litwak，1985）②。正规组织主要适用于处理标准化任务，非正规组织主要适用于处理非标准化任务。对于非正式组织而言，其以家庭为核心处理突发性、非技术、非标准化的任务时具有适应力快、灵活性强等特点；对于正式组织而言，其管理人员众多，具有较严密的组织结构，处理专业性、标准化的任务具有技术优势，对突发性、非标准化的业务需要经过自上而下或自下而上的决策流程才能做出反应，导致耗时较长、缺乏灵活性等后果。非正式组织注重情感、义务和动机，正式组织注重经济动机和效率。在工业社会中两者具有不同的“劳动分工”，正规组织的高效、专业和非正规组织的人际关系，可以在最大程度上实现两者的功能互补。平衡理论与责任分担理论广泛用于正规和非正规组织互动关系的分析。

2.4.2 正式和非正式照护的平衡与责任分担

长期照护服务体系由正式照护服务体系和非正式照护服务体系组成，分别对应平衡理论与责任分担理论中的正规组织和非正规组织。该理论为

① LITWAK E, MEYER H J. A balance theory of coordination between bureaucratic organizations and community primary groups [J]. Administrative Science Quarterly, 1966, 11 (6): 31-58.

② LITWAK E. Helping the elderly: The complementary roles of informal networks and formal systems [M]. New York: The Guilford Press, 1985: 8-12.

分析正式和非正式照护体系的关系，促成两者协调配合提供了较好的研究框架。在整个照护服务体系中，正式和非正式照护平衡的本质是实现两者共担、互补和协调，其中共担是前提，互补是基础，协调是关键①。共担是指政府、市场（正规组织）与家庭（非正规组织）基于提供充足的照护服务这一目标，应该共担责任；互补是指由政府、市场和家庭分别提供的正式和非正式照护服务由于功能各异，为了匹配失能老人需求，应该相互配合、补充，做好正式和非正式照护资源的整合；协调是指正式和非正式照护应协调各自行动，与政策、法律、道德、文化密切配合，保障政府、市场、家庭照护责任的履行，确保制度的稳定性。

正式和非正式照护的平衡具有相对性和层次性。一方面，在照护服务体系中，正式和非正式照护协调配合是一种动态平衡，这种平衡是相对的而不是绝对的。从微观上看，不同失能程度的老人的正式和非正式照护的平衡点不同；从宏观上看，正式和非正式照护的平衡应建立在最大程度发挥各自优势的基础上，通过劳动分工和互补协作，实现社会福利改进，形成各个利益主体（政府、市场、社会、家庭）都不愿轻易破坏的动态平衡。另一方面，平衡的实现需要创造条件，让正式和非正式照护各自能够充分发挥功能，体现要素平衡，并在此基础上构建运行机制，使正式和非正式照护形成与照护需求相适应的结构，发挥整体大于部分之和的系统效应，体现系统平衡，同时平衡要求处理好两种照护模式与体系外部经济环境、制度环境和文化环境的关系，体现综合平衡。

2.5 本章小结

首先，本章对本书研究涉及的基本概念进行界定，提出长期照护是指由正式和非正式照护人员对在连续6个月及以上日常活动能力或认知功能丧失人员提供的生活照料、医疗护理及其他相关支持性服务。本书的长期照护主要针对老年群体。“长期照护”本身就包含服务的内涵，使用“长期照护服务”的目的是突出在长期照护体系中，为了满足失能、失智老人的需求，服务的优化配置是论述的重点。长期照护服务体系是为满足失能、失智老人服务需求，保障失能、失智老人生活质量，将各种正式和非正式照护服务资源有效结合在一起的服务政策、服务项目和服务内容的总和（照

① 邬沧萍，杜鹏. 老龄社会与和谐社会［M］. 北京：中国人口出版社，2012：425-426.

护服务体系的狭义概念）。按照供给来源，长期照护服务体系由正式照护服务体系和非正式照护服务体系构成。正式照护是由政府、企业、社会团体等正式组织提供货币化、专业化服务，服务使用者与提供者之间会达成服务契约；非正式照护是由家庭成员、邻居、朋友等个体提供非专业服务，无收费标准且不以收费为目的。

其次，本章回顾了相关理论。其一，长期照护服务体系是社会保障中服务保障的重要组成。本章通过回顾自由主义、国家干预主义和第三条道路不同流派对社会保障中政府责任的定位，明确了社会保障中政府、市场的责任边界，即政府在照护服务体系构建中负有主导责任，具体表现为横向的立法责任、财政责任和监管责任，纵向的中央政府和地方政府不同职能的划分。其二，本章分析了长期照护服务供给的内涵和特殊性，即依据失能、失智人员对照护服务的客观需求，由供给主体通过一定方式提供服务的行为和过程，具有即时性、不确定性、外部性、公益性和福利产品的短缺性等特征。随着福利多元主义理论的发展，长期照护服务供给主体发展为政府、市场、非营利部门和家庭，不同供给模式的筹资、决策和使用机制存在显著差异，并受到照护服务价格、技术、社会重视程度、传统养老观念、人口结构和家庭结构、照护成本和照护保障制度的影响。其三，本章在辨析需要和需求的概念与影响因素的基础上，提出长期照护属于老人的生理需要，具有基础性和迫切性。将这种需要转化为有效需求有赖于筹资机制，同时在充分了解老人偏好的基础上，赋予其自主选择权。照护需要的满足是通过照护服务利用来实现的，它是照护需求和供给相互作用的结果，能反映照护服务使用的全过程。本章依照安德森模型建立照护老人服务利用行为模型，基于此老人做出正式和非正式照护的选择。其四，本章引入平衡理论和责任分担理论（平衡理论的演化），为正式和非正式照护的协调、配合提供了理论依据。正式组织和非正式组织（如家庭等初级群体）虽然在组织架构方面有差异，但不是相互区隔的，依照非正式组织和正式组织的特点，可以实现不同的分工和任务匹配。

3 照护服务体系的历史演进与发展现状

中华人民共和国成立以来，我国的生产方式不断变革、经济水平不断提高、社会制度不断进步、人口结构不断变化，本章首先通过梳理中华人民共和国成立70多年来老年长期照护服务体系的历史演进，期望在社会历史变迁的情境下认清照护服务的本质、主要特征以及发展规律。基于照护主体、照护对象和政府支持政策，我国照护服务体系的演进可以划分为三个阶段，分别为中华人民共和国成立初期到改革开放前、改革开放到1998年、1999年至今。划分时点参照了董红亚（2010）①、姚远（2018）②、肖云（2017）③、王莉和王东（2019）④、舒奋（2019）⑤、马岚（2019）⑥的研究。其次，本章围绕正式照护和非正式照护两条主线，描绘照护服务体系的发展现状，通过统计年鉴的描述性数据及最新的地方实践，总揽正式和非正式照护发展水平，为澄清体系的焦点问题奠定基础。

---

① 董红亚. 中国政府养老服务发展历程及经验启示［J］. 人口与发展，2010（5）：83-87.

② 姚远. 对我国养老服务历史经验的研究与借鉴［M］. 北京：华龄出版社，2018：79-87.

③ 肖云. 中国失能老人长期照护服务问题研究［M］. 北京：中国社会科学出版社，2017：26-64.

④ 王莉，王冬. 老人非正式照护与支持政策：中国情境下的反思与重构［J］. 人口与经济，2019（5）：66-77.

⑤ 舒奋. 从家庭养老到社会养老：新中国70年农村养老方式变迁［J］. 浙江社会科学，2019（6）：83-91.

⑥ 马岚. 新中国70年来我国社会养老服务的本土化实践［J］. 兰州学刊，2019（8）：184-194.

3.1 照护服务体系的历史演进

3.1.1 照护服务体系孕育期（1949—1978年）

从1949年中华人民共和国成立到1978年改革开放前期，老人照护的压力全部由家庭非正式照护体系承担，有限的政策仅适用于国有企事业单位退休职工、“三无”和“五保”老人，强调经济福利和经济救济，而不是从提供服务的角度制定相应政策。这一时期我国老年人口不多。有研究表明，在中华人民共和国成立前，中国人口平均预期寿命为35岁。随着中华人民共和国的建立，人民生活水平不断提高，到20世纪50年代中期，平均预期寿命达到57岁，1963年上升至61.7岁，1981年达到67.9岁（路遇和翟振武，2009）[①]。老年人口占比较低，他们的照护问题并未得到重视，整个社会以经济发展、政治运动为主旋律，国家层面无专门政策针对老年长期照护。因此，本书将这一时期称为照护服务体系孕育期，从中仅能看到部分照护服务政策的雏形。

在农村，土地提供了主要的经济保障，老年人的照护几乎全靠家庭非正式的方式解决，仅有部分“五保”老人在社会救济的框架下，享受基本的正式照护服务。在养老及照护制度方面，1956年出台的《高级农业生产合作社示范章程》标志农村“五保”制度的建立。人民公社建立后，“五保”制度在农村广泛实施。在公社存续期间（1957—1984年），依托人民公社，“五保”老人的生活照料得到基本保障。此时的老人照护保障具有明显的社会救济性质。在养老及照护机构方面，随着农村经济发展，一些地区自发试办养老院，解决老人照料问题。

在城市，照护相关政策仅针对国有企事业单位退休退职人员及“三无”人员，政策覆盖面窄，家庭同样承担了照护的主要责任。1953年，《中华人民共和国劳动保险条例》规定了单位职员享有养老金待遇，单位应根据需要举办养老院、疗养所等集体劳动保险事业。在服务方面，1949—1955年，国家成立了大批养老院和生产教养院。1956年，内务部单设残老院，当年

① 路遇，翟振武．新中国人口六十年［M］．北京：中国人口出版社，2009：176.

收养安置5.3万老人。这一时期收养的老人主要为“三无”老人（崔乃夫，1994）①。

3.1.2 照护服务体系探索期（1979—1998年）

以党的十一届三中全会为标志，我国开启了改革开放的进程。1998年是中国进入老龄化社会的前一年，在这一时期，我国社会经历制度转型，人口结构逐渐老龄化。除了家庭非正式照护外，老人的照护服务开始逐渐由政府、市场承担，但在政策层面，服务的供给针对全体老年人，而非专门针对失能、失智老年人。

3.1.2.1 法律法规

1996年，《中华人民共和国老年人权益保障法》出台，其在法律层面上再次确立了家庭对提供老年人照护的主体地位，固化了我国非正式照护的传统。该法第十一条规定：“赡养人应当履行对老年人经济上供养、生活上照料和精神上慰藉的义务，照顾老年人的特殊需要。”这种“特殊需要”其实暗含了老人的生活不能自理、认知能力丧失等情况。关于正式照护服务的发展，《中华人民共和国老年人权益保障法》的规定分为机构和居家（社区）两部分。对机构部分，该法鼓励市场力量参与到养老、照护服务机构的建立中来（第三十三条）。对居家（社区）正式照护服务，以该法的颁布为起点，我国正式进入了居家养老服务的启动阶段。

3.1.2.2 主管机构

1978年，中华人民共和国民政部设立。1982年，中国老龄问题全国委员会成立。1995年，中国老龄问题全国委员会更名为中国老龄协会，由民政部代管。1999年，全国老龄工作委员会（简称“老龄委”）成立（2005年老龄委与中国老龄协会合署办公）。老龄委的成立使得全国形成了主管老龄工作的稳定网络，是我国老龄工作进入全面发展时期的转折点（肖云，2017）②。1984年，中国老龄问题全国委员会召开全国老龄工作会议，提出了“老有所养、老有所为、老有所学、老有所医、老有所乐”的老龄工作目标。

3.1.2.3 政策体系

这一时期的政策体系的突出特点是在确认家庭非正式养老方式的同时，开始探索养老服务的新方式和新途径。其一，探索居家（社区）养老服务，

① 崔乃夫. 当代中国的民政［M］. 北京：当代中国出版社，1994：228.

② 肖云. 中国失能老人长期照护服务问题研究［M］. 北京：中国社会科学出版社，2017：31.

补充家庭养老的不足，其中个别政策还涉及失能老人的帮助措施。1983 年，《关于老龄工作情况与今后活动计划要点》首次提出居家（社区）养老政策，解决老人照料、护理问题。1994 年，国家计委等多部门印发《中国老龄工作七年发展纲要（1994—2000 年）》，提出“坚持家庭养老与社会养老相结合的原则”，这是从国家层面对社会养老服务体系的早期探索。1997 年，民政部和国家计委发布《民政事业发展“九五”计划和 2010 年远景目标纲要》，再次强调要大力发展社区服务业，加快建立城市福利服务体系。其二，机构养老服务得以强化。在这一时期，农村老人的照护服务仍然依托于以乡镇统筹为主的“五保”供养制度。1994 年，国务院出台《农村五保供养工作条例》，“五保”供养内容得以丰富。该条例已经考虑到了失能老人的照护需求。其三，投资主体多元化，鼓励社会提供养老服务。在这一时期，随着社会主义市场经济的发展，由社会兴办的敬老院在规模和资金投入方面有较大进展（姜向群，1995）①。

总而言之，改革开放以来，我国人口结构发生了较大的变化，从中华人民共和国成立初期高出生、高死亡、低增长逐渐过渡到高出生、低死亡、高增长，乃至出现了老龄化趋势。随着社会主义市场经济的发展，人口流动增强，1982 年推行的计划生育政策又使得家庭逐渐小型化、核心化。对老年人，尤其是失能老人的照护问题，家庭非正式照护开始显现出不足。针对全体老人的正式照护服务开始出现，不仅限于“三无”“五保”老人和国有企事业单位退休人员等部分群体。这一时期，我国明确了家庭养老与社会养老相结合的原则，居家（社区）养老服务开始建立，养老服务的社会化进程正式开启。

3.1.3 照护服务体系建设期（1999 年至今）

1999 年，我国 60 周岁以上人口达到 1.26 亿人，占总人口的比重超过 10%，这标志我国正式进入人口老龄化社会。在 1999 年至今的 20 多年间，老龄化问题受到了政府、社会、学界的广泛重视，形成了养老服务的法规政策体系。同时，国家层面首次提出要解决失能和半失能老人的长期照护问题。社会长期照护保险开始试点，这一重要的筹资方式推动了照护服务体系的转型升级。在非正式照护方面，照护责任公共化的进程加快，我国开始探索政府、市场和家庭责任的重新分配。在正式照护方面，市场化、

① 姜向群. 我国老年人社会服务及其改革方向［J］. 人口研究，1995，19（4）：13-17.

产业化成为趋势，居家（社区）照护服务不断扩大覆盖面，服务更具专业性，机构照护的硬件设施和软件设施不断完善，社会资本的进入丰富了机构照护服务的供给主体，多层次的架构力求满足不同失能家庭的需求。在这一时期，对长期照护服务，无论是在政策层面，还是在实践层面，我国均进入了照护服务体系的建设期。

相关政策的梳理分为两个方面：一方面，照护服务体系的发展主要依托养老服务体系。在这一时期，养老服务体系的概念逐渐确立，社会养老服务网络建立健全，因此本部分首先回顾了养老服务体系的演进过程。另一方面，从 2011 年开始，我国在政策层面第一次提出研究探索老年人长期护理制度，政策的重点转向失能、半失能老人，因此本部分主要回顾针对失能、半失能老人的政策体系。

3.1.3.1 针对全体老人，形成了养老服务政策体系

第一，法律法规进一步完善。2012 年修订的《中华人民共和国老年人权益保障法》提出“积极应对人口老龄化是国家的一项长期战略任务”，将解决老龄化问题提到了战略高度，同时提出老年人享受社会服务受法律保障。2010 年 10 月，《中华人民共和国社会保险法》正式出台，城乡养老保险制度建立，城乡医疗保险制度建立并发展，为老年人的生活保障、医疗保障提供了法律基础。

第二，养老服务体系内涵不断丰富。2006 年，《关于加快发展养老服务业的意见》首次在政策层面提出养老服务体系的概念——“逐步建立和完善以居家养老为基础、社区服务为依托、机构养老为补充的服务体系”。2011 年，《社会养老服务体系建设“十二五”规划》提出“我国的社会养老服务体系主要由居家养老、社区养老和机构养老三个有机部分组成”。至此，社会养老服务体系的概念正式确立。

在这一时期，养老服务业的发展更加注重市场在资源配置中的决定性作用，逐渐走向社会化和产业化的道路。2006 年，《关于加快发展养老服务业的意见》鼓励社会力量参与居家和机构养老服务。2013 年，《国务院关于加快发展养老服务业的若干意见》首次提出“逐步使社会力量成为发展养老服务业的主体”，通过扶持政策培育产业群。2015 年后，针对社会资本投资养老行业，国家出台了一系列优惠措施，放宽了准入条件，优化了市场环境，激发了市场活力。

3.1.3.2 针对失能老人，开始建设照护服务体系

从 2011 年开始，养老服务体系的建设将解决失能、半失能老人的照料和护理问题作为重点，我国开始进入照护服务体系建设期。2011 年，《中国老龄事业发展“十二五”规划》第一次在老龄服务中提出要“优先发展护

理康复服务”;《社会养老服务体系建设“十二五”规划》首次提出解决失能、半失能老人的养老问题是养老服务体系建设的当务之急。同年,《中国护理事业发展规划纲要(2011—2015年)》指出要提高医疗机构和养老机构的护理能力,将护理服务延伸到社区和家庭,逐步建立和完善“以机构为支撑、居家为基础、社区为依托”的长期护理服务体系。这是第一次在国家政策文件中出现“长期护理服务体系”的概念。2016年,《人力资源和社会保障部办公厅关于开展长期护理保险制度试点的指导意见》要求协同推进长期护理服务体系的建设和发展,提出了社会化、产业化、硬件、软件支持等一系列措施。2019年,《国务院办公厅关于推进养老服务发展的意见》要求建立健全长期照护服务体系,对正式照护服务体系提出了居家、社区、机构需要做好衔接的要求。

在法律法规方面,2012年,《中华人民共和国老年人权益保障法》修订,其中对老人的护理保障工作提出要求。此外,对经济困难的失能老人,该法增设护理补贴。这是中华人民共和国成立以来,第一次在法律层面提出“保障老人护理需求”,这为照护服务体系的建立健全提供了法律基础。

3.2 正式照护服务体系的发展现状

3.2.1 正式照护服务的总体发展情况

从2011年开始,政策层面将解决失能老人长期照护问题作为养老服务发展的重点。由于对失能老人的居家(社区)、机构服务情况并未做单独统计,此处总量数据采用养老服务发展数据,地方实践部分着重介绍针对失能老人的正式照护服务情况。

从历年发展趋势来看,2011年,社会养老服务有了较快的发展,推动了正式照护服务机构和设施的建设。其中,增长最快的年份是2014年(见表3-1),全国养老机构和设施从2013年的4.2万个增加到2014年的9.4万个,增幅达121.57%。2015年和2016年是社会化养老设施的快速增长期,年增长率在20%以上,2017年和2018年增长速度逐步放缓。截至2019年年底,养老机构和设施总计20.4万个。在“十二五”和“十三五”时期,养老床位数也有快速增长,从2011年的353.2万张增加到2019年的775.0万张,每千名老人拥有养老床位数也从2011年的19.1张增加到2019年的30.5张。

表 3-1　正式照护服务总体发展情况

年份	养老机构和设施		养老床位		每千名老人拥有养老床位数	
	数量/万个	增长率/%	数量/万张	增长率/%	数量/张	增长率/%
2011	4.1	2.42	353.2	12.16	19.1	7.36
2012	4.4	8.41	416.5	17.92	21.5	12.46
2013	4.2	-4.13	493.7	18.54	24.4	13.55
2014	9.4	121.57	577.8	17.03	27.2	11.52
2015	11.6	23.40	672.7	16.42	30.3	11.40
2016	14.0	20.69	730.2	8.55	31.6	4.29
2017	15.5	10.71	744.8	2.00	30.9	-2.22
2018	16.8	8.39	727.1	-2.38	29.1	-5.83
2019	20.4	21.43	775.0	6.59	30.5	4.81

数据来源：2011—2019 年社会服务发展统计公报。

从 2019 年居家（社区）照护与机构照护服务设施占比（见图 3-1）来看，注册养老机构占正式照护服务机构和设施的 17%，居家（社区）照护服务占比为 81%，其他占比为 2%。截至 2019 年年底，注册养老机构共 3.4 万个，社区养老机构和设施共 6.4 万个，社区互助型养老服务设施共 10.1 万个，充分体现了“居家为主体，社区为依托，机构为补充”的照护服务体系发展理念。具体到照护服务床位数，养老机构提供床位略多于社区照护床位。2019 年，全国养老床位共有 775.0 万张，其中养老机构床位为 438.8 万张（占比 57%），社区留宿和日间照料床位为 336.2 万张（占比 43%）。

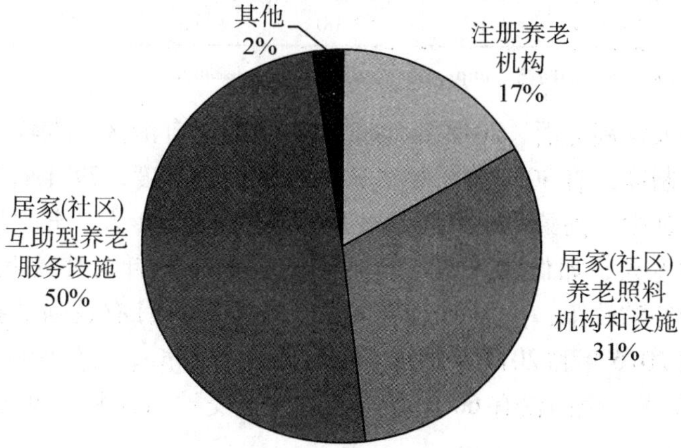

图 3-1　2019 年居家（社区）照护与机构照护服务设施占比

数据来源：2019 年社会服务发展统计公报。

由于正式照护服务包含医疗机构为老年人提供的疾病后恢复护理，因此本书在描述分析时将医疗资源也纳入老年人正式照护服务范畴（Bolin，et al.，2008）①。从2011年开始，医疗卫生机构数波动上升（见表3-2），从2011年的约95万个增长到2019年的超过100万个，同时带动了医疗机构床位数的增长，每万人医疗机构床位数从2011年开始年增长率均在5%左右。增长最快的是2012年，年增长率达到10.42%。截至2019年年底我国每万人拥有的医疗机构床位数为63张。卫生技术人员数也处于逐年增长的态势，增长最快的是2013年（增长率为8.16%）。截至2019年年底，每万人拥有的卫生技术人员达73人。机构、设施、人员的增长，增强了正式医疗护理服务的可及性。

表3-2　正式医疗护理服务总体发展情况

年份	医疗卫生机构数/个	增长率/%	每万人医疗机构床位数/张	增长率/%	每万人卫生技术人员数/人	增长率/%
2011	954 389	1.86	38.4	7.26	46	4.55
2012	950 297	-0.43	42.4	10.42	49	6.52
2013	974 398	2.54	45.5	7.31	53	8.16
2014	981 432	0.72	48.5	6.59	56	5.66
2015	983 528	0.21	51.1	5.36	58	3.57
2016	983 394	-0.01	53.68	5.05	61	5.17
2017	986 649	0.33	57.22	6.59	65	6.56
2018	997 433	1.09	60.28	5.35	68	4.62
2019	1 007 579	1.02	63.00	4.51	73	7.35

数据来源：国家统计局网站（http://data.stats.gov.cn/index.htm.）。

在老年人福利方面，2018年年底我国各省（自治区、直辖市）均已建立高龄津贴制度，有30个省份建立养老服务补贴制度，29个省份建立护理补贴制度。其中，高龄津贴主要针对80周岁以上老年人，养老服务补贴主要针对困难老人，如低收入老人等；护理补贴主要针对残疾和失能老人。此处的护理补贴政策，虽然各地具体做法不同，但具有较强的托底和救助性质。虽然2016年和2017年护理补贴覆盖人数增长率均在50%左右，但截至2019年年底，全国仅有66.3万失能老人享受护理补贴（见表3-3）。作

① BOLIN K，LINDGREN B，LUNDBORG P. Informal and formal care among single-living elderly in Europe［J］. Health Economics，2008，17（3）：393-409.

为困难老人救助制度，该制度的覆盖范围较小，对增强老人正式照护服务的购买力效果有限。

表 3-3　2015—2019 年享受老年福利人数　　单位：万人

年份	护理补贴	养老服务补贴	高龄津贴
2015	26.5	257.9	2 155.1
2016	40.5	282.9	2 355.4
2017	61.3	354.4	2 682.2
2018	74.8	521.7	2 972.3
2019	66.3	516.3	2 963.0

注：2019 年三项补贴受益人数均下降，主要由于增设了综合老龄补贴项目，这一项下受益人数为 33.5 万人。

数据来源：2015—2019 年社会服务发展统计公报。

3.2.2　居家（社区）照护服务的发展现状

3.2.2.1　上海社区嵌入式照护的探索与实践

自“十二五”时期以来，上海立足于老人居家养老需求，发展社区嵌入式养老服务。社区嵌入式养老是以社区闲置物业资源为基础建立的多功能、小型化的养老设施，在运行中可以实现资源嵌入、管理嵌入和功能嵌入，可以辐射本小区及周边小区，是打造城区“15 分钟居家养老服务圈”的重要举措。上海社区嵌入式养老服务主要分为两种形式：长者照护之家和社区综合为老服务中心。

其中，长者照护之家的服务对象为失能老年群体。服务内容包含为失能老人提供机构住养照料服务，为需要康复护理或家属需要喘息的老人提供短期寄养服务，为有需要的家庭提供上门照料、护理以及家庭照护者培训服务等。该模式具有四个特点：一是“嵌入型”，即嵌入社区，与社区环境融为一体；二是“微型”，即资本投入较少，一般床位规模要求在 10~49 张，总建筑面积最低约 300 平方米；三是专业化，即在建立之初就定位于高起点、高质量，上海市政府制定了《上海市社区养老服务管理办法》《关于加快推进本市长者照护之家建设的通知》等政策文件，对软件、硬件条件进行约束；四是多功能，即包含生活照料、康复护理、医疗卫生等多方面。政府规定参照基本类养老机构的扶持政策对长者照护之家予以支持。

长者照护之家是就近提供照护的创新模式，能够有效实现机构、社区、家庭的三者整合。一方面，该模式实现了机构向社区、家庭延伸，通过喘息照护、短期寄养、居家上门服务，对家庭非正式照护起到了支撑作用；另一方面，该模式是连接居家照护和机构照护的桥梁。长者照护之家主要提供的是中短期照护，如病后的康复照护，老人在功能恢复或病情缓解后，推荐转入家中照护。长者照护之家提供护士定期随访、家庭照护力量训练、助餐、助浴等上门服务。如果老人状况继续恶化，长者照护之家则推荐老人转入养老院或护理院。截至 2017 年年底，上海市中心城区和郊区城市化地区每个街（镇）至少拥有一个长者照护之家。截至 2019 年年底，上海已建成长者照护之家 187 个，运营床位 8 691 张①。

3.2.2.2 成都连锁化运营破解社区照护难题

与上海相似，成都也推行社区嵌入式养老服务，同时形成独特的社区照护连锁模式。2013 年，民政部出台的《养老机构设立许可办法》规定 10 张以上床位就能设立养老机构，养老机构的准入门槛得以降低，微型养老机构得以发展。随着社会资本不断涌入，民营微型养老院连锁化经营模式开始拓展。一方面，连锁化运营更具成本优势。该模式通过日常采购、服务配送、人员招聘、护理员培训方面的集中操作，降低成本，提高管理效率，并对优质设备、专业人力资源实现了不同服务站点的共享。另一方面，该模式的服务规范化、标准化，能较好地对接社区老人照护需求，在品牌效应的带动下，增加客源，拓宽利润空间。此外，连锁经营便于政府部门实施监管，通过对总部提出要求，规范内部章程，提高内控力度，进行有效约束。

成都通过运营社区养老服务中心，以社区为依托，主要为失能和半失能老人提供全托、日间照料、临时看护、居家上门服务等。成都通过社区服务为专业机构引流，提升机构入住率，实现民营养老机构社会效益和经济效益的统一。成都以社区养老服务为引擎，机构养老为依托，大量招聘护工以扩充社区照护服务人力，优质的社区照护服务为机构带来客源，机构盈利后又以较好的待遇条件吸引高素质的护理员，进一步提升社区照护质量，形成“社区+机构”业务模式，促进连锁经营的良性循环。

3.2.2.3 杭州智慧养老实现照护供求精准对接

信息技术、人工智能的发展不断促进养老服务方式的变革和内容的延

① 上海市老龄科学研究中心. 2019 年上海市老年人口和老龄事业监测统计信息［EB/OL］.（2020-05-20）［2020-09-01］. http://www.shweilao.cn/cms/cmsDetail? uuid=6e177166-42e8-49d2-8621-a8ad22a2a2a9.

伸，增加照护服务的可及性。智慧养老分为初级阶段和高级阶段。在初级阶段，智慧养老主要以信息化平台为载体，通过传感系统将居家、机构联系在一起，为老人提供快捷高效、物联化和智能化的服务，即基于信息平台实现照护需求和供给的匹配。在高级阶段，智慧养老主要是使用人工智能和信息技术为老人直接提供服务。目前，我国的智慧照护服务实践处于初级阶段，运行机制遵循“设备安装→产生需求信息→信息传输→需求与供给对接→服务供给→服务质量反馈”这一流程。

2013 年，杭州在全国率先探索智慧养老，通过铺设呼叫终端，建立服务平台，为老人提供生活照料、精神慰藉和紧急救助等服务，形成独特的“杭州模式”。2017 年，杭州启动新一轮“智慧养老”项目。目前，杭州智慧养老综合服务覆盖上城区、下城区、江干区等，致力于为老人提供“线上+线下”、高效便捷的一揽子居家养老服务。首先，杭州建立信息管理数据库。该数据库的建立依托于养老服务对象评估系统，将老人分为六类。数据库中包含老人居住地、身体状况、自理能力等信息。其次，杭州铺设服务终端。终端类型包括老人手机、可穿戴设备、无线呼叫机等以及服务商自行开发的其他产品。老人的呼叫终端（如呼叫器）还具有移动定位、亲情互通的功能。再次，当老人有需求时，其对平台进行呼叫，平台对接老人需求，提供服务。该系统提供的服务分为三类：第一类服务为“助急”服务。这是服务中的重点，主要提供应急救助服务，尤其对独居和孤寡老人，设置主动关怀和特殊时段“助急”。该类服务无需付费。第二类服务是“七助”（助急、助餐、助医、助洁、助浴、助行、助聊）服务。服务商仅作为供给和需求对接平台，服务价格较为优惠，老人需自行付费。第三类服务具有区域特色，服务商需要整合区域养老资源，向老人推介政府购买服务和公益服务，老人可以低偿或无偿享受服务。呼叫终端、服务平台联通了照护需求者——老人和照护提供者——社区服务、养老院服务、医疗服务、家政服务等，有助于实时满足老人照护需求，提高照护服务资源的优化配置。同时，事后照护服务质量的评价保证了服务水平。

服务的运营由杭州统一公开招标，侧重于服务商人员、设施设备、业绩、公司规模、前期平台开发与终端设备等的甄选。招标后，杭州建立服务商资格库，各区从库中自行选择。由于服务商有各自的服务平台，为了统一监管，政府建立了智能监管平台，实现上传信息标准化。同时，杭州开通服务热线（96345100），以帮助老人及其家属获取智慧养老相关信息。在覆盖人群方面，全部老人可以免费领取“一键呼叫”呼叫器。70 周岁及以上空巢、独居、孤寡老人，80 周岁及以上高龄老人以及享受政府养老补贴的老人无需支付系统服务费，系统服务费由政府支付；其他老人可以自行与服务商签约，基础服务费为每月 20 元。

3.2.2.4　苏州家庭养老夜间照护床位服务新模式

为了进一步扩大老年照护服务供给，为居家失能老人提供夜间照护，2020 年 10 月 10 日，苏州市民政局印发《苏州市家庭养老夜间照护床位建设运营管理办法（试行）》，对家庭夜间照护床位的服务对象、服务内容、服务机构、服务流程、风险防控、质量管理以及扶持政策做出了规定，实现了居家正式照护的“全天候”服务，在全国属于首创。

在服务对象方面，苏州主要针对市内居住的 60 周岁及以上老人，同时家庭需要具备上门人员安全、有效开展服务的基本条件，并同意在家中配备紧急呼叫按钮。服务内容涵盖起居照料、精神陪护、应急处置、个人卫生、饮食照料、家庭保洁、代办代购和临床护理。服务机构采用申请制，辖区内养老机构、社区居家服务机构及其他为老社会组织均可申请。同时，机构需要有能够提供上门服务的专业团队，并有专人负责该业务的管理。服务流程包括由老人提出申请，服务机构上门访问、评估，制订服务方案，双方签约、登记，上门服务和跟踪反馈。在风险防控措施方面，家庭养老夜间照护床位纳入养老服务组织责任险保障范围。同时，服务机构制订风险防范预案，做好事前告知、事中记录、事后评价。在质量管理方面，政府对质量不达标的机构限制评奖评优或给予行政处罚，对服务优质的机构以奖代补，政府购买服务时优先考虑。

苏州家庭夜间照护床位采用市场化的运作方式，服务具体内容和服务价格由市场主导，政府的职责主要在于营商环境改善和质量监管。该项目从 2020 年 5 月开始试点，到 2021 年 1 月已经有 97 家机构通过遴选，累计服务 10 万余人次①。家庭夜间照护床位的试点将正式照护“全天候”地引入了家庭，切实减轻了家庭照护者负担，缓解了孤寡、独居老人的照护困境。

3.2.3　机构照护服务的发展现状

3.2.3.1　政府提供多项扶持政策

首先，在税收优惠方面，养老服务机构提供服务收入免征增值税。属于非营利性质的养老服务机构取得的收入免征所得税。如果机构符合小微

① 林琳. 苏州打造“原居安老”养老服务 创新做法引来央视关注［EB/OL］.（2021-01-19）［2021-02-01］. http://m.csxww.com/article/70506.

企业条件，可以享受相应减免企业所得税优惠。非营利性养老服务机构免征房产税、土地使用税、车船使用税以及耕地占用税。其次，在行政事业费减免方面，从2015年1月开始，我国对非营利养老服务机构全额减免行政事业费。对营利养老服务机构减半收取行政事业费。再次，在财政补贴方面，各地政策略有差异，资金补助政策一般包括床位建设补贴、床位运营补贴、特定服务对象补贴（如厦门针对收纳失能老人的养老服务机构，每人补贴400~800元；北京针对入住机构失能人员每人补贴500~600元；杭州针对入住机构高龄、失能、失智老人实行人头补贴，补贴区间为200~600元）及医养结合补贴和等级评定补助（多数地区对等级评定较高的机构一次性给予5万元以下的奖励）。在补贴覆盖方面，非营利机构享受规定全额补助。对营利机构，有地区采用规定金额的固定比例，如杭州规定营利性机构按照非营利性机构补助标准的80%补助。有的地区对营利机构和非营利机构的运营补贴不进行差别对待，如山西规定在运营补贴上不再区分“经营性质”，接受经济困难、高龄、失能老人的机构也可以享受同等运营补贴；北京的养老机构运营补贴营利机构和非营利机构均可以享受，享受金额受服务对象身体状况、服务质量、信用状况和医疗服务能力影响。此外，多地对养老机构推行“以奖代补”的扶持政策，如从2015年开始，上海对本地非营利养老机构设置连锁经营奖、招用持证人员奖以及内设医疗机构奖，以奖金的方式鼓励民营机构扩张、提高专业化水平、深入探索医养结合的照护方式。

3.2.3.2　降低准入门槛

在机构准入方面，2019年2月，国家发展改革委等18个部门联合发布《加大力度推动社会领域公共服务补短板强弱项提质量 促进形成强大国内市场的行动方案》，明确取消养老机构设立许可。2019年6月，民政部废止了《养老机构设立许可办法》。广东、山东、浙江等率先响应，出台地方性办法，着力做好许可取消后的登记备案。准入门槛的降低有利于鼓励社会资本进入养老行业，政府通过事中、事后监管的方式规范行业秩序，强化市场优胜劣汰、资源配置的决定性作用。

3.2.3.3　推动照护机构标准化进程

养老服务标准体系包含通用基础标准、服务提供标准和服务保障标准。目前，关于养老机构服务提供和服务保障方面已经出台了多个国家标准，涉及养老机构建筑设施、服务和管理，如《老年人居住建筑设计标准》《老年养护院建设标准》《养老机构基本规范》《养老机构服务安全基本规范》《养老机构服务质量基本规范》等。2018年，《养老机构等级划分与评定》

国家标准出台。2019 年 12 月，民政部印发《关于加快建立全国统一养老机构等级评定体系的指导意见》，各地开始对养老服务机构进行星级评定工作。2020 年 9 月，民政部发布新修订的《养老机构管理办法》，对备案办理、服务规范、运行管理、监督检查、法律责任等方面的内容进行了修订，以顺应老龄化国情及其对养老服务提出的新要求。然而，一方面这些标准并未形成体系，另一方面这些标准未充分考虑失能、失智老人照护的特殊性。当前，在国家层面亟须制定针对失能、失智老人的标准化服务流程和操作体系，以满足其生活照料和医疗护理需求。

2017 年，民政部发布《〈养老机构生活照料服务规范〉公开征求意见的通知》，全国性的照料服务规范仍未出台。各地根据实践需求，开发了地方照护服务标准体系。2016 年 1 月，《河北省养老机构日常照护规范》发布，对老人照护流程进行规范，同时明确了照护评级以及护理员与老人配置标准。2019 年 11 月，《云南省养老机构照护标准（试行）》发布，该《标准》包含老年人能力评估、护理分级、照护质量评价等内容。2020 年 7 月，《浙江省养老机构护理分级与服务规范》发布，明确了每一护理等级需要的基本服务内容。2020 年 10 月，《重庆市养老机构老年人介护服务规范》发布，对养老机构提供照护服务需具备的基本设施设备、人员和管理流程进行确认，对不同类别的服务内容进行规范。

此外，各地区在政策层面鼓励和支持养老机构设置护理型床位，对护理床位设置数量、配置要求、人员和相关服务进行了规范。例如，上海于 2017 年 12 月出台的《养老机构护理型床位设置指引》，明确了长期照护保险定点机构护理床位的设置规范。南京于 2019 年 1 月出台的《关于健全完善养老服务补贴的通知》，鼓励养老机构建设护理型床位，每张床位最高补贴可达 1.5 万元；新设护理床位除了要符合养老院普通床位 14 项要求外，还需设置医务室、康复医院等医疗机构，医护人员与入住的失能老人比例不低于 1∶4。

3.2.3.4　增强照护机构风险防范能力

2014 年 2 月，民政部等三部门下发《关于推进养老机构责任保险工作的指导意见》，要求各级政府通过补贴保费等政策，引导养老机构参保。事实上，在该指导意见下发之前，北京、上海、江苏等地已经开始实施养老机构责任保险。目前，各地均有城市开展机构责任保险，同时保险覆盖范围不断扩大，逐渐涵盖公办养老机构、农村养老机构等。以往机构拒收失能、失智老人的现象时有发生，其多是因为考虑到可能存在的照护风险。随着机构责任保险的推广和普及，利用风险转嫁的方式，将机构经营的不确定性最大限度地降低，提高了机构收住失能、失智老人的积极性。

3.2.3.5 增加认知症老人机构照护服务供给

由于认知症老人照护难度较大，该照护体系的建设以正式照护服务机构为主，同时培育专业评估、照护社会组织和护理员等服务力量。

近年来，上海着力推进认知症老年照护体系，通过筛查评估形成认知症老年人数据库。从2018年起，“改造1 000张认知障碍照料床位”连续被列入政府实事项目；《认知症照护床位设置指南》出台，对认知症照护床位的建设和运营，市、区两级财政给予补贴。在政策影响下，上海出现了一批专业提供认知症照护的机构，如上海市第三社会福利院的失智老人照料中心，多个长者照护之家也开设认知症照护专区，同时出现了专门服务于认知症的社会组织，如记忆家——社区认知症家庭支持中心，为认知症家庭提供支持和服务。2018—2019年，上海共改造认知症床位2 679张，预计到2022年年底，上海将完成8 000张标准化认知障碍照护床位的改造[①]。

3.3 非正式照护服务体系的发展现状

3.3.1 探索设立独生子女护理假

为了支持子女履行赡养义务，强化家庭照护主体责任，自2017年以来，各地区以地方立法或行政规章的形式设立独生子女护理假，以减轻非正式照护压力。截至2020年年底已有多地实施该政策（见表3-4）。

表3-4 全国独生子女护理假实施情况

地区	实施日期	护理假天数（全年累积上限）	满足条件
福建	2017年3月1日	独生子女：10天	父母年满60周岁，患病住院治疗
广西	2017年9月1日	独生子女：15天	父母年满60周岁，患病住院
海南	2017年9月1日	独生子女：15天	父母住院治疗且年满60周岁
湖北	2017年12月1日	独生子女：15天 非独生子女：10天	照顾失能或患病住院老年人

① 沈则瑾. 上海聚集多方资源建立认知障碍老人照护服务体系 回应社会痛点和群众需求[EB/OL].（2020-01-14）[2020-09-10]. https://baijiahao.baidu.com/s? id=1655717639225597974&wfr=spider&for=pc.

表3-4(续)

地区	实施日期	护理假天数 （全年累积上限）	满足条件
黑龙江	2018 年 1 月 1 日	独生子女：20 天 非独生子女：10 天	老年人患病住院
重庆	2018 年 3 月 1 日	独生子女：10 天	父母患病住院治疗,需要二级以上护理
四川	2018 年 10 月 1 日	独生子女：15 天 非独生子女：7 天	老年人患病住院期间不能自理
河北	2018 年 12 月 1 日	适当陪护时间	父母患病住院
河南	2019 年 1 月 1 日	不少于 20 日	领取独生子女父母光荣证的老年人住院治疗
宁夏	2019 年 1 月 1 日	独生子女：15 天 非独生子女：7 天	老年人患病住院
内蒙古	2019 年 1 月 1 日	独生子女：20 天	老年人患病住院或生活不能自理
山西	2019 年 9 月 14 日	独生子女：15 天	父母患病住院期间
云南	2019 年 10 月 1 日	独生子女：20 天 非独生子女：10 天	老年人患病住院治疗

从政策对象来看，有五个地区不仅覆盖了独生子女，还包含了非独生子女，如湖北、黑龙江、四川、宁夏、云南；从假期时间来看，独生子女的假期上限大于非独生子女，各地区独生子女假期时间从每年累积 10 天到 20 天不等，非独生子女每年 7 天到 10 天不等；在受益条件方面，多数地区要求在 60 周岁以上父母患病住院期间，独生子女才享有该权利，由此可知，护理假政策更多是为了保障老年人亲情赡养的权益。仅有湖北和内蒙古的受益条件包含老年父母失能或生活不能自理的情况，这突出了家庭照护者支持的政策内涵。此外，个别地区对假期享受条件的限制更为严格，如重庆要求必须满足患病住院治疗和需要二级以上护理两个条件，四川也需要同时满足住院和不能自理，子女才能向单位提出假期申请。

3.3.2 家庭照护者“喘息服务”试点

为了缓解家庭照护负担，延缓失能老人机构化进程，我国个别城市探索实施家庭照护者“喘息服务”。所谓喘息服务，是指由正式照护服务短暂替代家庭照护，让家庭照护人员可以休息，得到放松和精力、体力的恢复。根据喘息地点的不同，喘息服务分为居家喘息和机构喘息。居家喘息一般由专业人员提供上门服务，机构喘息则通过把老人送到日间照料中心或照护机构的方式进行。

杭州市西湖区从2011年开始在全国率先实施喘息服务，主要针对经济困难且重度失能老人的家庭照护者。该措施仅在小范围内实施，未在杭州全市推广。2013年，苏州工业园区景城社区以公益爱心活动的方式，为社区内高龄、残疾和失能老人提供喘息照护服务，实施几年时间，受益人数不足百人。在众多试点地区中，仅有广州市和南京市在全市范围内推行喘息服务，其中广州市主要针对高龄独居、孤寡、低保、低收入、失独、残障以及行动不便老人，将喘息形式分为上门式、日托式和院舍式，但在相关实施细则中并未规定每年享受服务的次数。南京市于2018年4月印发了《养老喘息服务和老年人购买紧急呼叫服务补贴办法（试行）》的通知，其中规定接受照护的老人必须在70周岁以上、居家照护3个月以上、能力评分不少于110分以及满足规定的五项失能条件之一，此外家庭照护者必须连续照护3个月以上。申请成功后，家庭照护者每年可以享受15天喘息服务。2018年，北京市丰台区也开始试点喘息服务，要求被照顾的失能、半失能和失智老年人需具有北京市户籍且常住丰台区，并由子女、伴侣、亲属、保姆长期照顾，其中特困、低保、低收入家庭，计划生育困难家庭，纯老年人家庭为政策的重点帮助对象。在服务频率方面，北京市的频率最高，为每月4天。截至2019年5月底，北京市丰台区符合条件的862名老年人中，已经有517人与指定机构签订了喘息服务协议①。

3.3.3 失能、失智老人家庭照护指导试点

为了强化非正式照护的功能，提升家庭照护的专业性，个别地区开始探索家庭照护者指导方案（见表3-5）。

表3-5 各地区家庭照护者培训实施情况

名称	时间	范围	对象	形式
南京“居家照护培训”计划	2017年8月	全市	高龄失能老人家属	委托专业养老服务机构进社区培训
上海“老吾老计划——家庭照护能力提升项目”	2018年1月	中心城区11个街道	轻度失能老人及其家属	实训式集中教学和个体辅导
合肥“失能（失智）老人家庭照护指导”试点	2018年6月	庐阳区	失能、失智老人家属	“分片培训+集中提升+跟踪回访”结合“专家授课+视频图文+现场指导”

① 黄建华. 丰台3 500人次享受“喘息服务” [EB/OL].（2019-04-01）[2019-09-10]. http://health.people.com.cn/n1/2019/0519/c14739-31091934.html.

南京从2017年开始在全市试点居家照护培训计划，委托专业养老机构进入社区对失能人员家属进行培训。培训涵盖康复护理、辅具使用，饮食护理、心理调适、急救知识等，切实提升家庭照护者的康复护理技能。上海从2018年1月开始实施老吾老计划——家庭照护能力提升项目，第一期试点在中心城区11个街道进行，一方面针对轻度失能老人和家属提供照护实务训练，另一方面以潜在被照护对象为主体，开展预防照护培训。2018年6月，合肥市庐阳区也开始试点，每周在一个街道开展一次培训指导，每三周在提供技术支持的夕阳红养老集团总部开展一次集中提升，对有进一步需求的失能、失智老人家庭提供上门或视频指导，并跟踪照护效果。

以上为照护指导的初步探索，通过提升家庭照护者技能、减轻照护者负担，以非正式照护的方式缓解老年照护供求不平衡问题，是照护者支持体系的重要组成部分。

3.3.4 南京“时间银行”互助照护模式的探索

“时间银行”互助照护模式是一种个体通过参与志愿者服务，积累服务时间，在自己需要服务的时候，享受同等时间的免费服务的新型方式，本质上体现了劳动成果延期支付的经济学思路（陈功等，2001）[①]。在实践中，“时间银行”互助照护模式一般以社区为依托，以低龄老人为志愿服务主体，以高龄老人为服务对象，服务内容涵盖生活照料、精神慰藉等，服务的专业化程度较低。这一机制设计为老人互助提供了平台，盘活了老人的空闲时间，增加了非正式照护服务供给。

南京从2012年开始在社区、街道、区多个层面开展了“时间银行”试点，为全市推行“时间银行”养老服务奠定基础。2019年7月，南京市政府发布《南京市养老服务时间银行实施方案》，要求2020年建立起“政府主导、通存通兑、权威统一”的“时间银行”运行机制。这是第一个市级“时间银行”实施方案。该实施方案规定服务对象是60周岁以上存有时间的老人，重点是80周岁以上空巢独居老年人，或者60~79周岁低保家庭中失能、半失能的空巢独居老年人。服务内容为“助餐、助浴、助洁、助急、助医”。时间的记录以南京市民卡为载体，开设“时间银行”账户，同时设立专门基金对政策实行给予保障。为了保证服务进行，在社区或街镇设置服务点，采用向养老机构购买服务的方式开设。

① 陈功，杜鹏，陈谊. 关于养老“时间储蓄”的问题与思考［J］. 人口与经济，2001（6）：67-73.

“时间银行”作为补充性的照护服务保障措施，在居家（社区）正式照护服务不足时，可以起到补充作用。从国外的经验来看，这种非正式照护方式覆盖人群较少，在整个照护服务体系中份额较低。

3.4 照护服务体系的发展现状评价

3.4.1 照护服务政策缺乏整体设计，总量少、针对性差

针对失能老人的照护服务政策缺乏统一规划，尚未形成政策体系。支持政策嵌于养老服务体系中，针对性较差。例如，国家在养老机构建设和养老服务方面公布了全国统一标准，但在照护机构建设标准、照护服务标准方面未进行规范。从目前养老机构建设的税收减免、建设运营补贴来看，属于供方补贴，并没有对准失能老人。在需方补贴方面，目前的高龄津贴主要针对80周岁以上的老年人，养老服务补贴主要针对困难老人（如低保、低收入老人等），护理补贴主要针对残疾和失能老人。此处的护理补贴政策，虽然各地区具体做法不同，但具有较强的托底和救助性质，补贴对象也未对准一般失能老人。

3.4.2 实践探索多为地区性、小范围，作用有限

在正式照护方面，社区嵌入式照护、连锁经营、居家智能照护等，虽然做出了创新性探索，但仍面临严峻问题，实际运行效果远低于预期。例如，长者照护之家的设计初衷是连接家庭和医疗机构的中转站，但由于盈利优势不明显，目前主要靠政府补贴，持续性堪忧，受成本限制，护理人员绝对量较小，专业性不足。又如，社区连锁微型机构，由于薄利运营，服务多样性、针对性较差。居家智能照护前期建设成本较高，社会资本参与较低，政府财政负担较重，同时对运营商、服务供给端要求较高，在全国普遍推行难度较大。

在非正式照护方面，如独生子女护理假，从2017年推出至今，全国尚无统一的政策，缺乏落实细则与配套措施，对家庭照护的支持作用较小。例如，喘息照护服务、照护指导仅在部分地区试行，资金来源单一，财政压力较大，服务对象的确定、评估标准、服务内容、服务规范有待完善，上门照护人员的权益、安全问题、追责机制仍属空白。

3.5 本章小结

在照护服务体系历史演进方面，从中华人民共和国成立初期到改革开放前期，照护服务政策主要针对的是“三无”和“五保”老人，政策具有兜底性质。随着改革开放的启动及人口结构、家庭结构的变化，我国建立了主管老龄问题的机构，在政策层面推出了针对全体老人的服务措施，居家（社区）养老服务开始建立，养老服务的社会化进程开启。1999 年，我国进入了老龄化社会，老龄相关政策法规发展较快，政策针对的对象从最初的鳏寡孤独老人逐渐过渡到全体老人，再到针对失能、半失能老人，提供的服务内容从最初的经济保障到服务保障，再到着重针对失能老人的照料和护理服务，更加强调服务的多样化。这一时期社会养老服务得到了充分的发展，走上了社会化和产业化的道路。我国在法律层面第一次提出开展老人的护理保障工作，我国进入了长期照护服务体系的建设期。

在照护服务体系发展现状方面，从 2011 年开始，随着社会化养老服务的发展，正式照护服务设施和机构快速增长，尤其是 2014 年和 2015 年。目前，在整个正式照护服务体系中，居家和社区服务设施占比达 80%以上，机构占比约 17%。同时，在医疗护理方面，无论是医疗机构数、每万人医疗机构床位数，还是每万人拥有的医疗技术人员数，均出现了大幅持续的增长。在老人福利方面，针对“三无”老人、特困老人（低保或低收入）和高龄失能老人的护理补贴在全国铺开，起到了较好的照护兜底作用。在居家和社区服务方面，社区嵌入式照护、社区连锁化微型机构、居家智慧照护系统、家庭养老夜间照护床位在多个城市试点，力求精准对接老人长期照护需求。在机构建设方面，扶持政策力度不断加大，取消养老机构设立许可证，降低准入标准，推进机构标准化进程，通过政府补贴购买养老机构责任保险，提升机构抗风险能力，同时不断增加专门针对失智老人的机构服务供给。在非正式照护方面，多个地区已经开始实施独生子女护理假，家庭照护者喘息服务在多个地区试点，沿海发达地区开始探索照护指导试点和“时间银行”互助照护模式。

然而照护服务体系的发展仍然存在一些问题，总体而言，解决老人长期照护问题的政策严重不足，缺乏统一规划，针对性较差；实践探索集中在经济发达城市，范围较小，作用发挥有限。

4 正式和非正式照护的使用现状

在第三章的基础上，本章对正式和非正式照护的使用情况进行考察。第一节介绍了数据来源——中国老年健康影响因素调查（CLHLS）。第二节采用描述统计的方式，总览 CLHLS 2005—2018 年 5 期数据中失能老人概况，分析十余年间失能老人对正式和非正式照护的使用情况及发展趋势。第三节依据安德森健康行为模型建立研究框架，采用 IV-Tobit、IV-Probit 和联立方程模型，分析在中国现实条件下，正式和非正式照护的关系，尤其针对不同失能程度的老人，两者关系的变化，以期明确照护服务体系存在的问题。

4.1 数据来源

本章使用的数据来自中国老年健康影响因素调查（CLHLS）。该调查由中国老龄科学研究中心、北京大学和中国疾病预防控制中心合作开展，是针对 65 周岁以上老年人群进行的一项多学科、大范围的纵向追踪调查。该调查的详细情况在其他文献中有介绍（Zeng，et al.，2001）①。CLHLS 已经进行了 8 次，分别是 1998 年、2000 年、2002 年、2005 年、2008 年、2011 年、2014 年和 2018 年。根据研究需要②，本书选取 CLHLS 2005 年、2008

① ZENG Y，VAUPEL J W，XIAO Z，et al. The healthy longevity survey and the active life expectancy of the oldest old in China［J］. Population，2001，13（1）：95-116.

② 2006 年国务院发布《关于加快发展养老服务业的意见》，首次在政策层面提出养老服务体系的概念，极大地促进了正式照护服务的发展。因此，以 2005 年作为照护服务研究的基期较为合适。

年、2011 年、2014 年和 2018 年的数据，保留失能老人样本，即在洗澡、穿衣、上厕所、室内活动、控制大小便和吃饭六项活动中有一项及以上能力受损的老人①。

4.2 正式和非正式照护的使用占比分析

4.2.1 失能老人概况

本书分析 CLHLS 2005—2018 年的数据，可以发现在总样本中失能老人占比维持在 25%左右，分布具有性别和城乡差异。其中，女性占比远高于男性，居住在城市的失能老人占比高于居住在农村的失能老人（见表 4-1）。本书使用 CLHLS 2018 年的数据计算不同年龄段失能老人的比例，同时考虑性别和居住地要素（见图 4-1）。可以看出，四类老人随着年龄的增加，失能人数占比均大幅上升，其中上升最快的是城市女性老人，城市男性老人和农村女性老人次之，在各个年龄阶段失能人数占比最低的群体是农村男性老人。本书将失能老人按照日常生活能力受损个数进行分类，其中有 1~2 项能力受损的划分为“轻度失能”，有 3~4 项能力受损的划分为“中度失能”，有 5 项及以上能力受损的划分为“重度失能”。该划分依据与尹尚菁和杜鹏（2012）② 的观点相同。图 4-2 表明，2005—2018 年，轻度和中度失能老人的比例在 12%和 5%上下波动，重度失能老人的占比有了显著上升，从 2005 年的 6.46%上升到了 2018 年的 8.16%。这可能是由于医疗技术的进步使得健康较差群体的存活率得到了提高（Olshansky，et al.，1991）③。

① 本书长期照护服务体系的构建针对失能和失智老人，在 CLHLS 数据分析时应包括失智样本。然而 CLHLS 问卷设计时，仅对 ADL 受损老人提问了“主要照护提供者”和“照护费用”等问题，失智老人正式和非正式照护的使用情况存在大量缺失，因此本书在分析时仅考虑了 6 项日常活动中有一项及以上能力受损的老人。

② 尹尚菁，杜鹏. 老年人长期照护需求现状及趋势研究［J］. 人口学刊，2012（2）：49-56.

③ OLSHANSKY S J，RUDBERG M A，CARNES B A，et al. Trading off longer life for worsening health［J］. Journal of Aging & Health，1991，3（2）：194-216.

表 4-1　2005—2018 年失能老人概况（分性别、城乡统计）

年份	样本总量/人	失能老人				
		人数/人	男性占比/%	女性占比/%	城市占比/%	农村占比/%
2005	15 612	3 929	30. 64	69. 36	53. 17	46. 83
2008	16 563	3 731	29. 51	70. 49	46. 26	53. 74
2011	9 613	2 555	34. 36	65. 64	52. 13	47. 87
2014	6 977	1 700	36. 41	63. 59	53. 06	46. 94
2018	15 665	4 188	32. 86	67. 14	60. 08	39. 92

数据来源：CLHLS 2005 年、2008 年、2011 年、2014 年和 2018 年的数据。

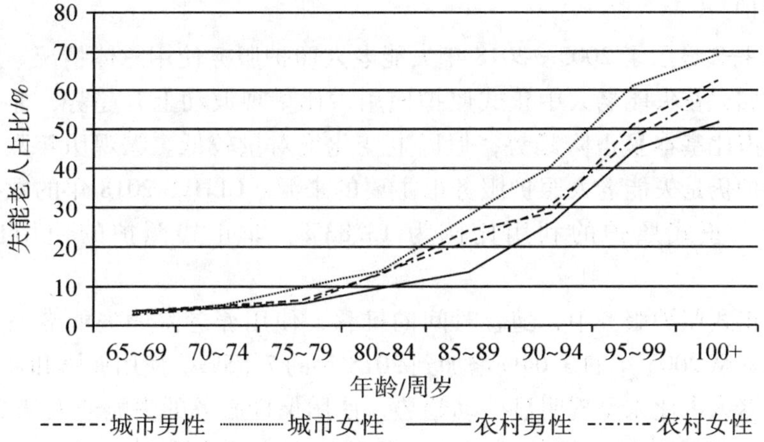

图 4-1　2018 年不同年龄段失能老人占比（分性别、城乡统计）

数据来源：CLHLS 2018 年的数据。

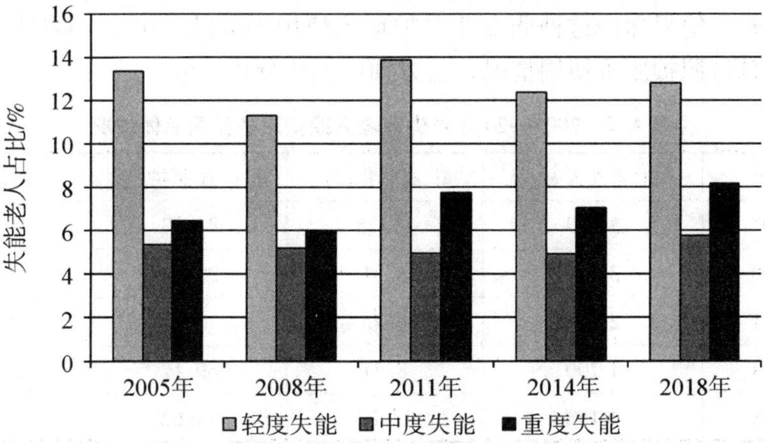

图 4-2　2005—2018 年不同失能程度老人占比变化

数据来源：CLHLS 2005 年、2008 年、2011 年、2014 年和 2018 年的数据。

4.2.2 失能老人正式照护服务的使用情况

CLHLS 问卷在老人基本状况中，询问了老人的居住模式。CLHLS 问卷针对 ADL 受损老人提问了他们照护服务的主要提供者，包含“配偶”“子女及其配偶”“孙子女”“其他亲属”“朋友邻里”“社会服务”“保姆”和“无人照顾”几类，由此可以得到失能老人三类正式照护服务使用情况，包含使用“保姆”“社会服务”和入住“养老院”以及四类非正式照护使用情况，即由“配偶”“子女或孙子女（及其配偶）”“其他亲属”“朋友和邻居”照护。

表 4-2 显示了 2005—2018 年失能老人照护服务使用总体情况。随着年份的增加，在失能老人中正式照护使用占比呈现波动上升趋势，非正式照护使用占比基本呈下降趋势，但以上变化绝对量较低。纵观历年数据，非正式照护仍是失能老人照护服务最主要的来源。CLHLS 2018 年的数据表明失能老人正式照护的利用比例为 13.83%，非正式照护的使用比例接近 85%。

在正式照护服务中，随着时间的推移，使用养老院的失能老人占比稳步增加，从 2005 年的 3.64%增加到 2018 年的 7.55%。使用保姆和社会服务的失能老人占比未呈现明显变动趋势，使用保姆服务的失能老人从 2005 年的 7.36%降低到 2014 年的 2.06%，到 2018 年再次上升到 5.92%。相应地，社会服务使用占比极低，维持在 0.3%左右（见图 4-3）。由此推论，正式照护产业化发展促使更多的失能老人选择入住机构，同时社区照护服务可及性增强，使得保姆这种非专业照护形式使用率降低。由于 CLHLS 问卷并未涉及社区照护服务使用情况，这方面的变化分析不够。

表 4-2 2005—2018 年失能老人照护服务使用总体情况

年份	失能老人人数/人	正式照护/%	非正式照护/%	其他/%
2005	3 929	11.25	87.53	1.22
2008	3 731	8.31	90.73	0.96
2011	2 555	8.45	90.29	1.25
2014	1 700	8.41	89.12	2.47
2018	4 188	13.83	84.62	1.55

注：“其他”这一栏包含老人回答“不知道”“缺失”和“无人照料”的情况。

数据来源：CLHLS 2005 年、2008 年、2011 年、2014 年和 2018 年的数据。

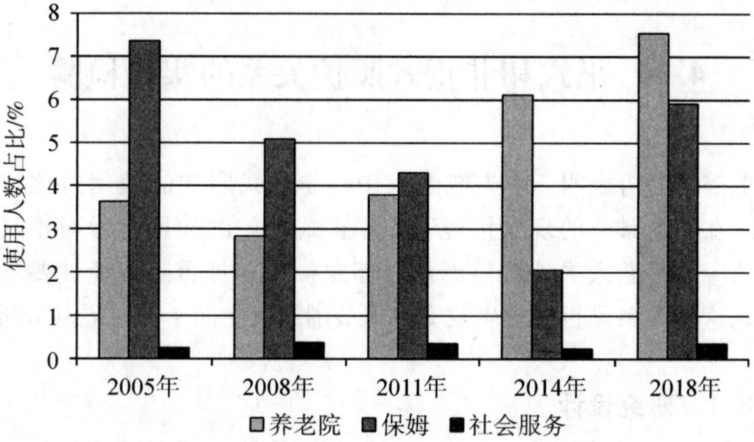

图 4-3　2005—2018 年正式照护服务的使用情况

数据来源：CLHLS 2005 年、2008 年、2011 年、2014 年和 2018 年的数据。

4.2.3　失能老人非正式照护服务的使用情况

从表 4-3 可以看出，非正式照护服务仍是绝大多数失能老人的优势偏好。随着时间的推移，非正式照护服务使用比例略有下降，从 2005 年的 87%下降到 2018 年的 84%。从非正式照护使用的具体构成来看，子女、子女配偶或孙子女是失能老人的主要照护者，占比在 75%以上。然而，随着女性就业的增加、人口流动的加快，2005—2018 年，这一主要照护来源呈下降趋势，由 77. 98%下降到 75. 09%。此外，配偶是除子女以外的重要照护来源，占比在 10%左右。由于女性平均寿命比男性平均寿命长，对女性高龄失能老人而言，依靠配偶照料的概率较低。其他亲属、朋友和邻居对失能老人的照护占比相当小，加总之后在 2%左右。

表 4-3　2005—2018 年失能老人非正式照护来源及使用情况　　单位:%

年份	子女(孙子女)及其配偶	配偶	其他亲属	朋友和邻居	总和
2005	77. 98	7. 41	1. 55	0. 59	87. 53
2008	82. 18	6. 70	1. 55	0. 29	90. 73
2011	77. 42	11. 15	1. 45	0. 27	90. 29
2014	75. 18	13. 24	0. 71	0. 00	89. 12
2018	75. 05	8. 52	0. 81	0. 24	84. 62

数据来源：CLHLS 2005 年、2008 年、2011 年、2014 年和 2018 年的数据。

4.3 正式和非正式照护关系的实证检验

以上描述分析表明，在失能老人中，非正式照护的使用占比远高于正式照护。在中国目前的现实情境下，非正式照护的使用是否对正式照护具有替代效应？在老人失能程度增加，即照护负担加重、专业性要求提高的情况下，这种关系是否会发生改变？本节围绕以上两个问题展开分析。

4.3.1 研究设计

4.3.1.1 样本筛选

本书使用 CLHLS 2005 年、2008 年、2011 年、2014 年和 2018 年的数据，保留失能老人样本，即在洗澡、穿衣、上厕所、室内活动、控制大小便和吃饭六项活动中有一项及以上能力受损的老人。如果失能老人的配偶健在且较健康，那么与子女相比配偶更可能成为主要照护者（Stone & Kemper，1989）[①]。由于问卷并未提供配偶照护的时间，本书在样本筛选过程中仅保留“无配偶”老人样本，考察子女非正式照护对正式照护的影响。本书删除关键变量缺失值，最终使用样本包含 9 928 名 65 周岁及以上老人。

4.3.1.2 模型设定

被解释变量为正式照护服务。根据安德森健康行为模型，构建老人正式照护服务决定方程如下：

$$FC_i = \alpha_0 + \alpha_1 IC_i + \alpha_2 X_i + \mu_i \tag{4-1}$$

其中，正式照护服务利用 FC_i 受到非正式照护服务 IC_i 使用量的影响，X_i 代表其他控制变量，包含使用正式照护服务的先决变量、使能变量和需求变量。该方程在回归时面临两个方面的问题：一方面，正式照护服务如果用服务金额来衡量，存在“归并数据”（censored data）的问题。对不使用正式照护服务的老人，“服务金额”的最优解为边角解，即服务金额为 0，而使用正式照护服务的老人服务费用一定为正数。虽然有全部观测数据，但对于某些受访者而言，被解释变量被压缩在一个点上，此时被解释变量的概率分布为一个离散点和连续分布，使用 OLS 无法得到一致估计。另一

① STONE R I, KEMPER P. Spouses and children of disabled elders: How large a constituency for long-term care reform? [J]. The Milbank Quarterly, 1989, 67 (34): 485-506.

方面，模型可能存在内生性。一是正式照护和非正式照护的使用可能存在互为因果的关系。非正式照护时间的增加可能减少老人使用家政服务的量以及降低老人选择正式照护的可能性。相应地，正式照护服务量的增加，也可能减少家庭照护的使用，处理这种内生性问题的通常做法是寻找使用家庭照护的工具变量。二是遗漏变量导致的内生性。正式和非正式照护的利用可能受到某些不可观测因素的影响，如老人传统的养老观念，对正式照护人员、机构服务的偏见等，导致解释变量与随机扰动项 μ_i 相关，即 $E(\mu_i \mid IC_i) \neq 0$，OLS 估计得到的将是有偏的结果，需要寻找合适的工具变量修正。

第一，IV-Tobit 模型。当被解释变量使用“家政费用”时，为了解决归并数据和内生变量的问题，使用 IV-Tobit 模型进行估计，“家政费用”在 0 处存在左归并。回归方程如下：

$$FC_{1i}^{*} = \alpha IC_i + \beta X_i + \mu_i \tag{4-2}$$

$$IC_i = \gamma Z_i + \varphi X_i + v_i \tag{4-3}$$

$$FC_{1i} = \begin{cases} FC_{1i}^{*}，若 FC_{1i}^{*} > 0 \\ 0，若 FC_{1i}^{*} = 0 \end{cases} \tag{4-4}$$

其中，FC_{1i} 为个体 i 可观测的正式照护服务的代理变量“家政费用”，FC_{1i}^{*} 为不可观测的潜变量，IC_i 为第 i 个老人接受的来自子女或孙子女等亲属的非正式照护服务小时数，X_i 为控制变量。在方程 4-2 中，IC_i 为内生变量，使用方程 4-3 对 IC_i 进行估计；在方程 4-3 中包含工具变量 Z_i（子女居住距离和子女数）和控制变量 X_i，工具变量与家庭照护时间密切相关，与正式照护服务的使用不相关，即 $E(\mu_i \mid Z_i) = 0$。μ_i 和 v_i 是随机扰动项，服从均值为 0 的二维正态分布。α、β、γ、φ 为待估参数。对方程 4-2 到 4-4 构成的模型，本书使用有效率的最大似然估计（MLE）。

第二，IV-Probit 模型。当被解释变量使用“入住养老院”这个二值变量时，由于含有内生变量，使用 IV-Probit 估计，回归方程如下：

$$FC_{2i}^{*} = \alpha IC_i + \beta X_i + \mu_i \tag{4-5}$$

$$IC_i = \gamma Z_i + \varphi X_i + v_i \tag{4-6}$$

$$FC_{2i} = 1(FC_{2i}^{*} > 0) \tag{4-7}$$

其中，FC_{2i} 为可观测的二值变量——是否入住养老院，FC_{2i}^{*} 是入住养老院不可观测的潜变量，其他变量和参数设定同方程 4-2 至方程 4-4。对方程 4-5 至方程 4-7 构成的模型，本书使用 MLE 进行估计。

4.3.1.3 变量定义和描述性统计

被解释变量正式照护服务的代理变量有两个，分别是家政费用和是否入住养老院。其中，家政费用是连续变量，问卷中提问老人“近一个星期，这些照料所支付的费用（如人工、物品等直接费用）总计多少元”，将费用乘以4.3转换为月费用。由于家政费用偏态分布，在回归估计中使用其自然对数形式，家政费用可看成居家正式照护服务的代表，通过雇佣家政人员为老人提供个人照料服务以及家务劳动。入住养老院是机构正式照护服务的代理变量，具体使用虚拟变量形式，入住取1，反之取0。关键解释变量是子女照护时间，根据问卷“近一个星期以来，您的子女/孙子女及其他亲属为您提供日常照料帮助的总小时数有多少”，将周小时数乘以4.3转换为月照料时间，回归中使用自然对数形式①。由于该问题主要针对的是子女（及其配偶）、孙子女（及其配偶）等后辈对老人的照护时间，因此对于有配偶的老人而言，配偶可能是主要照料人，再使用该变量衡量使用非正式照护对正式照护服务的影响就无法得到非正式照护的净效应，本书将样本限定为无配偶老人。

此外，本书依照安德森健康行为模型，控制了照护服务使用的先决因素包括老人的年龄、性别和受教育程度；使能因素，包括老人居住在城市还是乡村，自评家庭经济状况从1~5分别是“很困难”“比较困难”“一般”“比较富裕”“很富裕”，老人经济来源分为“经济独立”“子女供养”“政府供养”和“其他供养”四类，老人是否有医疗保险；需求变量，包括老人的ADL受损和IADL受损情况以及是否希望社区提供生活照护和上门看病送药等服务。由于正式和非正式照护可能同时受到不可观测因素的影响以及可能存在互为因果的关系，本章使用“子女居住距离”和“子女数”作为“子女照护时间”的工具变量。其中，子女居住距离和子女数影响对老人提供非正式照护的时间，但不直接影响正式照护服务的使用（林莞娟等，2014）②，在其他研究中曾被使用（Van Houtven & Norton，2004③；Bolin，et al.,2008④；刘柏惠和寇恩惠，2015⑤）。所有涉及金额的变量均使用居民

① 被解释变量和关键解释变量的选取参照了林莞娟等（2014）、刘柏惠和寇恩惠（2015）、黄枫和付伟（2017）的研究。

② 林莞娟，王辉，邹振鹏．中国老年护理的选择：非正式护理抑或正式护理——基于CLHLS和CHARLS数据的实证分析［J］．上海财经大学学报，2014，16（3）：54-62.

③ VAN HOUTVEN C H, NORTON E C. Informal care and health care use of older adults［J］. Journal of Health Economics, 2004, 23（6）: 1159-1180.

④ BOLIN K, LINDGREN B, LUNDBORG P. Informal and formal care among single-living elderly in Europe［J］. Health Economics, 2008, 17（3）: 393-409.

⑤ 刘柏惠，寇恩惠．社会化养老趋势下社会照料与家庭照料的关系［J］．人口与经济，2015（1）：22-33.

消费价格指数（CPI）调整到了2018年。

表4-4显示了样本的描述统计。样本平均家政费用为1 331元，仅有3.1%的失能老人入住养老院，子女每月照护时间为232小时，平均每周达50小时以上，属高强度照护。在先决变量方面，样本年龄较大，平均为97岁，男性占24.7%，受教育年限约为1年；在使能变量方面，51.3%的老人居住在城市，家庭经济困难的老人占17%，经济状况一般的老人占67%，经济状况较好的老人占16%，经济独立的老人占15%，依靠子女供养的老人占76%，49%的老人拥有社会或商业医疗保险；在需求变量方面，6项日常活动能力有3项受损，8项工具性日常活动能力有7项以上受损，78%以上的老人希望社区提供照护服务；在工具变量方面，多数子女与父母同村或同住，子女数平均为3个。

表4-4 样本的描述统计

变量名称	定义	均值	标准差
家政费用	月照护人工、物品直接费用	1 330.877	5 830.589
入住养老院	1=是，0=否	0.031	0.174
子女照护时间	月子女、孙子女及其配偶照护小时	232.169	240.257
年龄	连续变量	96.517	7.365
性别	1=男，0=女	0.247	0.431
受教育程度	接受教育年限	1.218	2.835
城市	1=居住在城市，0=居住在乡村	0.513	0.500
家庭经济状况			
很困难*	1=是，0=否	0.030	0.170
比较困难	1=是，0=否	0.141	0.348
一般	1=是，0=否	0.672	0.470
比较富裕	1=是，0=否	0.141	0.348
很富裕	1=是，0=否	0.017	0.127
老人经济来源			
经济独立*	1=是，0=否	0.147	0.354
子女供养	1=是，0=否	0.755	0.430
政府供养	1=是，0=否	0.072	0.258
其他供养	1=是，0=否	0.027	0.161

表4-4(续)

变量名称	定义	均值	标准差
医疗保险	1=有，0=无	0.494	0.500
ADL 受损	日常活动能力（6 项）① 受损个数	2.973	1.918
IADL 受损	工具性日常活动能力（8 项）② 受损个数	7.319	1.496
希望社区有照护服务	1=是，0=否	0.782	0.413
子女居住距离	连续变量：0=同住/同村，1=同一镇/市，2=同省不同镇/市，3=不同省	0.139	0.409
子女数	存活子女个数	3.371	1.816

注：* 表示参照组。

4.3.2 回归分析

为了考察家庭照护时间对“家政费用”的影响，首先，本书将照护时间视为外生变量，进行 OLS 估计作为比较基础；其次，本书考虑到“家政费用”的归并数据性质，使用 Tobit 估计；再次，本书加入工具变量使用 2SLS，检验工具变量的有效性和模型的内生性；最后，在内生性假设的基础上，本书使用 IV-Tobit 模型，对比模型结果。

表 4-5 显示了非正式照护对家政费用影响的估计结果。如果将“子女照护时间”作为外生变量，无论是 OLS 估计还是 Tobit 估计，照护时间的估计参数显著为正。在内生性假设下，使用“子女居住距离”和“子女数”作为“子女照护时间”的工具变量，工具变量有效性检验表明，不存在弱工具变量问题，工具变量与扰动项不相关。DWH 检验表明模型存在内生性。2SLS 估计结果显示，子女照护时间每增加 1%，家政费用减少 2.932%。然而，2SLS 没有考虑家政费用缺失的性质。当使用 IV-Tobit 时，得到的“子女照护时间”的估计参数为-4.503（$p<0.01$），表明非正式照护的使用减少了正式照护的使用，即非正式照护对正式照护存在替代效应。针对 IV-Tobit 模型内生性的 Wald 检验值为 74.60（$p=0.000$），拒绝原假设“模型不存在内生性”，证实使用 IV-Tobit 模型是较为适宜的。

关于控制变量，依照 IV-Tobit 模型的输出结果，在先决变量方面，随

① 分别为洗澡、穿衣、去厕所、室内活动、控制大小便和吃饭 6 项日常活动。

② 分别为购物、煮饭、洗衣服、拜访邻居、持续步行 1 000 米、举起 5 千克的重物、持续屈膝下蹲站立 3 次、乘坐公共交通 8 项日常活动。

着年龄的增加，家政费用显著提高。在使能变量方面，在城市居住的老年人家政费用较高，这可能和城市消费水平及正式照护服务的可及性密切相关。与经济很困难的家庭相比，经济富裕家庭的家政费用较高；与经济独立老人相比，子女供养老人家政费用较高，依靠政府和其他供养方式（如无人供养等）的老人家政费用较低。在需求变量方面，随着老人日常活动能力（ADL）受损数量的增加和工具性日常活动能力（IADL）受损个数的增加，老人的正式照护费用增加。对那些迫切希望社区提供生活照料和上门看病送药的老人（有意愿使用正式照护），其正式照护费用较高。此外，估计结果可以看出家政费用的时间趋势。考虑了物价因素后（所有费用均按照 CPI 调整到了 2018 年），从 2008 年起，失能老人家政费用逐年波动上升，尤其是 2018 年上升幅度较大。这一方面可能是由于家庭对正式照护的使用量增多，另一方面可能是由于正式照护人力成本不断升高。

表 4-5 非正式照护对家政费用影响的估计结果

自变量	家政费用			
	OLS	Tobit	2SLS	IV-Tobit
子女照护时间对数	0.167***	0.278***	-2.932***	-4.503***
	(0.023)	(0.037)	(0.639)	(0.931)
年龄	-0.007	-0.010	0.022**	0.034**
	(0.005)	(0.007)	(0.010)	(0.015)
性别	0.047	0.078	0.165	0.258
	(0.082)	(0.128)	(0.142)	(0.216)
受教育程度	0.050***	0.066***	0.001	-0.010
	(0.013)	(0.020)	(0.026)	(0.037)
城市	0.496***	0.681***	0.646***	0.911***
	(0.067)	(0.106)	(0.118)	(0.183)
经济比较困难	0.138	0.232	0.386	0.610
	(0.197)	(0.321)	(0.351)	(0.535)
经济一般	0.261	0.427	0.410	0.653
	(0.184)	(0.299)	(0.331)	(0.496)
经济比较富裕	0.518**	0.785**	0.839**	1.278**
	(0.201)	(0.324)	(0.362)	(0.544)
经济很富裕	1.247***	1.843***	1.012*	1.476*
	(0.311)	(0.468)	(0.540)	(0.812)
子女供养	0.196*	0.440**	0.271	0.558*
	(0.115)	(0.177)	(0.191)	(0.286)

表4-5(续)

自变量	家政费用			
	OLS	Tobit	2SLS	IV-Tobit
政府供养	-0.566***	-0.805***	-0.539*	-0.761*
	(0.160)	(0.260)	(0.280)	(0.411)
其他供养	-0.886***	-1.253***	-1.343***	-1.959***
	(0.234)	(0.389)	(0.397)	(0.587)
医疗保险	-0.053	-0.043	-0.212	-0.286
	(0.084)	(0.133)	(0.143)	(0.224)
ADL受损	0.334***	0.491***	0.994***	1.509***
	(0.019)	(0.029)	(0.141)	(0.204)
IADL受损	0.070***	0.113***	0.452***	0.702***
	(0.025)	(0.043)	(0.091)	(0.131)
希望社区有照护服务	0.446***	0.757***	0.346***	0.601***
	(0.079)	(0.131)	(0.134)	(0.208)
2008年	1.336***	2.198***	1.414***	2.316***
	(0.092)	(0.156)	(0.148)	(0.247)
2011年	2.078***	3.245***	1.836***	2.873***
	(0.101)	(0.162)	(0.179)	(0.280)
2014年	1.649***	2.512***	1.444***	2.191***
	(0.136)	(0.217)	(0.233)	(0.351)
2018年	2.214***	3.360***	2.781***	4.239***
	(0.110)	(0.176)	(0.213)	(0.333)
常数项	0.250	-3.306***	7.146***	7.359***
	(0.479)	(0.780)	(1.684)	(2.425)
Cragg-Donald Wald F			20.567	
Hansen J			0.014	
DWH			74.508***	
Wald test				74.60***
Observations	9 928	9 928	9 928	9 928
R-squared	0.142	—	—	—
Log likelihood	—	-21 750.242	—	-38 951.399

注：① *** 表示 $p<0.01$，** 表示 $p<0.05$，* 表示 $p<0.1$；②括号内为标准误；③家庭经济状况参照项为“经济很困难”，经济来源参照项为“经济独立”。

表4-6显示了非正式照护对入住养老院影响的估计结果。本书首先在外生性假设下使用线性概率模型（LPM）和Probit模型进行估计，之后在内生性假设下使用2SLS和IV-Pprobit模型。表4-6中四个模型都证实了子女

照护的存在降低了老人入住养老院的概率。根据2SLS估计结果，Hansen J统计量为0.266（p=0.606），工具变量与入住养老院不相关，DWH检验以及IV-Probit回归结果中输出的Wald检验均证实模型存在内生性问题，使用工具变量法才能得到一致估计结果。

依照IV-Probit模型（见表4-6），子女照护时间的增加可以降低老人入住养老院的概率。随着年龄的增加，入住机构的概率增大。在城市考虑到正式照护机构的可及性，入住概率较大；与经济独立的老人相比，采用其他供养方式的老人更不倾向于选择养老院；随着失能程度的增加，使用机构照护服务的可能性加大。与2005年相比，2018年老人入住养老院的概率提升。

表4-6 非正式照护对入住养老院影响的估计结果

自变量	养老院			
	LPM	Probit	2SLS	IV-Probit
子女照护时间对数	-0.031***	-0.340***	-0.290***	-0.784***
	(0.002)	(0.019)	(0.052)	(0.009)
年龄	-0.001**	-0.013***	0.002**	0.003*
	(0.000)	(0.004)	(0.001)	(0.002)
性别	-0.004	0.013	0.006	0.030
	(0.005)	(0.072)	(0.011)	(0.031)
受教育程度	0.003***	0.016*	-0.001	-0.008
	(0.001)	(0.009)	(0.002)	(0.005)
城市	0.024***	0.467***	0.036***	0.148***
	(0.003)	(0.074)	(0.009)	(0.033)
经济比较困难	-0.004	0.113	0.016	0.040
	(0.008)	(0.195)	(0.024)	(0.062)
经济一般	0.005	0.329*	0.017	0.093
	(0.008)	(0.170)	(0.023)	(0.059)
经济比较富裕	0.001	0.280	0.028	0.090
	(0.009)	(0.186)	(0.025)	(0.062)
经济很富裕	0.008	0.370	-0.012	0.097
	(0.020)	(0.262)	(0.042)	(0.074)
子女供养	-0.038***	-0.308***	-0.032**	-0.053
	(0.008)	(0.081)	(0.015)	(0.041)
政府供养	-0.032***	-0.117	-0.030	-0.022
	(0.010)	(0.131)	(0.021)	(0.058)

表4-6(续)

自变量	养老院			
	LPM	Probit	2SLS	IV-Probit
其他供养	-0.050***	-0.425**	-0.088***	-0.183**
	(0.013)	(0.193)	(0.030)	(0.083)
医疗保险	-0.013***	-0.113	-0.026**	-0.014
	(0.005)	(0.079)	(0.011)	(0.030)
ADL 受损	0.011***	0.149***	0.066***	0.186***
	(0.001)	(0.018)	(0.011)	(0.009)
IADL 受损	0.007***	0.110***	0.039***	0.114***
	(0.001)	(0.030)	(0.007)	(0.011)
希望社区有照护服务	0.009**	0.227***	0.001	0.037
	(0.004)	(0.080)	(0.010)	(0.033)
2008 年	0.016***	0.165	0.023**	-0.006
	(0.004)	(0.106)	(0.011)	(0.036)
2011 年	0.013***	0.231**	-0.007	-0.019
	(0.005)	(0.109)	(0.013)	(0.043)
2014 年	0.022***	0.259**	0.005	-0.051
	(0.007)	(0.127)	(0.017)	(0.051)
2018 年	0.063***	0.712***	0.110***	0.201***
	(0.007)	(0.105)	(0.016)	(0.044)
常数项	0.147***	-1.391***	0.722***	1.255***
	(0.028)	(0.426)	(0.134)	(0.195)
Observations	9 928	9 928	9 928	9 928
R^2	0.102	—	—	—
Pseudo R^2	—	0.275	—	—
Log likelihood	—	—	—	-18 185.195
Wald test	—	—	—	91.70***

注：① *** 表示 $p<0.01$，** 表示 $p<0.05$，* 表示 $p<0.1$；②括号内为标准误；③家庭经济状况参照项为“经济很困难”，经济来源参照项为“经济独立”。

表 4-7 加入了 ADL 受损和子女照护时间的交互项，考察随着失能程度的增加，非正式照护和正式照护之间关系的变化。可以发现，对于家政费用而言，“子女照护时间”估计的主效应显著为负（-3.810），即非正式照护对家政费用仍存在替代效应；ADL 受损的主效应估计值显著为正（2.334），即失能程度上升会增加家政费用。交互效应部分估计值为-0.175（$p<0.01$），这表明失能程度的增加强化了非正式照护对家政费用的替代作

用，即在其他情况不变的条件下，对于轻度失能老人而言，家庭照护对家政费用的替代性较弱；对于重度失能老人而言，家庭照护对家政费用的替代性较强。在家庭照护对入住养老院决策的回归中，子女照护时间的主效应显著为负，ADL受损的主效应显著为正，即非正式照护对正式照护也具有替代效应，但随着失能程度的增加，入住机构的概率会增加。交互效应部分的估计值为-0.009（p<0.01），即随着失能程度的上升，非正式照护对机构照护的替代效应增加。

表4-7 失能程度对非正式和正式照护关系的调节作用

自变量	家政费用（IV-Tobit）		养老院（IV-Probit）	
	第一阶段	第二阶段	第一阶段	第二阶段
子女照护时间对数		-3.810***		-0.757***
		(0.905)		(0.010)
子女居住距离	-0.211***		-0.196***	
	(0.033)		(0.034)	
子女数	0.009*		0.017***	
	(0.005)		(0.005)	
ADL受损	0.214***	2.334***	0.214***	0.223***
	(0.008)	(0.216)	(0.008)	(0.016)
照护时间×ADL受损		-0.175***		-0.009***
		(0.018)		(0.003)
常数项	2.175***	5.230**	2.128***	1.116***
	(0.211)	(2.359)	(0.211)	(0.215)
观测值	9 928	9 928	9 928	9 928

注：① *** 表示p<0.01，** 表示p<0.05，* 表示p<0.1；②括号内为标准误；③控制变量同表4-5，控制变量略。

4.3.3 稳健性检验

本部分从联立方程模型和限定样本两个方面验证以上回归结论的稳健性。

4.3.3.1 联立方程模型

正式和非正式照护间可能存在互为因果的关系。本书在基础回归中使用工具变量法克服互为因果引致的内生性问题，回归结果受到工具变量选取的影响。为了验证结论的稳健性，本部分采用联立方程模型分析正式和非正式照护相互影响的净效应。模型设定如下：

$$FC = \partial_0 + \partial_1 IC + \partial_2 X_{fc} + \mu_{fc} \quad (4-8)$$

$$IC = \beta_0 + \beta_1 FC + \beta_2 X_{ic} + \mu_{ic} \quad (4-9)$$

在方程 4-8 中，*FC* 表示失能老人家政费用和是否入住养老院，*IC* 表示子女提供的非正式照护时间，X_{fc} 表示除家庭照护以外影响正式照护使用的因素，包含先决变量（老人的社会人口因素）、使能变量（城乡、经济状况、经济来源和医疗保险）和需求变量（老人的健康状况、是否希望社区提供照护和上门看病等服务）。在方程 4-9 中，X_{ic} 表示除正式照护以外影响老人使用家庭照护的其他因素，包含子女居住距离、存活子女数等家庭情况以及老人的社会人口因素、经济因素和健康状况。

为了进一步验证正式和非正式照护之间的双向因果关系，即是否适用联立方程模型，本书采用 Hausman 设定检验（specification test）。本书先用 *IC* 对方程 4-8 和 4-9 的全部前定变量进行回归，得到 *IC* 的估计值$\hat{IC}$和估计残差$\hat{\mu}_{fc}$，之后用 *FC* 对$\hat{IC}$和$\hat{\mu}_{fc}$进行回归，并对$\hat{\mu}_{fc}$的系数进行 t 检验。表 4-8 表明$\hat{\mu}_{fc}$系数的 t 值在 5%水平上显著，子女照护时间与家政费用（以及是否入住养老院）之间存在互为因果的关系，使用联立方程模型比较合适。

表 4-9 的回归结果表明，非正式照护对正式照护具有较强的替代效应。相应地，正式照护的使用也能减少子女照护时间，但该效应不显著。表 4-9 显示的结论与基础回归结果保持一致。

表 4-8　方程联立性检验

项目	因变量：家政费用				因变量：是否入住养老院			
	回归参数	标准误	t	p>|t|	回归参数	标准误	t	p>|t|
$\hat{IC}$	1.274	0.060	21.26	0.000	0.010	0.003	3.11	0.002
$\hat{\mu}_{fc}$	0.180	0.024	7.43	0.000	−0.030	0.001	−24.61	0.000
截距	−1.785	0.285	−6.27	0.000	−0.014	0.015	−0.94	0.349

表 4-9　正式和非正式照护关系的联立方程回归结果

自变量	家政费用	子女照护时间	入住养老院	子女照护时间
子女照护时间	−2.932***		−0.290***	
	(0.601)		(0.044)	
家政费用		−0.075		
		(0.079)		
入住养老院				−3.124
				(3.161)
年龄	0.022**	0.009***	0.002**	0.007
	(0.010)	(0.002)	(0.001)	(0.004)

表4-9(续)

自变量	家政费用	子女照护时间	入住养老院	子女照护时间
性别	0.165	0.037	0.006	0.021
	(0.139)	(0.037)	(0.010)	(0.036)
受教育程度	0.001	-0.011	-0.001	-0.006
	(0.024)	(0.007)	(0.002)	(0.010)
城市	0.646***	0.096**	0.036***	0.120*
	(0.118)	(0.047)	(0.009)	(0.064)
经济比较困难	0.386	0.088	0.016	0.058
	(0.343)	(0.091)	(0.025)	(0.088)
经济一般	0.410	0.060	0.017	0.057
	(0.318)	(0.087)	(0.024)	(0.083)
经济比较富裕	0.839**	0.134	0.028	0.095
	(0.348)	(0.101)	(0.026)	(0.087)
经济很富裕	1.012*	0.016	-0.012	-0.044
	(0.523)	(0.168)	(0.039)	(0.136)
子女供养	0.271	0.030	-0.032**	-0.097
	(0.184)	(0.053)	(0.014)	(0.119)
政府供养	-0.539**	-0.036	-0.030	-0.094
	(0.263)	(0.081)	(0.019)	(0.119)
其他供养	-1.343***	-0.222*	-0.088***	-0.291*
	(0.374)	(0.118)	(0.028)	(0.163)
医疗保险	-0.212	-0.059	-0.026**	-0.088*
	(0.144)	(0.038)	(0.011)	(0.047)
ADL 受损	0.994***	0.241***	0.066***	0.226***
	(0.132)	(0.030)	(0.010)	(0.015)
IADL 受损	0.452***	0.130***	0.039***	0.133***
	(0.084)	(0.013)	(0.006)	(0.014)
希望社区有照护服务	0.346***		0.001	
	(0.133)		(0.010)	
子女居住距离		-0.165***		-0.019
		(0.060)		(0.190)
子女数		0.007		0.001
		(0.004)		(0.013)
年份变量	控制	控制	控制	控制
常数项	7.146***	2.231***	0.722***	2.458***
	(1.561)	(0.232)	(0.115)	(0.398)
Observations	9 928	9 928	9 928	9 928
R-squared	-1.437	0.092	-4.062	0.177

注：① *** 表示 $p<0.01$，** 表示 $p<0.05$，* 表示 $p<0.1$；②括号内为标准误；③家庭经济状况参照项为“经济很困难”，经济来源参照项为“经济独立”。

4.3.3.2 限定样本

在基础模型中，为了得到子女非正式照护对正式照护影响的净效应，本书仅保留了无配偶样本。本书使用全部失能老人样本，其中有配偶老人1 874 人（占比 15.88%），无配偶老人 9 928 人（占比 84.12%）。由于配偶可能对失能老人提供部分生活照料，子女照护对正式照护的影响可能会减弱。表 4-10 回归结果显示，子女提供家庭照护时间的增加能够显著降低老人的家政费用和入住养老院的概率，且随着失能程度的增加，子女照护对家政服务和机构照护具有更强的替代性。回归系数与表 4-5、表 4-6 和表 4-7 相比，方向和显著性均保持不变。

表 4-10 非正式照护对正式照护的影响（限定样本）

自变量	家政费用		养老院	
	IV-Tobit	IV-Tobit	IV-Probit	IV-Probit
子女照护时间对数	-3.470***	-2.933***	-0.743***	-0.716***
	(0.705)	(0.690)	(0.007)	(0.009)
ADL 受损	1.307***	1.958***	0.173***	0.207***
	(0.152)	(0.166)	(0.008)	(0.013)
照护时间×ADL 受损		-0.140***		-0.009***
		(0.016)		(0.002)
观测值	11 838	11 838	11 838	11 838
Log likelihood	-46 908.7	-46 870.707	-22 248.415	-22 240.981

注：① *** 表示 p<0.01，** 表示 p<0.05，* 表示 p<0.1；②括号内为标准误；③控制变量同表 4-5，控制变量略。

4.3.4 结论和讨论

以上回归结果表明：其一，非正式照护对正式照护具有“替代效应”，具体体现在随着子女照护时间的增加，家政费用显著下降，养老机构入住概率显著降低；其二，随着失能程度的增加，非正式照护对正式照护的“替代作用”不降反升，即保持其他条件不变，对重度失能老人，家庭照护对正式照护的“替代作用”最强。

以上结论与国际上的研究存在差异。斯皮尔曼和佩森（Spillman & Pezzin, 2000）① 基于美国长期照护调查 1984—1994 年的数据，发现十年间接受非正

① SPILLMAN B C, PEZZIN L E. Potential and active family caregivers: Changing networks and the “sandwich generation” [J]. Milbank Quarterly, 2000, 78 (3): 347-374.

式照护的老人在减少，其中轻度失能老人占绝大多数，那些仍能获得家庭照护的老人失能程度较高，且随着失能程度的增加，正式照护的使用比例上升，即对重度失能人员，正式和非正式照护更多地表现为互补关系。邦桑（Bonsang，2009）① 将正式照护分为两类，分别是技术含量较低的家政服务和技术含量较高的机构照护。其在实证分析中发现，在不考虑失能程度交互影响的前提下，非正式照护对家政服务具有替代效应，对机构照护具有一定的补充效应。随着失能程度的增加，非正式照护对家政服务的替代效应消失。在老人的照护需求技术含量较低的时候，非正式照护是正式照护的有效替代；在老人失能程度较高的时候，非正式照护和正式照护互为补充。

本节的实证结果表明，在中国现实国情下，非正式照护的使用对正式照护表现为“替代效应”，即便对于照护负担沉重、技术要求较高的重度失能老人而言，正式照护和非正式照护尚未形成分工配合。

4.4 正式和非正式照护的使用现状评价

4.4.1 失能老人对非正式照护依赖过重

本章第二节基于 CLHLS 2018 年的数据，采用描述统计的方式得知，在失能老人中，非正式照护的使用比例高达 85%，正式照护的使用比例仅为 13.83%。需要特别注意的是，本章的统计口径为失能老人，即在 6 项活动中有 1 项及以上功能受损的老人。虽然从 2011 年开始我国加快了社会化养老建设的步伐，但在失能老人照护方面仍表现出过度依赖家庭的倾向。

4.4.2 正式和非正式照护尚未形成分工配合

在长期照护服务体系中，正式和非正式照护的功能与作用不同。非正式照护虽然专业性较差，但与老人的亲近性较强，其提供的服务范围更广，如个人照料、家务劳动、老人社会关系维持、精神慰藉等。正式照护专业性、技术性较强，在医疗护理和康护服务方面优势明显。对满足失能老人

① BONSANG E. Does informal care from children to their elderly parents substitute for formal care in Europe?［J］. Journal of Health Economics，2009，28（1）：143-154.

照护需求，两者应该实现不同的分工和任务匹配。

本章第三节基于 CLHLS 2005 年、2008 年、2011 年、2014 年和 2018 年的数据，分析了我国照护服务体系中正式和非正式照护的关系。回归结果表明，非正式照护对正式照护具有“替代效应”，随着失能程度的增加，这种替代效应反而增强。对于照护负担沉重、技术要求较高的重度失能老人而言，正式和非正式照护仍然是相互替代、此消彼长的关系，在两者之间尚未形成分工配合。

4.5 本章小结

本章基于 CLHLS 2005 年、2008 年、2011 年、2014 年和 2018 年的数据，采用描述分析和回归分析的方法，揭示了我国照护服务体系中正式和非正式照护的使用现状，提出了体系目前存在的问题。描述分析表明，依据 CLHLS 最新一期（2018 年）的数据，在失能老人中，正式照护服务的使用比例为 13.83%，非正式照护服务的使用比例为 84.62%。在非正式照护中，后辈子女或孙子女（及其配偶）是最主要的照料来源。回归分析表明，非正式照护对正式照护产生了“替代作用”，具体体现在随着子女照护时间的增加，家政费用显著下降，养老机构入住概率显著降低；随着失能程度的增加，非正式照护对正式照护的“替代作用”不降反升，即保持其他条件不变，对于重度失能老人而言，家庭照护对正式照护的替代作用最强。

综上所述，在我国照护服务体系中，失能老人对非正式照护依赖过重，使用占比远高于正式照护；即便对于照护负担沉重、技术要求较高的重度失能老人而言，正式照护对非正式照护也未实现有效补充。

5 正式和非正式照护不平衡的成因

本章对正式和非正式照护不平衡的成因进行分析。在照护服务体系中过度依赖非正式照护，正式照护的作用发挥不足，既有微观照护供给和需求的问题，也有宏观照护制度建设的问题。本章分为三节，第一节从供给数量、质量和结构三个角度分析正式照护供给存在的问题，并试图探析数量不足、质量不高和结构不合理背后的深层原因；第二节从需求侧探析失能老人的照护观念，并基于 CLHLS 微观数据和实地调研数据，对比分析失能老人的经济状况与正式照护服务价格，量化现阶段失能老人购买力困境；第三节从治理层面分析当前照护管理可能存在的缺失，并利用长期照护保险政策评估框架，结合地方实践，探讨照护筹资机制可能存在的共性问题。

5.1 供给层面

在供给层面，正式和非正式照护的不平衡发展主要源于正式照护供给问题，本节分别从正式照护资源总量、质量和结构三方面展开分析。

5.1.1 正式照护资源总量不足

在正式照护机构和设施方面，我国正式照护服务发展起步较晚。1999年，我国进入老龄化社会之后，正式照护服务才逐渐进入政策议题。2011年，随着社会化养老服务的加速发展，照护服务也相应增长。目前，在国家公布的统计数据中，针对失能、失智老人的照护机构和设施并无单独核算。从总量来看，2019 年，《民政事业发展统计公报》显示，我国养老机构和设施为20.4万个，其中注册登记的养老机构为3.4万个，比2018年增长了19.9%，社区养老机构和设施6.4万个，社区互助型养老设施10.1万个。养老床位数为775.0万个，相比于2018年，增长了6.6%。其中，注册登记养老机构床位为438.8万个，比2018年增长了15.7%；社区留宿和日间照料床位达336.2万张。虽然总量方面有了较快增长，但平均而言，与发达国家每千名老人50张养老床位[①]的标准还有一定距离（我国为30.5张）。正式照护机构、设施不足，在理论和实务界已经达成了共识，而对这一现象背后原因的剖析才是扭转供给颓势的关键。正式照护服务供给不足有以下几点原因：

其一，在正式照护领域，我国尚未建立有效的资源动员机制。进入长期照护行业前期需要较高的固定资产投资，包括建设用地、房屋租赁以及内部设施搭建等。在运营期，由于照护服务具有准公共品性质，价格无法完全按照供需确定，定价偏低，且营业收入受入住人数的影响，弹性较小，利润空间有限，使得投资回报周期较长。高投入、高风险、慢回报的特性难以吸引资本的投入和聚集，民营资本进入正式照护服务业的积极性不高。虽然政府对社会资本兴办照护服务机构、设施提供了多种优惠政策，如税收优惠、建设和运营补贴，但政策力度和实施情况受当地财政状况影响较大。配套政策方面涉及多部门协调配合，如城市用地规划、非营利组织融资等，基层部门行政分割增加了政策落实难度。对已经进入的社会资本，如采用公建民营、民营公助等形式，其也面临着盈利能力弱、可持续性堪忧的问题。

其二，照护服务主体间存在着不平等竞争。目前，公办照护机构、民营非营利组织和民营企业在照护服务领域享受到的政策、待遇差异非常大。一方面，公办照护机构使用的土地、房屋、设备都由国家出资，人员和运营费用也由国家承担，收取的服务价格较低。民营照护机构经营成本较高，自负盈亏，其收费高于公立机构，不具有相对价格优势。另一方面，民营照护机构建设前期投入较高，经营过程中多数机构采取压缩成本的措施，照护人员配备在总量和质量方面都在低位运行，由此使得民营机构在质量方面不具有明显优势。个别民营高档照护机构，依托雄厚的资本实力，能够建立优秀的硬件和软件设施，然而这样的机构一般收费较高，仅能解决少量高收入失能老人的照护问题。

在正式照护人力方面，我国呈现出严重短缺的现象。依照《中国民政

---

① 朱凤梅，王震．长期照护供需失衡的政策分析［J］．中国医疗保险，2016（9）：34-37.

统计年鉴》的数据，2018 年，我国鉴定合格的养老护理员为 44 102 人。依照 0.1%人口变动调查样本数据，2018 年年底我国 80 周岁及以上老人为 2 954.48 万人（国家统计局，2019）。采用经济合作与发展组织（OECD）国家照护人力密度指标（LTC workers' density），2018 年，我国每 100 名 80 周岁及以上老人拥有的正式照护人员为 0.15 人，OECD 国家中正式照护服务供给最少的斯洛伐克，该指标达到 0.5 人以上，照护供给较充足的挪威、瑞典和美国，该指标达到 3.5 人以上（Colombo，et al.，2011）①。2016 年，我国第四次城乡老年人生活状况抽样调查显示，我国失能老人为 4 063 万人。不考虑失能老人逐年增长，2018 年，我国每 1 000 名失能老人拥有的养老护理员为 1.1 人。长期照护属于人力密集型劳动，目前的照护人力无法达标。

正式照护人力不足，主要是由于照护职业目前存在社会认可度低、待遇差、职业发展前途不明确等原因。在整个职业教育入口上，招生难和毕业生另行择业并存。照护机构微利运营，使得照护人员待遇较差，集中大量中高龄从业者，受教育水平普遍较低，专业技能欠缺，从而陷入了机构经营微利→压缩人力成本→从业人员专业性差→盈利下降的恶性循环。

5.1.2 正式照护资源质量不高

我国正式照护服务的发展内嵌于养老服务体系中，机构、设施建设并没有针对准失能、失智老人，多数机构、设施构建的初衷是满足健康老人的需求，因此提供的服务以生活照料为主，医疗护理、康复服务欠缺，相比于非正式照护，其专业优势不明显。中国老龄科学研究中心的调查显示，我国养老机构中提供康复护理服务的仅占 6.7%（梁誉和林闽钢，2017）②。

在我国正式照护服务体系中，依据服务地点的不同，正式照护可以分为居家（社区）照护和机构照护（见表 5-1）。居家（社区）照护主要有三类服务主体，分别是社区养老服务组织（中心）、日间照护机构和短期照护服务机构（如上海的长者照护之家），其中社区养老服务组织（中心）提供居家上门服务，但是由于服务时间和频次相对固定，没有办法解决失能老人的临时照护需求，并且该种服务技术性较低，多数可以由非正式照护替代，作为非正式照护的辅助形式出现。由日间照护机构（又称日间照料中

---

① COLOMBO，FRANCESCA，ANA LLENA-NOZAL，et al. Help wanted? Providing and paying for long-term care，OECD health policy studies［M］. Paris：OECD Publishing，2011：179.

② 梁誉，林闽钢. 论老年照护服务供给的整合模式［J］. 中共福建省委党校学报，2017（7）：88-95.

心）提供的社区日间照护服务，可以为老人提供日托服务，能较好地使家庭照护人员兼顾工作，但费用较居家上门服务高一些。目前，日间照护机构在城市社区基本完成了覆盖，但闲置或转为他用的较多。就其功能而言，仅能实现老人托养，满足老人食宿需求。由短期照护服务机构提供的短期照护，最具代表性的是上海的长者照护之家，其能够提供病后康复期的短期照护与家庭照护者喘息服务，对入住老人有失能等级限制，具有照护专业性，但目前仅有个别城市有所设置。

表 5-1　正式照护的分类和比较

类别	服务主体	服务内容	服务方式	优势	劣势
居家（社区）照护	社区养老服务组织（中心）	生活护理、助浴、助餐、助洁、洗涤、助行、代办、康复、相谈等(除医疗护理)	居家上门服务	老人居住在家，享受家庭亲情，能省去入住机构的床位费，整体费用低	灵活性、应急性差,可选服务存在局限
	日间照护机构	为居住在社区中的高龄、独居、失能、失智老人提供照料、护理和精神慰藉等服务	社区白天托养	老人与家人居住临近，入住期间可以随时得到帮助，整体费用较低	资源分散、专业人员缺乏
	短期照护服务机构	为社区内有需要的老人提供机构住养照料、大病出院后的康复护理	社区短期托养	老人与家人居住临近；具有医疗护理性质(与医院、社区卫生服务中心签约并定期开展服务)；家庭和医院间的中转站，实现连续性照护；整体费用中等	短期服务,仅有个别城市设置
机构照护	养老院、敬老院	生活照料、非治疗性护理、风险防范、功能维护	机构集中照护	提供高密度、技术性服务；提供居住、膳食、日常生活照料、社交活动；完全消除家庭照护负担	老人远离家人,照护缺乏个性化，费用较高
	护理院	医疗护理为主	机构集中照护	提供日常照料、医疗护理和康护服务；完全消除家庭照护负担	老人远离家人,生活单一；过度保护使老人产生依赖，加速退化;费用高
	医院（照护专区）	医疗护理为主	机构集中照护	提供长期和积极的治疗型服务,提供日常照料、医疗护理和康护服务,完全消除家庭照护负担	医院“病态性”环境；费用高

在机构照护方面，提供主体包括养老院（敬老院）、护理院与开设照护专区的医院。机构可以提供24小时的照料和护理，能够完全消除家庭照护者负担，三类主体对应的老人失能程度应是逐步增加的。其中，养老院（敬老院）一般不具备医疗资质，采用与医院、康复中心合作的方式，来实现部分医疗护理和康复的职能，能够为老人社会交往提供一定的条件。护理院和医院一般针对中度、重度失能老人，管理更为专业化，技术性更强，但老人无归属感，与正常生活脱节。在三类机构中，除了政府兴办的福利性质的养老院（福利院，有明确入住限制条件）外，其他机构价格较高，老人需要承担床位费、伙食费、护理费和杂费，会带来一定的家庭经济负担。在照护机构整体结构方面，偏重于日常生活照料的养老院居多，由于需要医疗资质，护理院和开设照护专区的医院属于短缺资源。

5.1.3 正式照护资源结构不合理

5.1.3.1 正式照护资源在人群间分配不合理

随着社会化养老服务的发展，近年来，我国照护机构和设施增长显著。从结构来看，新增机构多为中高端养老院和乡镇敬老院（杨团，2016）[①]，以收入处在高端和底端的老人为主要服务对象，但将绝大多数中低收入失能老人排除在外。

目前的正式照护机构从所有制性质上来划分主要分为公办机构、民办非营利机构和民办机构三类。公办机构中有大量属于托底性质，主要收住“三无”老人和“五保”老人。在农村，乡镇敬老院在改扩建后，虽然床位数大幅上升，但由于照护人员短缺，入住条件较差，对失能家庭吸引力较低。在城市，公办养老机构收费较低，服务也相对规范，但由于床位总量有限，入住的除了民政救济的老人外，其他的多为“有办法”的老人，“特权化”趋势明显。相比之下，民办机构由于要自负盈亏，无论是营利性质还是非营利性质，收费相对较高，绝大多数中低收入失能老人无力承担。由此使得低收入但不属于救助对象的失能、失智老人对正式照护服务的选择较少。政府的税收优惠、建设补贴、运营补贴、以奖代补等实质性优惠直接落实到供给方，补偿需求方的护理补贴属于救济性质。因此，只有入住机构的老人才能享受到国家政策利好，而入住的老人多属于中等收入及以上人群。显然，补贴方式再次加深了低收入老人和中高收入老人间的不平等。

---

① 杨团. 中国长期照护的政策选择［J］. 中国社会科学，2016（11）：87-110，207.

5.1.3.2 正式照护资源在区域间分配不合理

一方面，正式照护资源城乡之间发展不均衡，城市照护服务的数量远多于农村，质量远高于农村；另一方面，在城市中，照护资源布局不合理，受地价等成本因素的影响，照护资源向近郊集中，降低了优质照护资源的便利性。

正式照护资源结构不合理使得照护服务供给效率低下。多年来，我国正式照护服务供给呈现“一床难求”和大量空置床位并存的局面。2014 年，我国各类提供住宿的养老服务机构有 3.4 万个，养老床位有 551.4 万张，入住老人有 288.7 万人，床位空置率达 48%①，2014 年后，国家统计局不再公布入住数据。

综上所述，照护服务和机构设施总量不足，照护人力资源极度短缺，照护服务内嵌于养老服务体系发展，专业性不强，同时在人群和区域间分配不合理，供给效率低下。正式照护可及性和服务质量较差，降低了失能家庭选择的可能性。

5.2 需求层面

需求是指在一定时期内，在一定价格水平下，消费者愿意而且能够购买的某种物品或服务的数量（曼昆，2003）②。正式照护的使用一方面需要失能老人具有购买欲望，另一方面需要其具有购买能力。

5.2.1 传统养老观念影响照护偏好

孝文化是我国传统文化的核心之一，在其影响下代际关系呈现“反馈模式”。长期以来，我国老年人的照护由家庭提供。失能老人在熟悉的家庭环境中，接受配偶、子女等近亲属的照护，能够获得生活的辅助和精神的满足。非正式照护服务体系主要由亲属、朋友、邻居三部分构成，其中亲属是基本支持网络，主要包含配偶、子女、兄弟姐妹等（见表 5-2）。情感的亲近性、居住的临近性、对意外情况处理的灵活性，使得非正式照护往

① 李珍. 关于完善老年服务和长期护理制度的思考与建议［J］. 中国卫生政策研究，2018，11（8）：1-7.

② 曼昆. 经济学原理（微观部分）［M］. 梁小民，译. 北京：机械工业出版社，2003：57.

往成为失能老人的优势偏好。

表 5-2 非正式照护的分类和比较

要素	基础	地位	优势	劣势
配偶	婚姻	主要	与失能老人亲近性强，照护时间更长，照护项目广泛	配偶年龄较大，健康状况导致照护力不从心；女性预期寿命较长，较难享受配偶照护；照护负担最重
子女	血缘、情感、道德责任、法律义务	主要	在交通接送、处理老人财务事务、家务劳动方面具有年龄优势；女儿一般是服务的直接提供者，儿子一般是经济上的支持者；女儿提供持续照护，儿子提供短期支援	照护导致的家庭冲突（“上有老、下有小”），照护导致的工作家庭冲突（对工作时间、工资收入、劳动参与的影响），照护导致的社会娱乐冲突，照护导致的经济问题，照护导致的健康问题
兄弟姐妹	血缘	次要	情感支持、相似的价值观，提供短期、暂时的支持	兄弟姐妹也处于老年，照护需求满足程度较差；受居住邻近性、个体家庭状况影响较大
朋友	共同经历	次要	基于互惠性原则，提供暂时的情感支持、经济支援	无法提供持续性照护；随着年龄的增加，朋友减少，提供的支持有限
邻居	居住邻近	次要	对意外等紧急情况的处理具有快速性，短暂的替代性照护	随着失能程度增加，邻居来往较少；基于互惠性原则，邻居提供的帮助有限

关于正式照护，失能老人对居家（社区）照护认识不足，对机构照护存在偏见。我国社区老年服务设施建设开始于 2001 年，以“星光计划”为标志，2006 年加快了进程。最初，社区设施主要针对的是全体老人，提供综合为老服务。2011 年，老龄事业十二五规划将居家老年护理作为重点发展任务，社区照料得以快速发展。社区照护作为新事物，在较短的发展历程中，失能老人对其认知有限。当有照护需求时，多数老人在家人照护和机构照护间做出取舍，居家上门照护和社区照护并未进入老人的可选项中。

回溯养老机构发展历史，中华人民共和国成立初期设立敬老院和养老院的目的是解决“三无”和“五保”老人的收养问题。当时限于“保基本”的要求，敬老院和养老院的设施仅具有基本功能。在“偏见”的影响下，敬老院和养老院被“污名化”。在传统家庭养老观念的影响下，不少老人认为“没人管才住养老院”。当老人失能程度上升时，其对家人依赖增加，对机构的抵制情绪反而可能更重。

5.2.2 失能老人购买力不足

5.2.2.1 失能老人经济状况

我国老龄化具有“未富先老”和“未备先老”的特征，在长期照护领域表现为多数老人购买正式照护服务的资金准备不足。基于 CLHLS 2005—2018 年的调查数据，分析 65 周岁及以上失能老人（至少一项 ADL 受损）的经济状况，可以发现仅有 25%左右的老人经济独立，依靠子女供养的老人占 60%以上，5%~10%的老人的主要经济来源为“政府补助”（见表 5-3），老人经济独立性较差。在家庭年收入方面（见表 5-4），2008—2018 年，家庭年收入有较大的提高，2018 年城市失能老人家庭年平均收入为 50 209 元，中位数为 48 630 元，农村老人家庭年平均收入为 30 530 元，中位数为 20 000 元。

表 5-3　失能老人经济来源

经济来源	2005 年	2008 年	2011 年	2014 年	2018 年	样本量/人
经济独立/%	19.14	15.95	19.28	22.23	25.65	3 254
子女供养/%	73.30	75.02	71.16	64.43	59.19	10 982
政府补助/%	5.68	7.85	6.43	8.36	10.68	1 254
其他/%	1.88	1.18	3.13	4.98	4.49	464

表 5-4　失能老人家庭年收入

家庭年收入	2008 年	2011 年	2014 年	2018 年	样本量/人
城市/元	35 330.68	35 959.26	43 842.86	50 208.91	5 890
农村/元	16 774.76	22 931.56	25 225.75	30 530.15	5 191

注：2005 年问卷提问的是“家庭人均收入”，其他年份提问的是“家庭总收入”，因此未显示 2005 年的家庭收入情况；2008 年、2011 年、2014 年收入均按照 CPI 调整到了 2018 年。

5.2.2.2 正式照护服务价格

反观正式照护服务价格，更能凸显失能老人购买力存在的问题。这部分正式照护收费标准来自对成都的调研数据。成都地处人口大省四川，老年人口数量庞大，老龄化趋势发展快于全国平均水平。截至 2018 年年底，成都户籍人口为 1 476.05 万人，老年人口（60 周岁及以上）为 315.06 万人，占总人口比重达 21.34%，老龄化程度高于全国平均水平。截至 2018 年年底，成都共有养老机构 520 家，与 2017 年相比增加了 8.33%；床位总数达 12. 31 万张，比 2017 年增加了 7. 89%[①]。成都的经济发展水平与东部沿海地区相比仍有一定差距，同时以四川广大农村劳动力为依托，照护人力成本较低。以成都作为分析起点，可以得到正式照护服务的相对低价，同时对我国中西部内陆地区而言，具有较好的代表性。

2019 年 10 月到 12 月，笔者采用随机抽样的方法，从成都中心城区和近郊区县抽取正式照护机构 14 个（分别分布在锦江区、青羊区、成华区、龙泉驿区、新都区、温江区、双流区和郫都区），进行实地调研，采用访谈的形式了解正式照护发展现状和问题。在 14 个机构中，有一个为长者照护中心，属于居家（社区）照护范畴，除了全托外，可提供日间照护和居家上门服务；其他 13 个机构均提供集中式全托服务，属于机构照护范畴。

在 14 个机构中（见表 5-5），从所有制性质来看，4 个机构为公办，其余 10 个机构为民办，反映了近年来民营照护机构增长较快的趋势，公办的 4 个机构中有两家为福利院（政府兜底性质）。从机构类型来看，9 个机构属于养老服务机构，5 个机构属于医疗机构。在养老服务机构中，机构 9 为医养结合单位，是经卫生健康委员会批准成立的护理院。5 家医院均设立了养老专区，表 5-5 中所列价格为养老专区价格。从入住率来看，最低为 27. 6%，最高达到 100%，均值为 62. 86%。入住率最高的为机构 13 和机构 14，均位于中心城区，收费居中，采用医院标准化管理。在失能人员占比方面，均值为 65. 09%，其中养老服务机构失能人员占比为 62. 04%，医疗机构相应的占比为 70. 57%，医疗机构在护理中度、重度老人方面的专业性以及实现医疗和养老的连续性上具有优势。依照表 5-5 中 14 个机构的测算，每月平均照护费用在 1 406~4 008 元。由于入住机构需要缴纳床位费、餐费及其他杂费，每月总费用在 2 850~6 135 元。同时，医疗机构的照护费用略高于养老服务机构。将月度费用转化为全年费用，全年费用在 34 200~73 620 元。与表 5-4 中失能老人家庭年总收入对比，基本要耗尽家庭全部年收入才能达到入住标准。

① 成都市卫健委. 成都市 2018 年老年人口信息和老龄健康事业发展状况报告［EB/OL］. (2019-10-21)［2019-11-20］. http://sc.people.com.cn/n2/2019/1019/c345167-33451281.html.

表 5-5　正式照护的收费标准——以成都为例

代码	性质	类型	入住率/%	失能人员占比/%	每月最低照护费/元	每月最高照护费/元	每月最低总费用/元	每月最高总费用/元
1	民办	社区长者照护中心	60.53	26.09	—	—	4 000	9 000
2	公办	福利院	57.29	40.91	420	1 020	1 534	2 260
3	公办	福利院	41.90	90.69	1 437	6 595	2 127	7 815
4	公办	养老院	78.00	23.72	2 800	5 000	—	—
5	民办	养老院	47.78	90.70	800	2 800	2 900	6 100
6	民办	养老院	60.71	71.76	—	—	1 750	5 320
7	民办	养老院	65.15	48.84	800	4 000	2 900	6 900
8	民办	养老院	50.56	97.78	1 437	3 195	3 200	4 400
9	民办	护理院	77.14	67.90	1 000	4 500	—	—
10	公办	医院	27.60	86.79	2 300	3 800	3 000	6 000
11	民办	医院	74.74	45.77	600	5 000	3 200	9 000
12	民办	医院	50.00	75.56	1 437	4 190	3 137	5 890
13	民办	医院	88.60	82.00	2 400	3 600	3 600	4 800
14	民办	医院	100.00	62.71	1 437	4 395	—	—
养老机构费用均值					1 242	3 873	2 630	5 971
医疗机构费用均值					1 635	4 197	3 234	6 423
全部机构费用均值					1 406	4 008	2 850	6 135

5.3　制度建设层面

5.3.1　管理机制不完善

长期照护资源的配置依赖体系中的管理机制。在有效的管理机制下，信息得以流通、资源得以调配，为失能老人提供适切的照护服务。管理机制分为同一系统内不同层级和不同系统间服务的管理与整合。

目前，我国缺少统一的长期照护管理机构，民政部门、医疗保障部门和卫生健康部门承担了部分照护管理职能。其中，民政部门的主要职责包括管理养老服务机构，提供老人福利及特困人员救助和供养。其职能中的机构设施建设和特困老人福利具有兜底性质。医疗保障部门主管医疗保险的支付，支付的范畴为老人住院期间的医疗护理，而生活照料和日常护理不在支付范畴内。当前试点的长期照护保险、基金筹集和支付也主要由医疗保障部门负责。卫生健康部门的职责包括拟定老人医养结合政策、防治老年疾病、评价和监督医疗护理服务。在老年长期照护事业中，以上三个部门的职责存在部分交叉，但由于各自管理目标、管理标准不同，分工配合不易。部门间尚无相互共享的信息平台，阻碍了长期照护管理信息的流通，使得照护资源的统一调配不易，对照护服务质量的管控和监督也无统一部门。

5.3.2 筹资机制缺位、探索及存在的问题

目前，我国尚未建立覆盖全国的照护筹资机制，无论是个人层面正式照护服务的购买，还是国家层面非正式照护的补贴，均缺乏稳定的财源。长期照护的经济支持主要来自个人和家庭。受制于购买力的影响，失能人员多数依赖基于亲情纽带的非正式照护。纵观发达国家的长期照护制度，无论在哪种福利体制下，个人和家庭都不是照护费用的唯一承担者。2016年6月，《人力资源和社会保障部办公厅关于开展长期护理保险制度试点的指导意见》印发，明确了我国长期照护的制度选择——互助共济的社会保险模式。这意味着过去由家庭承担的照护责任将由全体社会成员共同承担。截至2018年年底，15个试点城市全部出台了具体方案。2020年9月，《国家医保局 财政部关于扩大长期护理保险制度试点的指导意见》出台，新增14个试点城市。以下具体介绍三个典型城市的试点方案，分别是以高龄护理为先导的上海模式、以医疗护理为核心的青岛模式以及以照护津贴为导向的成都模式。

5.3.2.1 *以高龄护理为先导的上海模式*

上海早在2013年就在3个区试点高龄老人医疗护理计划。2014年，该计划扩展到6个区。2016年，该计划开始在全市推行。该计划主要针对70周岁以上的居家老人，经过照护需求评估，达到轻度失能的老人享受每周3次上门照护服务，达到中度失能的老人享受每周5次上门照护服务，达到重度失能的老人享受每周7次上门照护服务，由医保基金支付上门照护服务费用的90%，个人自付10%。在不同试点阶段，待遇享受年龄、服务频次、自付比例略有调整。

在此基础之上，2017年年初，上海在徐汇、普陀、金山3个区启动长

期护理保险试点，并于2018年1月开始在全市试点。长期护理保险覆盖60周岁以上城镇职工和城乡居民医疗保险参保人，保障对象为60周岁以上失能2~6级人员（轻度、中度、重度失能人员），资金来自医保统筹基金，其中城镇职工的划拨比例为用人单位医保缴费基数的1%，城乡居民筹资金额略低于城镇职工（具体标准由上海市医保办和财政局商定）。这使得上海的筹资金额较高，在试点城市中处于前列。服务提供方式均采用正式照护，分为社区居家照护（居家上门或社区集中照护）、养老机构照护和住院医疗护理。截至2019年年底，上海享受长期照护保险待遇的60周岁以上老人共计49.3万人，占老年人口的9.5%①。

5.3.2.2 *以医疗护理为核心的青岛模式*

青岛从2012年7月起在全市范围推行长期医疗护理保险，资金来自医保结余和医保统筹基金，覆盖城镇职工和城镇居民医疗保险的参保人，为中度和重度失能人员发生的长期医护照料费用提供经济保障。2015年1月，青岛的医疗护理保险政策覆盖范围扩大到农村居民，建立巡护制度，并调整了各项待遇支付金额。2017年1月，护理保险开设了失智专区，覆盖范围为60周岁以上城镇职工和城乡居民一档参保人员，保障对象为重度失智人员。

2018年3月，青岛出台《长期护理保险暂行办法》，建立了多元筹资机制，将生活照料纳入保障范围，是医疗护理保险制度的延续和发展。该办法规定，职工护理保险资金来自医保统筹基金历年结余、医保统筹基金、医保个人缴费、财政补贴，其中统筹基金历年结余一次性划转的比例不超过20%，每月按照个人缴费基数的0.5%从医保统筹基金中划转，按照缴费基数的0.2%从医保个人账户中代扣，财政每人每年补贴30元。居民护理保险按照当年医保缴费的10%一次性划转。在待遇的支付方式方面，青岛主要是提供医疗护理服务，针对失能人员包含专护（主要在医疗机构进行）、院护（主要在医疗或医养结合的养老机构进行）、家护（提供上门长期医疗护理服务）和巡护（上门巡诊照护）；针对失智人员提供长期照护（机构服务）、日间照护（机构日间托管）和短期照护（机构喘息照护）。在待遇的支付金额方面，青岛依照失能程度进行细分，同时城镇职工、一档缴费居民、二档缴费居民可选的服务项目及自付比例存在差别。满足条件的参保

① 上海市老龄科学研究中心. 2019年上海市老年人口和老龄事业监测统计信息［EB/OL］.(2020-05-20)［2020-09-01］. http://www.shweilao.cn/cms/cmsDetail? uuid=6e177166-42e8-49d2-8621-a8ad22a2a2a9.

职工可以申请以上全部服务形式，报销比例为90%；一档缴费居民、少年儿童和大学生可以选择家护、日间照护以外的服务，报销比例为80%；二档缴费居民可以申请巡护，报销比例为70%。截至2019年5月底，青岛累计共有6万多名失能、失智人员享受护理保险待遇，支付护理保险资金17亿元①。

5.3.2.3 以照护津贴为导向的成都模式

成都从2017年7月开始试点长期照护保险。覆盖范围为城镇职工，保障对象为重度失能人员，筹资来自医保统筹基金、个人账户和财政划拨，其中一次性从医保统筹基金历年结余中划拨5 000万元作为启动资金，按月从医保统筹基金中划拨职工缴费基数的0.2%，针对40周岁以下人员按月从个人账户划转职工缴费基数的0.1%，针对40周岁以上且未退休人员从个人账户划转缴费基数的0.2%，针对退休人员按照缴费基数的0.3%从个人账户划转，退休人员缴费由财政补贴其缴费基数的0.1%。给付主要分为三种方式，分别是机构照护、居家上门照护和居家照护（由非正式人员提供，获得照护津贴）。在给付比例方面，居家照护给付75%，机构照护给付70%，起到引导居家的目的。在失能人员评定方面，成都由各医院执业医师在培训合格后组成兼业评定人员，评定量表以巴氏量表为基础，进行了本土化改造。在具体申请、前置调查、失能评估、待遇发放、上门回访方面，成都交由5家商业保险公司经办。

2018年11月，成都将因失智导致的重度失能人员纳入保险保障范围。从2021年1月起，长期照护保险覆盖范围扩展到城乡居民（不含儿童和大学生）。在筹资方面，成都每年由居民个人缴费25元，对60周岁以下人群财政每人每年补贴13元，60周岁及以上人群财政每人每年补贴20元。截至2020年7月底，成都共有2.81万人享受长期照护保险待遇，基金支付5.64亿元②。

5.3.2.4 试点中存在的共性问题

由于不同地区老龄化程度、经济发展水平、服务市场化程度存在差异，照护保险试点政策也具有较强的地方特色，各试点城市对社会长期照护保险这一照护筹资机制进行了有益的探索，对构建覆盖全国的长期照护保险奠定了一定的基础。然而，在实践中还存在一些共性的问题。本书使用郑

① 张萍. 青岛长期护理保险支付资金17亿元已惠及6万余人［EB/OL］.（2019-05-29）［2019-09-01］. http://news.qingdaonews.com/qingdao/2019-05/29/content_20379487.htm.

② 袁菡苓，高红霞. 试点3年来，成都市长期照护保险到底起了哪些作用？［EB/OL］.（2020-09-29）［2021-02-10］. http://sc.people.com.cn/n2/2020/0929/c345509-34324692.html.

伟等（2020）[①] 构建的长期照护保险评估框架对首批试点的15个城市的核心政策进行分析[②]（见表5-6），有如下发现：

表5-6　长期照护保险试点方案对比

城市	参保范围	保障范围	筹资渠道	待遇支付模式和标准
青岛	职工 居民	失能3~5级、60周岁以上重度失智	医保统筹基金和个人账户、财政	专护、院护、家护、巡护、失智专区月支付限额660~1 500元，职工报销比例为90%，一档居民报销比例为80%，二档居民报销比例为70%
长春	职工 居民	中度和重度失能	医保统筹基金和个人账户、财政	职工补偿比例为90%，居民补偿比例为80%，与机构建立107元/天的包干制度
南通	职工 居民	中度和重度失能、重度失智	个人缴纳、医保统筹基金、财政	医疗机构照护：30~70元/天； 养老机构照护：30~50元/天； 居家照护：1 200元/月的上门服务和8~15元/天的护理补助
上海	职工 居民	60周岁以上失能2~6级	医保统筹基金	社区居家照护：3~7小时/周（基金付90%）；养老机构照护：基金付85%
上饶	职工 居民	重度失能（含失智）	个人缴纳、医保统筹基金、单位缴纳或财政补助	居家自主护理：450元/月； 居家上门护理：900元/月（另提供300元/月护理用品租赁费）； 机构护理1 200元/月
石河子	职工 居民	重度失能	医保统筹基金、个人缴费、财政	入住机构、居家上门、自主护理375元/月或750元/月
荆门	职工 居民	重度失能	个人缴纳（个人账户或养老金账户）、医保统筹基金、财政	居家全日护理：100元/天（基金付80%）；居家非全日制护理：40元/天；养老机构护理：100元/天（基金付75%）；医院护理：150元/天（基金付70%）
安庆	职工	重度失能	医保统筹基金、个人缴费、财政	医疗机构60元/天（基金付60%）； 养老机构50元/天（基金付50%）； 居家照护：补助（15元/天）和上门照护（不超500元/月）
承德	职工	重度失能	医保基金、个人缴费、财政	医疗机构60元/天，护理机构50元/天，护理补贴（450元/月），上门服务（1 500元/月）

① 郑伟，姚奕，刘子宁，等. 长期护理保险制度的评估框架及应用：基于三个案例的分析[J]. 保险研究，2020（10）：66-79.

② 在具体实践中，各试点地区方案不断变动，各地方案梳理截止日期为2020年12月31日。

表5-6(续)

城市	参保范围	保障范围	筹资渠道	待遇支付模式和标准
成都	职工 居民	重度失能、重度失智	医保统筹基金、个人账户、财政	家庭照护、居家上门照护、机构照护 职工：1 077~1 796 元/月，附加专业照护服务 300~500 元/月； 居民：542~903 元/月
广州	职工	重度失能、中度和重度痴呆症	医保统筹基金	生活照料：机构护理 120 元/天（基金付 75%）、居家上门护理 115 元/天（基金付 90%）；医疗护理 1 000 元/月
齐齐哈尔	职工	重度失能	医保统筹基金和个人账户	医养机构 30 元/天（基金付 60%）； 养老机构 25 元/天（基金付 55%）； 居家上门照护 20 元/天（基金付 50%）
苏州	职工 居民	中度和重度失能	政府补贴、医保统筹基金	机构照护：23~30 元/天；居家照护：13~15 次/月（服务标准 1 040~1 200 元/月，医疗护理 1 500 元/月）
宁波	职工	重度失能	医保统筹基金	机构照护（专护、院护）：40 元/日
重庆	职工	重度失能	医保统筹基金、个人缴费	机构照护：50 元/天；居家上门照护：40 元/天；家庭照护 30 元/天

其一，在参保范围方面，各地对参保身份和年龄有不同规定。部分试点城市对参保人员身份进行了限制，如安庆、承德、广州、齐齐哈尔、宁波、重庆仅覆盖城镇职工，长春的政策覆盖范围为城镇职工和城镇居民。事实上，城乡居民由于收入水平普遍低于城镇职工，在面临失能风险时，家庭受到的财务冲击更大，他们对公共照护筹资的需求更迫切。同时，在年龄限制方面，上海要求城镇职工和 60 周岁及以上的城乡居民参加长期护理保险，在一定程度上降低了缴费基数，不利于保险基金的长期可持续。

其二，在保障范围方面，各地对保障对象和保障程度有不同的要求。在保障对象方面，绝大多数城市都将失智老人排除在外。有研究表明，老年人年龄每增加 5 岁，失智概率会提高 1 倍。在 85~90 周岁高龄老人群体中，失智老人占 25%~33%（尹尚菁和杜鹏，2012）①。失智老人数量庞大，对专业照护诉求更高，家庭经济负担较重，应纳入保障范围。在保障程度方面，多数城市从重度失能老人起步，仅有青岛、长春、南通、上海和苏州涵盖了中度失能人员。缩减了受益人数，制度的适度普惠性较差。在 2021 年 7 月《长期护理失能等级评估标准（试行）》发布之前，各试点地

① 尹尚菁，杜鹏. 老年人长期照护需求现状及趋势研究［J］. 人口学刊，2012（2）：49-56.

区失能评估标准不一，使得待遇享受的公平性欠缺，同时缺乏照护服务方案评估工具，难以对不同失能程度老人需要的服务和程度进行科学匹配。

其三，在资金筹集方面，各地的筹资渠道、标准区别较大。在渠道方面，各地多采用跟随医保的形式，资金主要来自医保统筹基金和个人账户。个别地区医保统筹基金几乎是照护资金的唯一来源（如上海、广州、宁波）。苏州在医保统筹基金的基础上，增大了财政补贴。仅仅依靠医保统筹基金和财政补贴，在很大程度上增大了基金的脆弱性，独立、多元的筹资渠道才能化解老龄化社会给医疗和照护保险基金带来的双重压力。在筹资标准方面，部分城市按照医保缴费基数（或居民人均可支配收入或上年度工资）的一定比例确定照护保险缴费，依照城市经济发达程度，比例最高的是上海，达到缴费基数的1%，最低的为0.4%。部分城市的待遇标准与医保缴费基数、人口年龄结构、缴费年限相挂钩，如成都、荆门和石河子。这些城市建立了较为完备的筹资动态调整机制。然而，多地采用定额筹资的方式，每年公布筹资金额，如重庆、苏州、齐齐哈尔、广州、安庆、南通、上饶，最低为每年30元，最高为每年150元。以上试点城市均没有建立筹资动态调整机制，缴费与当地经济水平、个人收入关联性不高，社会保险的收入再分配功能不强。

其四，在待遇支付方面，各地支付范围和水平存在差异。从给付范围来看，医疗和护理在多地划分不明确，医疗保险和照护保险的关系亟待厘清。从政策文件来看，长期照护保险的目的在于为失能人员生活照料和与基本生活密切相关的医疗护理提供资金或服务。如果政策目的在于降低失能人员对医疗资源的占用，那么照护保险和医疗保险待遇不能同时享受，对两者的关系，多地尚未明确。在给付水平方面，其长期目标应是建立职工、居民统一的长期照护保险制度，依照护理等级和服务提供方式的不同支付不同的金额。然而在实践中，由于职工和居民筹资差距，在支付时两者待遇悬殊。除个别地区给付金额在3 000元以上外，多数地区给付金额在1 000元左右。随着照护保险扩大覆盖面，在保证失能人员基本照料需求，并且不增加企业缴费负担的基础上，是否仍能维持精算平衡需要进一步测算。

其五，社会长期照护保险作为重要的筹资方式，根据国际经验，应推动以居家为主体、社区为依托、机构为补充的照护模式协同发展，体现“居家（社区）导向”，同时促进照护服务业质和量的提升。在试点城市中，部分城市仅对入住机构的老人进行给付，引导老人回归家庭、社区的作用不强。同时，从待遇享受类型来看，在设置自主护理选项的地区，绝大多数老人仅使用非正式照护，对正式照护的拉动作用不够，而仅提供正式照护的地区，受到正式照护覆盖率低、专业化水平不高的影响，失能家庭获得感不强，部分地区陷入两难境地。

5.4 本章小结

本章对正式和非正式照护不平衡的成因进行了分析，以期为问题的解决奠定基础。

在供给层面，正式照护资源总量不足，表现为设施机构不足和人力不足。这主要是由于在正式照护领域，尚未建立有效的资源动员机制，照护服务主体间存在着不平等竞争。在质量方面，通过不同类型正式照护服务分类对比，我们可以发现与非正式照护相比，正式照护专业优势不明显，长期内嵌于养老服务中发展使得医疗护理和康复服务欠缺。在结构方面，正式照护资源在人群间和区域间分配不合理，造成了“一床难求”与空置率过半并存的局面。供给层面存在的问题使得整个照护服务的可及性较差、服务质量堪忧、服务供给效率低下。

在需求层面，老人在传统观念上偏好家庭非正式照护，居家和社区照护发展时间短，失能家庭对其了解有限，而养老院等机构照护存在被“污名化”的倾向，老人对正式照护的使用积极性不高。本书基于CLHLS的数据和对成都的调研数据，对比失能老人的经济状况与照护机构的服务价格，可以发现失能老人经济独立性较差，购买力严重不足，基本要耗尽家庭全部年收入才能达到正式照护服务的收费门槛。

在制度建设层面，我国缺乏完善的照护管理机制，未形成照护管理的单一窗口，各部门之间职能重叠，协调不易。此外，我国尚未建立覆盖全国的照护筹资机制，无论是个人层面正式照护服务的购买，还是国家层面非正式照护的补贴，均缺乏稳定财源。当前，试点城市的长期照护保险方案，在参保身份和年龄、保障对象和程度、资金来源和标准、待遇支付范围和水平以及推动不同照护模式协同、促进照护服务业发展方面存在一些共性问题，亟待继续探索。

6 正式和非正式照护不平衡的后果

本章对照护服务体系不平衡的后果进行了分析，不仅考虑到服务的使用者——失能、失智老人，还将家庭照护人员①作为重要的利益相关者，考察照护服务体系过度依赖非正式照护对两者产生的影响。第一节关注失能、失智老人，结合我国人口形势和家庭结构变化，分析非正式照护资源现状，指出老人可能存在的照护困境。第二节关注家庭照护者，从经济和健康两个层面对其承受的照护负担进行概述。第三节从长期考察了生命历程中随着年龄的变化家庭照护者在不同照护状态下的健康轨迹。第四节使用福祉评估法（well-being valuation method）核算非正式照护的经济价值和不同强度下照护者应获得的货币补偿，使得对不平衡的后果既有感性认识，又有明确的政策指向。

6.1 非正式照护潜在可得性降低，老人易陷入照护困境

6.1.1 人口结构变化与老人非正式照护资源

我国从进入老龄化社会开始，65 周岁及以上老年人口数量逐年上升（见图 6-1），从 2000 年的 8 821 万人增加到 2019 年年底的 17 603 万人，占总人口的比重从 2000 年的 6.96%上升为 2019 年的 12.57%。20 余年来，65 周岁及以上人口增速也呈波动上升趋势，与 2018 年相比，2019 年 65 周岁及以上老人增加了 5.67%，增长速度再创新高。老年人口规模庞大、增长

① 家庭照护人员一般为失能老人配偶、子女等近亲属。

速度较快是我国人口老龄化的重要特征。在老年群体中，80 周岁以上的高龄老人是失能、失智症的多发人群。截至 2019 年年底，依照 0.1%人口变动调查样本数据，我国 80 周岁以上高龄老人占比达 2.19%（国家统计局，2020），约为 3 067 万人，与 2003 年相比增加了一倍以上。

与人口老龄化、高龄化、失能化相伴的是近年来人口出生率的持续走低，未来用于老年长期照护的非正式照护资源正在缩减。2000 年，我国人口出生率为 1.403%，之后平稳下降，2015 年为 1.207%。2016 年，“全面二孩”政策实施，人口出生率在当年上升为 1.295%，之后逐年下降，在 2017—2019 年分别为 1.243%、1.094% 和 1.048%。在老年抚养比方面，2000 年为 9.9%，2019 年为 17.8%（国家统计局，2020），20 余年来，每 100 名劳动年龄人口负担的老年人数增长了近一倍。

依照联合国 2019 年《世界人口展望报告》的数据，计算我国老年长期照护负担系数（65 周岁及以上老年人口/50~64 周岁女性人口），在 2020 年为 1.16，到 2050 年预计为 2.56，到 2100 年将达到 3.69（见图 6-2）。50~64 周岁女性作为非正式照护供给的主要来源，在未来的几十年间从负担 1 名老人增至负担 3~4 名老人，揭示了照护需求增加与非正式照护人力不足的矛盾，届时仅依靠非正式照护的老人极易陷入“照护贫困”（杨团，2016）①。

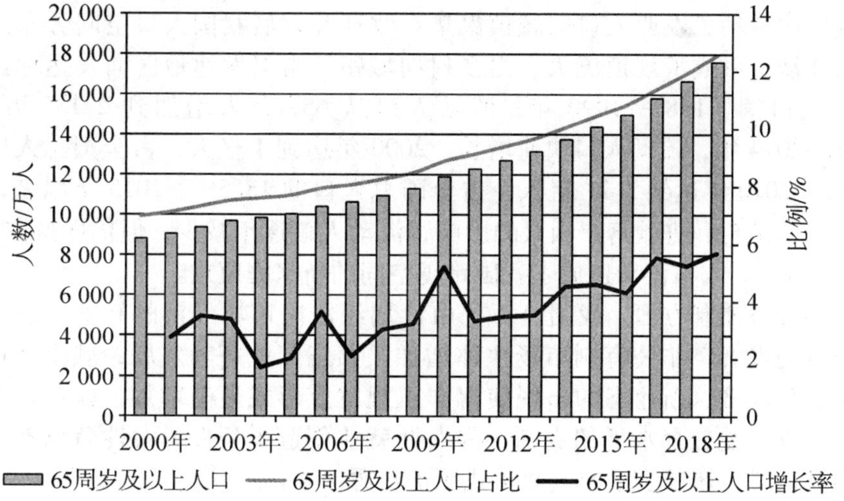

图 6-1 我国 2000—2019 年 65 周岁及以上人口占比及增长率

数据来源：中国统计年鉴。

① 杨团. 农村失能老年人照料贫困问题的解决路径：以山西永济蒲韩乡村社区为例 [J]. 学习与实践，2016（4）：92-103.

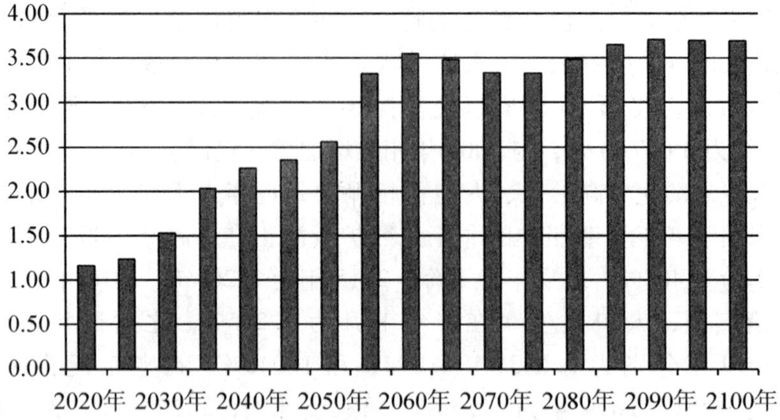

图 6-2　我国 2020—2100 年老年长期照护负担系数

数据来源：联合国 2019 年《世界人口展望报告》。

6.1.2　家庭结构变化与老人非正式照护资源

我国一直有家庭养老的传统，随着我国社会形态的转型、经济体制的转变、计划生育国策的开展，家庭结构发生了改变。

在社会形态方面，我国经历了快速工业化进程，工业发展的高效率和规模效应带动了农业人口向城镇聚集。改革开放后我国人口空间分布发生剧烈变动，形成了规模庞大、由乡村向城镇、由欠发达地区向发达地区流动的人口潮。1982—1990 年，流动人口从 657 万人增加到 2 135 万人。1991—2014 年，流动人口快速增长，2000 年达到 1 亿人，占全国总人口的 9.5%，2010 年达到 2.21 亿人，占全国总人口的 18.5%。2015 年以来，受人口年龄结构和进城落户因素的影响，流动人口逐年减少，但仍保持在 2.4 亿人以上①。人口流动造成了我国跨越空间的新家庭模式。

在经济体制方面，我国经历了由计划经济向市场经济的转变。随着市场经济的发展，非公有制市场主体增加，第三产业蓬勃发展，城市化进程加快，新经济、新业态的出现使得非正规就业形式逐渐增加，就业机会的增多及女性受教育水平的提高，为女性就业创造了条件。女性劳动参与率的提高，进一步减少了家庭非正式照护资源。

我国从 1980 年开始实施计划生育政策，到 2015 年“全面二孩”生育政策出台，期间产生了大量独生子女，形成了“421”结构的家庭。计划生育政策降低了我国人口增速，也使得家庭向小型化、核心化发展。中华人民

① 数据来源：国家统计局网站（http://www.stats.gov.cn/tjsj/zxfb/201908/t20190822_1692898.html.）。

共和国成立后的历次人口普查数据表明，家庭户规模持续缩小（见图6-3），从中华人民共和国成立初期的4.33人每户减少到2010年的3.10人每户。从育龄妇女分年龄段生育率来看（见表6-1），女性生育高峰从20~24周岁年龄段转移到了25~29周岁年龄段，30~34周岁和35~39周岁年龄段生育率也出现大幅增加，生育时间的延后使得后代子女“上有老，下有小”的可能性提高，在时间禀赋一定的前提下，照护老人的投入将下降。

人口流动的加速、女性就业率的提高、家庭规模小型化和核心化发展使得非正式照护资源的潜在可获得性不断降低。在照护服务体系弱势发展的背景下，正式照护功能发挥有限，非正式照护资源的不足易引发失能老人陷入照护困境。

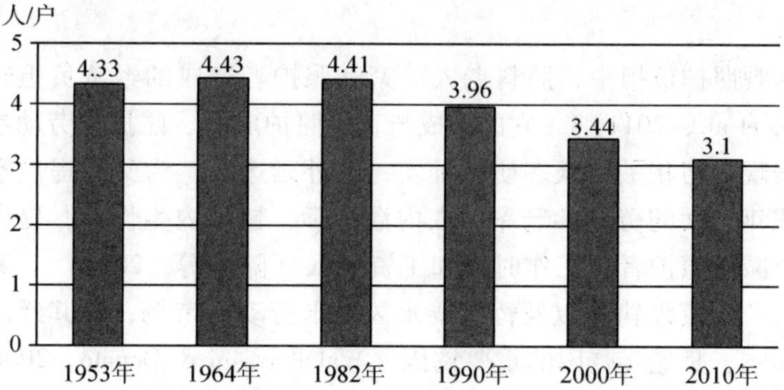

图6-3　我国历次人口普查平均家庭户规模

数据来源：中国统计年鉴。

表6-1　我国2003—2015年按年龄划分育龄妇女生育率　　单位:‰

年份	总生育率	15~19周岁	20~24周岁	25~29周岁	30~34周岁	35~39周岁	40~44周岁	45~49周岁
2003	38.01	5.25	122.67	102.44	38.28	8.65	1.77	0.56
2004	38.29	5.56	120.85	107.6	42.21	10.14	1.93	0.41
2006	34.99	4.59	101.52	99.7	47	16.23	4.42	2.26
2007	37.46	3.83	93.67	103.78	52.34	20.41	6.7	5.19
2008	38.83	5.26	94.6	101.44	53.85	21.93	9.93	6.65
2009	36.14	6.16	86.61	96.58	50.29	19.84	7.57	5.78
2011	29.75	6.16	66.51	77.23	40.85	12.56	3.4	1.25
2012	35.89	6.72	72.8	96.82	50.81	17.15	5.47	1.56
2013	35.68	7.84	69.53	93.97	50.84	18.68	4.66	1.76
2014	37.33	11.19	79.77	93.62	49.03	17.04	3.96	1.07
2015	30.93	9.19	54.96	74.31	45.31	18.60	5.37	3.11

数据来源：中国统计年鉴（该指标更新到2015年）。

6.2 非正式照护负担概述

长期照护具有劳动密集型的性质，对于家庭照护提供者而言，其可能面临沉重的照护负担（caregiver burden），包括主观方面不同程度的压力、焦虑和疲惫（Schulz & O'Brien，1995）①，客观方面身体健康、社会生活、家庭关系的恶化（Amirkhanyan & Wolf，2006）②。

6.2.1 经济层面

在客观照护负担中，照料老人对家庭照护者造成的经济负担较为突出（Kusano，et al.，2011）③，它的形成与直接照护成本、照护者劳动参与和劳动市场表现密切相关。众多研究证实，在外延边际，为父母提供家庭照护会降低成年子女的劳动参与率；在内涵边际，控制内生性后，提供家庭照护会显著减少照护者的工作时间和工资收入（陈璐等，2016）④。家庭照护者面临的“工资惩罚”以及暂时或永久退出劳动力市场，对其经济安全具有长期影响，是老年贫困的重要诱因（Wakabayashi & Donato，2006）⑤。国内的这部分研究已经较为成熟。

6.2.2 健康层面

不同于劳动市场表现，非正式照护对健康的影响涉及全体照护者，并且健康作为重要的人力资本，一旦失去则难以弥补。国外研究表明，照护

---

① SCHULZ R，O'BRIEN A T，BOOKWALA J，et al. Psychiatric and physical morbidity effects of dementia caregiving：Prevalence，correlates，and causes [J]. Gerontologist，1995，35 (6)：771-791.

② AMIRKHANYAN A A，WOLF D A. Parent care and the stress process：Findings from panel data [J]. Journals of Gerontology，2006，61 (5)：248-255.

③ KUSANO C T，BOULDIN E D，ANDERSON L A，et al. Adult informal caregivers reporting financial burden in Hawaii，Kansas，and Washington：Results from the 2007 behavioral risk factor surveillance system [J]. Disability & Health Journal，2011，4 (4)：229-237.

④ 陈璐，范红丽，赵娜，等. 家庭老年照料对女性劳动就业的影响研究 [J]. 经济研究，2016，51 (3)：176-189.

⑤ WAKABAYASHI C，DONATO K M. Does caregiving increase poverty among women in later life? Evidence from the health and retirement survey [J]. Journal Health and Social Behavior，2006，47 (3)：258-274.

者更容易出现抑郁、焦虑等负面情绪。在大样本条件下，关于老年照护是否引发了家庭照护者更差的身体健康状况，目前的研究结论分歧较大，且多数为静态研究（在某一时点照护者和非照护者健康的对比），忽略了照护者在个体生命历程中健康变化的动态性。本章将采用实证的方式对这种影响进行量化，以期对非正式照护的隐性成本有更深入的认识。

6.3 非正式照护对照护者健康的长期影响——生命历程的视角

本部分将时间维度拉长，利用中国健康与营养调查（CHNS）20 年的数据，构建相对客观全面的生活质量指标，基于生命历程视角，探讨以下两个问题：第一，不同的照护状态（是否提供老年照护、照护强度、照护持续期）对照护者身体健康的影响；第二，这种影响在生命历程时间维度上的变化趋势。

6.3.1 研究设计

6.3.1.1 数据来源

数据来自中国健康与营养调查（CHNS）。该调查覆盖中国的 12 个省份，包含家庭人口特征、经济状况、健康营养等丰富的信息。该调查从 1989 年开始，迄今为止进行了 10 次。本部分涉及的家庭老年照护变量来自“52 周岁以下已婚妇女调查”板块，这部分调查始于 1991 年，主要针对 18~52 周岁女性。本部分采用 1991—2011 年的数据，删除关键变量缺失值，样本最终包含 4 800 名受访者的 8 985 个观测值。

6.3.1.2 变量说明

因变量使用生活质量指标（quality of well-being scale，QWB）。该指标是客观健康状况和主观评价的综合反映，能较好地代表总体健康状态（general health）。QWB 的构造分为三步：第一步，将日常活动能力按照不同的功能分为三类，分别是移动（MOB）、生理活动（PAC）和社会活动（SAC），这三类指标代表客观健康状况；第二步，确定症状和健康问题分类（CPX），这部分以个体主观陈述为主；第三步，不同的日常活动能力和健康问题具有不同的权重（见表 6-2），依照公式 $QWB=1+MOB+PAC+SAC+CPX$ 来计算 QWB。其中，1 表示最健康，0 表示死亡，0~1 数值越大，表示健康状况越好。本书依照表6-2的评分指标，在CHNS问卷中寻找代表性问题，计算得出QWB数值。

在自变量方面，本书将“照护”变量分三个维度进行细化，分别是是否提供照护、照护强度和照护持续期，考察照护的有无、每周照护的小时数以及照护的持续年份对健康的影响。其中是否提供照护是二值变量，根据问卷对52周岁以下已婚妇女与父母或公婆关系的提问：“上周，你照顾过他（她）饮食起居，陪他（她）出去买过东西吗?”回答“是”，变量取1，反之取0，该变量是时变变量。照护强度是类别变量，根据问卷提问：“上周，你为照顾他（她）花多少时间?”加总照护父母、公婆的小时数，大于168小时/周的取168小时，得到每周照护小时数。在家庭照护与劳动参与相关文献中，每周照护10小时、15小时、20小时都曾被证实是照护者离开劳动市场的门槛值（Lily，et al.，2010）①。为了合理确定高强度照护与低强度照护的分界点，绘制不同年龄段照护强度和QWB的关系图（见图6-4），发现当每周照护时间大于25小时后，35~44周岁及50周岁以上年龄组的健康状况均出现大幅下降，45~49周岁年龄组在每周照护时间大于20小时后开始下降。当每周照护时间达到25小时后，QWB值超过历史最低值，每周照护25小时处存在明显的健康门槛。本书将每周照护时间大于等于25小时视为高强度照护，将每周照护时间大于0小于25小时视为低强度照护，参照组为不照护，该类别变量是时变变量。照护持续期是类别变量，并且是非时变变量。根据受访者在各期回答是否提供照护的情况，在调查年份连续两期回答“照护”的视为“持续照护”（Capistrant，et al.，2014）②，在调查期间全部回答“不照护”的视为“从未照护”，其他的视为“间断照护”。

表6-2　QWB指标构造方法

步骤	定义	权重	CHNS对应问题
MOB			
5	无障碍	-0.000	u157至u160、u176
4	由于健康原因无法（或需帮助）使用交通工具	-0.062	
2	住院	-0.090	

① LILLY M B，LAPORTE A，COYTE P C. Do they care too much to work? The influence of caregiving intensity on the labour force participation of unpaid caregivers in Canada［J］. Journal of Health Economics，2010，29（6）：895-903.

② CAPISTRANT B D，BERKMAN L F，GLYMOUR M M. Does duration of spousal caregiving affect risk of depression onset? Evidence from the health and retirement study［J］. The American Journal of Geriatric Psychiatry，2014，22（8）：766-770.

表6-2(续)

步骤	定义	权重	CHNS 对应问题
	PAC		
4	无障碍	-0.000	u161 至 u166
3	坐轮椅（可自行控制），有困难或不愿尝试举起、弯腰、屈身、上楼，使用拐杖或助行器，在行走上有其他问题	-0.060	
1	坐轮椅（无法自行控制）、卧床	-0.077	
	SAC		
5	无障碍	-0.000	u167、u169、u171、u173、u174、u175、u177、u178、u48、b2a
4	在次要社会活动中受限（如休闲活动）	-0.061	
3	在主要社会活动中受限	-0.061	
2	无社交活动，但能自理	-0.061	
1	无社交活动，不能自理或需要帮助	-0.106	
	CPX		
	共 23 类①，具体指标和权重参见卡普兰和安德森（Kaplan & Anderson，1988）的研究		u2、u3、u12 至 u19、u22、u24、u24a、u24c、u24e、u24f、u24g、u24h、u24j、u24l、u24n、m24b_2a、m24b_2b、m24b_1 至 m24b_9

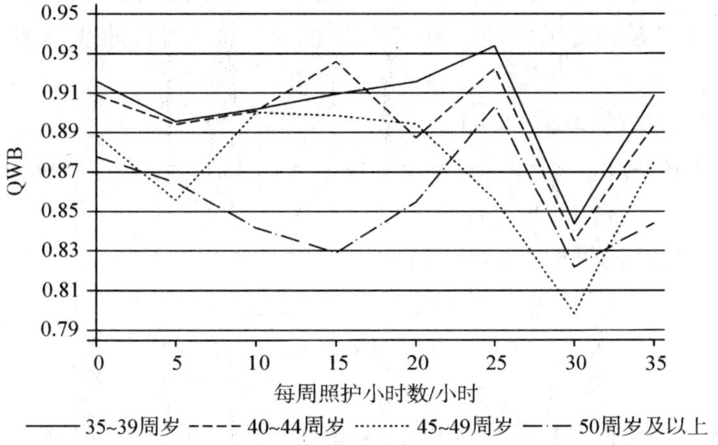

图 6-4 分年龄组照护强度和 QWB 的关系

① 包含死亡、失去意识（晕厥和昏迷等）、烧伤、生殖器官病变、学习及思考困难、四肢病变、胸腹不适、肛肠不适、胃部不适、虚弱疲惫、咳嗽哮喘、沮丧失落、头痛、身体瘙痒、语言障碍、双眼不适、超重或皮肤问题、耳鼻喉问题、由于健康问题服药或控制饮食、戴眼镜、呼吸不洁空气、无症状、其他典型症状，共 23 类，每类赋予不同的权重。

在生命历程理论分析中，年龄是重要的切入点。本部分对年龄做了中心化处理，向样本均值（38.48 周岁）集中，便于对截距估计参数进行解释，同时包含了年龄的二次项，刻画健康的非线性变化。在其他控制变量方面，本部分控制了地区，如城乡和东、中、西部省份。在社会经济地位变量方面，受教育年限是连续变量；家庭人均收入是类别变量；家庭人均收入按照 CPI 调整到 2011 年，对收入从少到多排序，以 20%和 80%作为分位点划分“家庭人均收入低”“家庭收入中”“家庭人均收入高”；工作变量是二值变量，目前有工作取 1，无工作取 0。在家庭状况变量方面，主要是婚姻状况，其中在处理时将“在婚”和“分居”均视作有配偶（取 1），“未婚”“离婚”“丧偶”均视作无配偶（取 0）。健康行为变量包含是否饮酒。在医疗保险变量方面，拥有社会及商业保险取 1，没有任何医疗保险取 0。

6.3.1.3　估计方法

为了刻画随着时间推移，照护者的健康变化过程，本书使用增长曲线模型（growth curve model）。该模型适用于追踪数据，可以捕捉在较长一段时间内，由于提供照护行为的变化导致的个体内和个体间的健康差异。该模型允许数据为非平衡面板，能最大限度利用样本信息。增长曲线模型包含两个层次：第一个层次是不同年份的个体数据，第二个层次是不同的个体。第一个层次嵌套于第二个层次中，即允许不同个体的健康具有不同的起始点及不同的变化率，个体拥有随机截距和随机斜率。当照护变量为时变变量时（“是否提供照护”和“照护强度”），增长曲线模型公式设定如下：

第一个层次的模型（level 1）：

$$QWB_{ti} = \pi_{0i} + \pi_{1i} Age_{ti} + \pi_{2i} Age_{ti}^2 + \pi_3 C_{ti} + \pi_4 C_{ti} \times Age_{ti} + \pi_5 C_{ti} \times Age_{ti}^2 + \varepsilon_{ti} \tag{6-1}$$

第二个层次的模型（level 2）：

$$\pi_{0i} = \beta_{00} + v_{0i} \tag{6-2}$$

$$\pi_{1i} = \beta_{10} + v_{1i} \tag{6-3}$$

$$\pi_{2i} = \beta_{20} \tag{6-4}$$

在第一个层次的模型中，QWB_{ti} 表示个体 i 在 t 年的健康状况，Age_{ti} 表示个体 i 在 t 年的年龄（依照均值对中处理），C_{ti} 表示个体 i 在 t 年的提供照护情况，π_{0i} 表示个体 i 在平均年龄时的健康得分，π_{1i} 和 π_{2i} 表示不同个体健康随年龄的变化率。加入照护和年龄的交互项，即照护状态的不同，可能影响健康随年龄的变化率。ε_{ti} 为个体 i 在 t 年的残差。在第二个层次的模型中，β_{00} 为所有个体在平均年龄时的健康均值，β_{10}、β_{20} 为所有个体健康平均变化率，v_{0i} 和v_{1i} 为残差项，是第二个层次的随机效应，代表个体 i 与平均数的离差。此外，在控制变量中，地区变量（如城乡和东、中、西部省份）是非时变变量，应加入第二个层次的模型中的公式 6-2，其他控制变量均为时变变量，可以直接加入第一个层次的模型（式 6-1）。

当照护变量为非时变变量时（“照护持续期”），增长曲线模型公式设定如下：

第一个层次的模型（level 1）：

$$QWB_{ti} = \pi_{0i} + \pi_{1i} Age_{ti} + \pi_{2i} Age_{ti}^2 + \varepsilon_{ti} \tag{6-5}$$

第二个层次的模型（level 2）：

$$\pi_{0i} = \beta_{00} + \beta_{01} C_i + v_{0i} \tag{6-6}$$

$$\pi_{1i} = \beta_{10} + \beta_{11} C_i + v_{1i} \tag{6-7}$$

$$\pi_{2i} = \beta_{20} + \beta_{21} C_i \tag{6-8}$$

其中，C_i 为照护状态变量，其他变量及参数解释同公式 6-1 至公式 6-4。

6.3.2 实证分析

6.3.2.1 描述性分析

表 6-3 显示了样本描述统计。根据样本“是否提供照护”分为照护与非照护样本，样本总量的 21.49%提供照护，共计 1 931 个观测值。QWB 的均值为 0.914，样本整体健康状况较好（1 表示最健康），且照护者健康均值显著低于非照护者。样本的平均年龄为 38 周岁，照护者年龄较大；约 35%的样本居住在城市；照护者居住在城市、东部省份的比例更高。在社会经济地位方面，照护者和非照护者之间无显著差异。在婚姻状况方面，97%以上的样本有配偶。在健康行为方面，10.9%的样本在上一年度饮过酒，且照护者中饮酒的人数占比略高，有医疗保险的个体占样本总量的 61%。

表 6-4 显示了照护强度和照护持续期分类统计。样本的平均每周照护时间为 3 小时。其中，78.51%的样本每周照护时间为 0 小时；18.2%的样本从事低强度照护，平均照护时间为每周 7.25 小时；3.29%的样本从事高强度照护，平均照护时间为每周 61.16 小时。照护持续期变量为非时变变量，对仅有一期观测值的样本，无法确定其属于持续照护者、间断照护者还是非照护者，因此将其删去。最终获得有效样本 2 315 人，提供了 6 500 个观测值①，其中 59.78%的受访者在调查期间未提供过家庭照护，30.42%的

① 全样本为 4 800 人，观测值为 8 985 个。

受访者在调查期间间断提供过家庭照护，9.80%的受访者在调查期间提供过连续两期及以上的家庭照护。

表 6-3　样本描述统计

变量名称	全样本		提供照护		不提供照护		t-检验
	均值	标准差	均值	标准差	均值	标准差	
QWB 指标	0.914	0.115	0.899	0.120	0.918	0.113	0.000***
是否提供照护	0.215	0.411	—	—	—	—	—
年龄	38.478	7.323	39.823	7.437	38.109	7.249	0.000***
城市	0.349	0.477	0.443	0.497	0.324	0.468	0.000***
东部*	0.482	0.500	0.556	0.497	0.462	0.499	0.000***
中部	0.407	0.491	0.351	0.477	0.422	0.494	0.000***
西部	0.111	0.314	0.093	0.291	0.116	0.320	0.002***
受教育年限	8.564	3.692	8.656	3.860	8.539	3.645	0.220
家庭人均收入低	0.200	0.400	0.206	0.405	0.198	0.399	0.432
家庭人均收入中	0.599	0.490	0.585	0.493	0.603	0.489	0.149
家庭人均收入高*	0.201	0.401	0.209	0.406	0.199	0.399	0.327
工作	0.740	0.438	0.748	0.434	0.738	0.440	0.400
婚姻状况	0.971	0.168	0.969	0.174	0.971	0.167	0.573
饮酒	0.109	0.312	0.142	0.350	0.100	0.301	0.000***
医疗保险	0.607	0.488	0.606	0.489	0.607	0.489	0.943
样本量	8 985		1 931		7 054		—

注：①有*标记的为参照组；②t 检验对应的为 p 值，***、** 和 * 分别表示 1%、5%和 10%的显著水平。

表 6-4　照护强度和照护持续期分类统计

照护强度	观测值/人次	占比/%	每周照护小时数/小时	照护持续期	观测值/人次	占比/%
不照护	7 054	78.51	0	从未照护	3 886	59.78
低强度照护	1 635	18.2	7.25	间断照护	1 977	30.42
高强度照护	296	3.29	61.16	持续照护	637	9.80
总计	8 985	100	3.33	总计	6 500	100

6.3.2.2　回归分析

为了检验提供家庭老年照护对健康的影响及随着年龄的增长照护者健康轨迹的变化，本书采取两步分析策略。第一步，估计条件增长曲线模型（conditional growth curve model），模型中加入照护变量和年龄变量，并逐渐加入地区、社会经济地位、家庭状况、健康行为等控制变量，分析照护行为对健康的影响；第二步，加入照护和年龄的交互项，进一步探讨照护状态不同导致的健康随年龄变化率的差异，得出不同照护状态下的健康轨迹。

表6-5显示了是否提供照护对照护者健康的影响。在估计模型1至模型6前，需要估计一个不含任何解释变量的零模型（未报告）。模型的随机效应部分表明，身体健康水平在个体间存在显著差异，健康水平变化的37.51%可以由个体间的差异解释，有必要使用增长曲线模型。模型1是仅包含年龄变量和照护变量的条件增长曲线模型，年龄和年龄的平方项对健康水平均有显著负向影响。随着年龄的增加，健康水平加速递减，与非照护者相比，照护者的QWB指标显著低0.012。模型2至模型5逐渐加入控制变量。模型5是包含全部控制变量的完整模型，可以发现照护对健康水平的影响依然十分显著，系数绝对值略有减小，模型的BIC降低，拟合程度增加，即居住地区、社会经济地位、家庭状况、健康行为的弱势并不能解释照护者的健康劣势。保持其他因素相当，照护者的健康水平比非照护者差0.01。在控制变量方面，居住在城市QWB指标较差，与东部地区省份相比，中西部地区居民的健康指数较高，这可能是由于QWB指标的计算包含自报慢性病，东部地区和城市居民健康检查更普遍，对自身疾病信息的掌握较为全面。在社会经济地位方面，受教育年限的增加对健康水平有正面影响，与高收入者相比，中低收入者的健康水平相对较差，从事有酬劳动与健康水平正相关，饮酒对健康水平有负面影响。医疗保险对健康水平的影响为负，这可能与参保行为存在一定的逆向选择密切相关。模型6加入了“是否提供照护”同年龄一次、二次的交互项，照护与年龄平方的交互项负向显著（-0.008，$p<0.1$）。根据模型6估计结果作图，可以得出照护者与非照护者的健康轨迹（见图6-5）。由表6-5可以发现，在整个年龄段，照护者的健康水平均比非照护者差，“是否提供照护”不仅影响健康的初始水平，而且影响健康随时间的变化率。对于照护者而言，健康的初始水平较差，但是随着年龄的增加，对照护角色的适应度增强，健康水平出现小幅上升，在35周岁左右与非照护者健康差距最小，这较符合“年龄中和效应”假设。但是，随着年龄的进一步增加，照护者的健康水平加速下降，与非照护者健康水平分化严重，存在“累积劣势”的趋势。对此的解释是，个体在35周岁之前健康资本较为充足，经历生命负向事件（如承担照护角色），个体能够不断提升应对能力，维持健康水平，但随着年龄的增加，个体的健康资本原本就处于加速折旧时期，在面临生命负向事件冲击时，应对乏力，加快了健康水平的衰减进程。

表 6-5　是否提供照护对照护者健康的影响

变量	模型 1	模型 2	模型 3	模型 4	模型 5	模型 6
是否提供照护	-0.012***	-0.010***	-0.011***	-0.011***	-0.010***	-0.006
	(0.003)	(0.003)	(0.003)	(0.003)	(0.003)	(0.004)
年龄	-0.003***	-0.003***	-0.003***	-0.003***	-0.003***	-0.003***
	(0.000)	(0.000)	(0.000)	(0.000)	(0.000)	(0.000)
年龄平方	-0.005**	-0.005***	-0.004**	-0.004**	-0.004*	-0.002
	(0.002)	(0.002)	(0.002)	(0.002)	(0.002)	(0.002)
照护×年龄						-0.000
						(0.000)
照护×年龄平方						-0.008*
						(0.005)
城市		-0.011***	-0.012***	-0.012***	-0.010***	-0.010***
		(0.003)	(0.003)	(0.003)	(0.003)	(0.003)
中部		0.013***	0.014***	0.014***	0.014***	0.014***
		(0.003)	(0.003)	(0.003)	(0.003)	(0.003)
西部		0.006	0.007	0.007	0.009*	0.009*
		(0.005)	(0.005)	(0.005)	(0.005)	(0.005)
受教育年限			0.001	0.001	0.001**	0.001**
			(0.000)	(0.000)	(0.000)	(0.000)
家庭人均收入低			0.001	0.001	-0.003	-0.004
			(0.004)	(0.004)	(0.004)	(0.004)
家庭人均收入中			-0.004	-0.004	-0.007**	-0.007**
			(0.003)	(0.003)	(0.003)	(0.003)
工作			0.014***	0.014***	0.015***	0.015***
			(0.003)	(0.003)	(0.003)	(0.003)
婚姻状况				-0.002	-0.001	-0.001
				(0.007)	(0.007)	(0.007)
饮酒					-0.024***	-0.024***
					(0.004)	(0.004)
医疗保险					-0.011***	-0.011***
					(0.002)	(0.002)
Constant	0.920***	0.917***	0.903***	0.905***	0.911***	0.910***
	(0.002)	(0.003)	(0.006)	(0.010)	(0.010)	(0.010)
Level2：ln growth rate	-6.615***	-6.630***	-6.649***	-6.649***	-6.622***	-6.624***
	(0.142)	(0.144)	(0.148)	(0.147)	(0.050)	(0.150)
Level2：ln intercept	-2.699***	-2.706***	-2.710***	-2.710***	-2.721***	-2.721***
	(0.024)	(0.024)	(0.024)	(0.024)	(0.024)	(0.024)

表6-5(续)

变量	模型 1	模型 2	模型 3	模型 4	模型 5	模型 6
Level1：Within-person	-2. 407***	-2. 407***	-2. 408***	-2. 408***	-2. 409***	-2. 409***
	(0. 011)	(0. 011)	(0. 011)	(0. 011)	(0. 011)	(0. 011)
Observations	8 985	8 985	8 985	8 985	8 985	8 985
Number of groups	4 800	4 800	4 800	4 800	4 800	4 800
Log likelihood	7 233. 40	7 250. 27	7 265. 51	7 265. 54	7 296. 45	7 297. 96
BIC	-14 393. 97	-14 400. 41	-14 394. 47	-14 385. 43	-14 429. 04	-14 413. 86

注：① *** 表示 $p<0.01$，** 表示 $p<0.05$，* 表示 $p<0.1$；②括号内为标准误；③地区变量的参照项为“东部”，收入变量的参照项为“家庭人均收入高”。

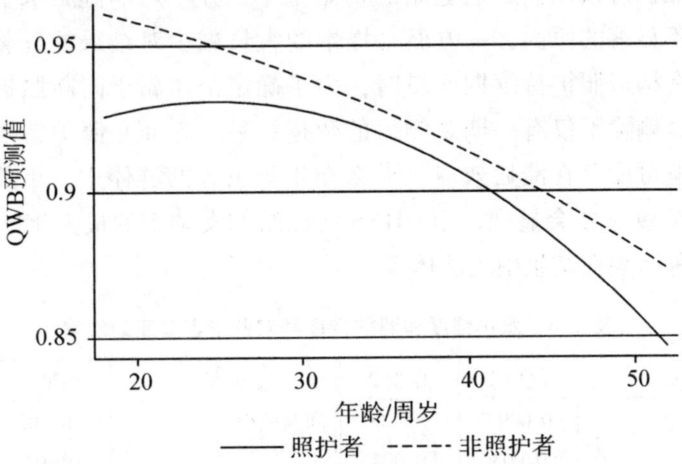

图 6-5 照护者与非照护者的健康轨迹

表 6-6 显示了照护强度和照护持续期对照护者健康的影响。模型 1 至模型 4 是包含了全部控制变量的完整模型。在模型 1 中，与“不照护”的个体相比，低强度照护者 QWB 值低 0. 009，高强度照护者 QWB 值低 0. 016，高强度照护对健康的负面影响更大，约为低强度照护的一倍。模型 2 在模型 1 的基础上加入了照护强度和年龄一次、二次的交互项。高强度照护与年龄平方的交互项负向显著（-0. 025，$p<0.05$）。根据模型 2 的估计结果，可以得到高强度照护者、低强度照护者与非照护者的健康轨迹（见图 6-6）。高强度照护对初始健康水平及健康水平随年龄的变化率均有影响。在三个群体中，高强度照护者初始健康水平最差，低强度照护者次之，不提供照护的个体健康水平最好。随着年龄的增加，在 30~40 周岁，高强度照护者的健康水平与另外两个群体趋同，甚至超越了低强度照护者，但在 40 周岁之后，健康水平的差距再次扩大，该效应十分显著。不同强度照护者的健康

轨迹依旧是“年龄中和效应”和“累积劣势效应”的结合。与图6-5相比，图6-6中高强度照护对健康轨迹的影响进一步强化，初始健康水平更差、适应力更强、后期健康水平衰减更快。在表6-6中，模型3是照护持续期对健康影响的回归结果。与从未照护相比，间断照护虽然会降低健康水平，但该效应并不显著，提供持续照护会显著影响身体健康水平，降低QWB指标0.011。该结论与科尔等（Kohl，et al.，2019）① 的研究一致。奥什（Oshio，2015）② 发现照料持续期每增加一年，女性照护者的精神压力指数提高0.22，这可能是持续照护者身体健康水平更差的原因。此外，模型4加入了持续照护、间断照护与年龄一次项和二次项的交互项，交互项不显著。由此可知，照护持续期仅影响健康的初始水平，并不影响健康水平随年龄的变化率。不显著的原因，一方面是样本的大量减少对结果的显著性可能产生影响，在构造照护持续期变量时，为了确定个体属于间断照护者还是持续照护者，删除了仅有一期观测值的数据；另一方面是照护持续期对健康的动态影响可能存在滞后效应，那么在年龄更大的群体中，年龄中和效应或累积劣势效应才会显现，而CHNS将已婚妇女调查的最大年龄限制在52周岁，这种影响在结果中无法体现。

表6-6　照护强度和照护持续期对照护者健康的影响

变量	模型1	模型2	变量	模型3	模型4
低强度照护	-0.009***	-0.006	间断照护	-0.002	0.001
	(0.003)	(0.004)		(0.004)	(0.005)
高强度照护	-0.016**	-0.001	持续照护	-0.011*	-0.012
	(0.006)	(0.009)		(0.006)	(0.008)
年龄	-0.003***	-0.003***	年龄	-0.003***	-0.003***
	(0.000)	(0.000)		(0.000)	(0.000)
年龄平方	-0.004*	-0.002	年龄平方	-0.006**	-0.005
	(0.002)	(0.002)		(0.003)	(0.003)
低强度照护×年龄		-0.000	间断照护×年龄		-0.000
		(0.000)			(0.000)

① KOHL N M, MOSSAKOWSKI K N, SANIDAD I I, et al. Does the health of adult child caregivers vary by employment status in the United States? [J]. Journal of Aging and Health, 2019, 31 (9): 1631-1651.

② OSHIO T. How is an informal caregiver's psychological distress associated with prolonged caregiving? Evidence from a six-wave panel survey in Japan [J]. Quality of Life Research, 2015, 24 (12): 2907-2915.

表6-6(续)

变量	模型 1	模型 2	变量	模型 3	模型 4
高强度照护×年龄		-0.000	持续照护×年龄		-0.000
		(0.001)			(0.001)
低强度照护×年龄平方		-0.005	间断照护×年龄平方		-0.006
		(0.005)			(0.006)
高强度照护×年龄平方		-0.025**	持续照护×年龄平方		0.002
		(0.011)			(0.009)
Constant	0.911***	0.910***	Constant	0.917***	0.916***
	(0.010)	(0.010)		(0.012)	(0.012)
Level2: ln growth rate	-6.622***	-6.616***	Level2: ln growth rate	-6.461***	-6.468***
	(0.143)	(0.142)		(0.670)	(0.679)
Level2: ln intercept	-2.722***	-2.722***	Level2: ln intercept	-2.754***	-2.754***
	(0.024)	(0.024)		(0.030)	(0.030)
Level1: Within-person	-2.409***	-2.409***	Level1: Within-person	-2.416***	-2.416***
	(0.011)	(0.011)		(0.011)	(0.011)
Observations	8 985	8 985	Observations	6 500	6 500
Number of groups	4 800	4 800	Number of groups	2 315	2 315
Log likelihood	7 296.97	7 300.08	Log likelihood	5 447.04	5 448.02
BIC	-14 420.98	-14 390.77	BIC	-10 727.26	-10 694.11

注：① *** 表示 p<0.01，** 表示 p<0.05，* 表示 p<0.1；②括号内为标准误；③照护强度变量的参照项为“不照护”，照护持续期的参照项为“从未照护”；④控制变量同表 6-5，控制变量略。

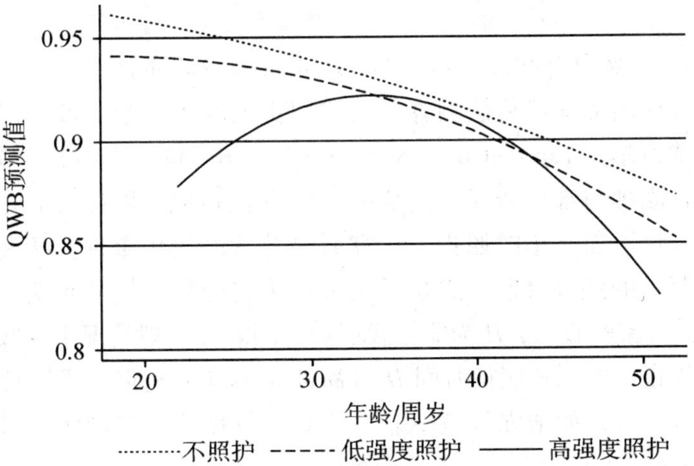

图 6-6　不同强度照护者健康轨迹

6.3.3 基本结论

通过以上实证分析，本书得出以下基本结论：第一，与非照护者相比，照护者在各个年龄阶段都处于健康劣势。在不同照护强度下，高强度照护者健康水平最差；在不同照护时期下，持续照护者健康水平最差。第二，在生命历程中，照护者的初始健康水平低于非照护者；随着年龄的增加，健康水平的差距逐渐缩小，表现出“年龄中和效应”；在35周岁左右，健康差距再次开始扩大，表现出“累积劣势效应”；不同强度照护者健康轨迹也是上述两种效应的结合，高强度照护者初始健康水平更差、适应力更强、后期健康水平衰减更快。

6.4 非正式照护的货币估价和对照护者补偿金额的测算

以上章节采用实证的方法，评估了非正式照护对照护者健康的长期负面影响。本部分对非正式照护进行货币估价，计算不同照护强度下家庭照护者应获得的补偿，有助于政策制定者对照护者的需求予以积极回应，使本章对不平衡的后果的分析既有感性认识，又有明确的政策指向。

6.4.1 研究设计

6.4.1.1 福祉评估法（well-being valuation method）

本部分使用福祉评估法测算非正式照护的经济价值，该方法最早由范德伯格和费雷尔（Van den Berg & Ferrer-I-Carbonell，2007）① 应用于长期照护研究，原理与希克斯需求函数的补偿变化相似，即保持非正式照护者福祉不变，每增加一小时照护，计算需要补偿的货币金额，该金额为一小时非正式照护的经济价值。式6-9为福祉决定函数，其中 W 为非正式照护者福祉，Y 为家庭收入，H 为非正式照护时间。在一般情况下，收入 Y 对福祉的影响为正，非正式照护时间 H 对福祉的影响不确定。照护时间 H 可能增进照护者福祉，如增强成就感、自信心以及被照护者健康改善带来的满

① VAN DEN BERG B, FERRER-I-CARBONELL A. Monetary valuation of informal care: The well-being valuation method [J]. Health Economics, 2007, 16 (11): 1227-1244.

足；同时，照护时间 H 可能降低照护者福祉，表现为多种形式的照护负担。此处，H 为照护时间对个人福祉的净效应，依照克拉默（Kramer，1997）①的研究，假定照护时间 H 对福祉的影响为负。福祉评估法的核心在于当照护时间 ΔH 增加，导致总福祉降低，计算增加的收入 ΔY——补偿金额，使得照护者总福祉保持不变（式 6-10）。当 ΔH 无限趋近于 0，得到变动率 dY/dH，是非正式照护的影子价格（式 6-11）。

$$W = W(Y, H) \tag{6-9}$$

$$W(Y, H + \Delta H) = W(Y + \Delta Y, H) \tag{6-10}$$

$$dY/dH = \frac{-\partial W/\partial H}{\partial W/\partial Y} \tag{6-11}$$

将式 6-9 理论模型转换为计量模型（式 6-12），其中 W_i 是非正式照护者福祉，$\ln H_i$ 是每周照护时间，$\ln Y_i$ 是每月家庭收入，时间和收入都采用对数形式，X_i 是控制变量，ε_i 是随机误差项，∂、β、γ 是待估参数。保持总福祉不变，计算增加一小时照护时间需要补偿的收入 ΔY_i（非正式照护的影子价格）（式 6-13），合并同类项（式 6-14），整理得到式 6-15，表示每周非正式照护时间增加一小时 $\delta \ln H_i$，每月需要的补偿金额占家庭月收入的比例为 $\Delta Y_i / Y_i$。对式 6-15 进行简单整理，得到 ΔY_i 的计算公式 6-16②。

$$W_i = \partial \ln H_i + \beta \ln Y_i + \gamma X_i + \varepsilon_i \tag{6-12}$$

$$\partial \ln (H_i + 1) + \beta \ln (Y_i + \Delta Y_i) + \gamma X_i + \varepsilon_i = \partial \ln H_i + \beta \ln Y_i + \gamma X_i + \varepsilon_i \tag{6-13}$$

$$\beta[\ln (Y_i + \Delta Y_i) - \ln Y_i] = - \partial[\ln (H_i + 1) - \ln H_i] \tag{6-14}$$

$$\Delta Y_i / Y_i = \mathrm{EXP}\left(-\frac{\alpha}{\beta}\delta \ln H_i\right) - 1 \tag{6-15}$$

$$\Delta Y_i = \left[\mathrm{EXP}\left(-\frac{\alpha}{\beta}\delta \ln H_i\right) - 1\right] \times Y_i \tag{6-16}$$

计算非正式照护的经济价值，需要采用科学的方法对式 6-12 进行回归，得到 ∂ 和 β 的一致估计值。通常选用生活质量评分作为福祉 W 的代理变量，取值是 1~5 的定序变量。费雷尔和费特尔斯（Ferrer-I-Carbonell & Frijters，2004）③

① KRAMER B J. Gain in the caregiving experience: Where are we? What next? [J]. Gerontologist, 1997, 37 (2): 218-232.

② 由于照料时间的计算以周为单位，而收入的计算以月为单位，1 个月以 4.3 周计算（52/12≈4.3），因此在本书的计算中，照料的影子价格为 $\Delta Y_i/4.3$。

③ FERRER-I-CARBONELL A, FRIJTERS P. How important is methodology for the estimates of the determinants of happiness? [J]. The Economic Journal, 2004, 114 (497): 641-659.

认为将福祉视作连续变量不会影响 ∂ 和 β 估计值的相对大小与显著性水平。为了便于解释，本部分采用 OLS 估计。照护时间和福祉可能存在互为因果的关系（Powdthavee & Van den Berg，2011）[①]，需要对模型的内生性进行检验和处理。因此，本部分对式 6-12 的估计还采用了 2SLS。出于稳健性考虑，本部分使用 Ordered Probit 模型和 IV-Ordered Probit 模型进行对比分析。

6.4.1.2　数据来源

数据来自中国健康与养老追踪调查（CHARLS）。该调查由北京大学国家发展研究院主持，是针对国内 45 周岁及以上中老年人个体和家庭调查的高质量微观数据。本部分使用 CHARLS 2011 年的数据[②]，保留过去一年为父母或配偶父母提供照护的样本，样本量为 1 681 人。

6.4.1.3　变量说明

因变量选用生活满意度作为福祉的衡量指标。在 CHARLS 问卷中，询问受访者“总体来说，您对自己的生活是否感到满意?”回答分“一点也不满意”“不太满意”“比较满意”“非常满意”和“极其满意”，对以上回答赋值1~5，数值越大代表满意程度越高。自变量分别是“每周照护小时”和“每月家庭收入”。对受访者每周照护父母和配偶父母四位老人的时间进行加总得到“每周照护小时”，将全体家庭成员每月税后工资收入、养老金收入、个体经营净收入、农业净收入、政府转移支付收入加总得到“每月家庭收入”。在工具变量方面，本部分采用“仅一位老人健在”和“配偶母亲健康”作为照护时间的工具变量，工具变量的选取参照部分学者（Coe & Van Houtven，2009[③]；Do，et al.，2015[④]；Heger，2017[⑤]）的研究。控制变量包含了照护提供者的人口学特征，如性别、年龄和婚姻状况。社会经济特征，如受教育年限、是否仍在工作和现居住地。健康特征包括慢性病患病情况、医疗保险情况、健康行为。家庭特征包括是否提供隔代照护、配偶对照护老人的协助情况。

① POWDTHAVEE N, VAN DEN BERG B. Putting different price tags on the same health condition: Re-evaluating the well-being valuation approach [J]. Journal of Health Economics, 2011, 30 (5): 1032-1043.

② 目前调查已公布的数据（2008 年、2011 年、2013 年和 2015 年）中仅有 2011 年询问了全部受访者是否提供家庭老年照料的问题。

③ COE N B, VAN HOUTVEN C H. Caring for mom and neglecting yourself? The health effects of caring for an elderly parent [J]. Health Economics, 2009, 18 (9): 991-1010.

④ DO Y K, NORTON E C, STEARNS S C, et al. Informal care and caregiver's health [J]. Health Economics, 2015, 24 (2): 224-237.

⑤ HEGER D. The mental health of children providing care to their elderly parent [J]. Health Economics, 2017, 26 (12): 1617-1629.

表6-7是样本描述性统计。从福祉指标来看，照护者生活满意度平均为3.08分，对生活比较满意。每周照护小时平均为36小时，强度较高。每月家庭收入为2 811元。样本中男性略少于女性，年龄平均为53周岁。95%以上的照护者有配偶。受教育年限平均在7年以上。82%的照护者需要兼顾工作。72%的照护者居住在农村。在健康方面，平均来看有1项以上的慢性病。95%以上的照护者有医疗保险，社交频率较低。35%以上的老年照护者同时照料孙子女，72%的照护者有配偶帮助一起照护老人。

表6-7 样本描述统计

变量名称	定义	均值	标准差	变量名称	定义	均值	标准差
福祉	连续	3.080	0.719	农村	1=是	0.716	0.451
每周照护小时	连续	35.993	42.803	慢性病数	连续	1.315	1.381
每月家庭收入	连续	2 810.732	3 263.551	医疗保险	1=有	0.954	0.209
性别	1=男	0.479	0.500	社交频率	连续	0.020	1.026
年龄	连续	53.447	6.285	照料孙子女	1=是	0.354	0.478
婚姻	1=有配偶	0.954	0.210	配偶照料	1=是	0.722	0.448
受教育年限	连续	7.065	4.338	仅一位老人健在	1=是	0.438	0.496
是否工作	1=是	0.816	0.387	配偶母亲健康	连续	3.788	1.344

6.4.2 实证分析

测算家庭老年照护的经济价值分为两步：第一步，通过回归得到照护时间和收入对福祉的影响参数。第二步，依照式6-15计算需要补偿金额占收入的比例；依照式6-16计算照护的影子价格，得到一小时家庭老年照护的经济价值。表6-8是照护时间、家庭收入对福祉的影响。在外生性假设下，模型1采用最小二乘法，结果显示每周照护时间增加1%，子女的生活满意度平均下降2.5%；每月家庭收入增加1%，子女的生活满意度平均上升4.4%。在内生性假设下，模型2采用两阶段最小二乘法，结果表明不存在弱工具变量问题（F=14.24），工具变量与扰动项不相关（Hansen J=1.937，p=0.164），但模型不存在内生性（DWH=0.014，p=0.905）。模型3和模型4将福祉作为定序变量，采用定序Probit模型和带有工具变量的定序Probit模型。福祉作为离散变量，与作为连续变量得到的估计参数在大小方面不具有可比性，但观察模型3、模型4和模型1、模型2估计参数的方向和显著性，发现并无差异，结果比较稳健。

照护时间和福祉之间不存在内生关系，使用 OLS 和 Ordered Probit 模型可以得到式 6-12 中 ∂ 与 β 的一致估计值。将表 6-8 中模型 1 和模型 3 照护时间与家庭收入的估计参数代入式 6-15 和 6-16，得到一小时家庭照护的货币估价。在表 6-9 中，子女平均每周照护时间为 36 小时，在其基础上每增加一小时照护，福祉保持不变，需要补偿的金额占月收入的比例为 1.58%。按照样本均值家庭月收入 2 811 元计算，一小时家庭照护的经济价值是 10.30 元。采用 Ordered Probit 模型估计参数计算一小时家庭照护的经济价值是 10.35 元，两者基本无差别。表 6-9 纵向对比可以发现，随着每周照护小时数的增加，每小时照护的货币估价递减。例如，每周照护时间在 9 小时的基础上增加一小时，需要补偿照护者 40.50 元；在每周 59 小时的基础上增加一小时，需要补偿照护者 6.30 元。与国际文献相比，本书家庭老年照护的货币估价较低。范德伯格和费雷尔（Van den Berg & Ferrer-I-Carbonell，2007）① 基于福祉评估法得到一小时家庭照护的经济价值是 9 欧元或 10 欧元，凯尔和斯塔尔施密特（Kehl & Stahlschmidt，2013）② 得到一小时家庭照护的货币估价是 2.89 欧元。对此，可能的原因是，本书照护者样本家庭月收入较低，以及在孝文化影响下照护时间对收入的替代率低，使得每增加一小时照护，福祉损失较少，需要的货币补偿较少。

表 6-8　照护时间、家庭收入对福祉的影响

变量	模型 1 OLS	模型 2 2SLS	模型 3 Oprobit	模型 4 IV-Oprobit
每周照护小时对数	-0.025*	-0.038	-0.041*	-0.060
	(0.014)	(0.109)	(0.023)	(0.195)
每月家庭收入对数	0.044***	0.043***	0.072***	0.071***
	(0.011)	(0.013)	(0.018)	(0.021)
性别（男=1）	0.006	0.005	0.008	0.008
	(0.038)	(0.037)	(0.061)	(0.061)
年龄	0.011***	0.011***	0.017***	0.017***
	(0.003)	(0.003)	(0.005)	(0.005)
婚姻	0.215**	0.213**	0.343**	0.340**
	(0.095)	(0.096)	(0.149)	(0.153)

① VAN DEN BERG B, FERRER-I-CARBONELL A. Monetary valuation of informal care: The well-being valuation method [J]. Health Economics, 2007, 16 (11): 1227-1244.

② KEHL K, STAHLSCHMIDT S. A new perspective on the economic valuation of informal care: The well-being approach revisited [R]. SFB 649 Discussion Paper, 2013.

表6-8(续)

变量	模型 1 OLS	模型 2 2SLS	模型 3 Oprobit	模型 4 IV-Oprobit
受教育年限	-0.003	-0.003	-0.004	-0.004
	(0.005)	(0.005)	(0.008)	(0.008)
是否工作	0.139***	0.140***	0.217**	0.218**
	(0.054)	(0.053)	(0.085)	(0.085)
农村	-0.121***	-0.121***	-0.191***	-0.190***
	(0.045)	(0.044)	(0.072)	(0.072)
慢性病数	-0.088***	-0.088***	-0.142***	-0.141***
	(0.014)	(0.014)	(0.023)	(0.024)
医疗保险	0.188**	0.188**	0.306**	0.306**
	(0.081)	(0.080)	(0.130)	(0.130)
社交活动频率	0.050***	0.050***	0.077**	0.077**
	(0.019)	(0.019)	(0.030)	(0.030)
照料孙子女	0.046	0.047	0.076	0.078
	(0.036)	(0.037)	(0.059)	(0.061)
配偶照料	0.050	0.052	0.081	0.084
	(0.041)	(0.044)	(0.066)	(0.073)
常数项	1.948***	1.989***		
	(0.241)	(0.419)		
切点 1			-0.349	-0.409
			(0.386)	(0.727)
切点 2			0.700*	0.640
			(0.383)	(0.734)
切点 3			2.590***	2.530***
			(0.387)	(0.744)
切点 4			3.859***	3.799***
			(0.395)	(0.757)
观测值	1 681	1 681	1 681	1 681
R-squared	0.096	0.096	—	—

注：①***、**和*分别表示1%、5%和10%的显著性水平；②括号内的为稳健标准误。

表 6-9 家庭老年照护的经济价值

照护小时/小时	OLS		Ordered Probit	
	补偿金额/收入/%	每小时照护经济价值/元	补偿金额/收入/%	每小时照护经济价值/元
9~10	6.20	40.50	6.23	40.71
19~20	2.97	19.41	2.98	19.51
29~30	1.95	12.77	1.96	12.83
39~40	1.46	9.51	1.46	9.56
49~50	1.16	7.58	1.17	7.62
59~60	0.96	6.30	0.97	6.33
样本均值（36）	1.58	10.30	1.58	10.35

注：①计算使用的收入是样本均值 2 811 元；②每月按照 4.3 周计算。

在长期照护政策视角下，本书依照以上估计结果，测算家庭照护者应获得的货币补偿。国际文献多将每周 20 小时作为高强度照护的门槛值（Lily, et al., 2010）[①]，本书将每周提供 20 小时以上的照护者作为重点人群，分段测算对其的经济补偿，具体方法借鉴了范普拉格和巴拉斯马（Van Praag & Baarsma, 2005）[②] 的研究。表 6-10 显示，样本中 46.1%的受访者每周为父母提供 20 小时以上的照护，超过 20 小时的照护时间可以获得经济补偿。本书依照受访者的照护时间、家庭月收入，得出个体每月获得的补偿金额；加总个体补偿金额，计算平均值，得到“平均每月补偿金额”。为了增强金额的可比性，本书使用 CPI 将其调整到 2019 年的价格。如果将 20 小时设置为“起付线”，平均而言，每月支付照护者 2 687 元才能弥补其福利损失。相应地，如果将“起付线”设置为每周 30 小时，平均来看每月对照护者的货币补偿最少应为 2 203 元。从表 6-10 可以看出，随着“起付线”的上升，能达到标准的照护者越来越少，平均补偿金额降低。这是因为“>100”意味着照护政策只对每周大于 100 小时造成的福利损失进行经济补偿，100 小时以内的福利损失由个体承担，且家庭照护的经济价值随着照护时间的增加边际递减。“起付小时”的选择需要权衡照护者福利、照护者就业以及公共照护支出。“起付线”过低，容易“挤出”就业，推升公共照护

① LILLY M B, LAPORTE A, COYTE P C. Do they care too much to work? The influence of caregiving intensity on the labour force participation of unpaid caregivers in Canada [J]. Journal of Health Economics, 2010, 29 (6): 895-903.

② VAN PRAAG B M S, BAARSMA B E. Using happiness surveys to value intangibles: The case of airport noise [J]. The Economic Journal, 2005, 115 (500): 224-246.

支出；"起付线"过高，无法有效弥补照护者福利损失。综上所述，基于"起付线"的差异，每月对照护者的经济补偿应为 598~2 687 元。

表 6-10 照护者每月补偿金额测算

每周照护小时 /小时	人数占比 /%	平均每月补偿金额 /元·人$^{-1}$	CPI 调整到 2019 /元·人$^{-1}$
>20	46.10	2 266.71	2 687.15
>30	33.19	1 858.38	2 203.08
>40	28.14	1 427.63	1 692.44
>50	22.61	1 212.56	1 437.47
>60	19.04	1 028.06	1 218.75
>70	15.17	940.31	1 114.73
>80	14.63	718.21	851.43
>90	12.85	597.60	708.45
>100	10.83	504.74	598.36

注：计算依据为表 6-8 模型 1 的回归结果。

6.4.3 基本结论

本书基于 CHARLS 2011 年的数据，使用福祉评估法测算家庭老年照护的经济价值。研究发现，依照样本均值一小时家庭老年照护的经济价值为 10.3 元，该金额远低于国外的测算水平；由于照护时间门槛值差异，每月对照护者的经济补偿应为 598~2 687 元。

6.5 本章小结

本章通过理论和实证分析了照护服务体系中过度依赖非正式照护带来的负面影响，不仅考虑到服务的使用者——失能、失智老人，还将家庭照护人员作为重要利益相关者，测算了其应获得的货币补偿，由此对不平衡的后果既有感性认识，又有明确的政策指向。本章的研究结论如下：

其一，随着人口结构和家庭结构的转变，非正式照护资源的可获得性下降，失能老人可能会陷入无人照护的困境。

其二，老龄化引致的长期照护需求与现有家庭照护能力形成矛盾，不断加重家庭照护负担，其中不仅包含经济影响（该研究国内已经较为成熟），还包含健康影响。在长期，非正式照护者面临初始健康劣势，且高强度照护者、持续照护者更甚。随着时间的推移，照护者和非照护者间健康差距先缩小后扩大，虽然照护者能够逐渐适应照护角色，但最终仍是“劣势累积”效应占主导，照护对健康的负面影响具有长期持续性。

其三，基于福祉评估法为非正式照护估价，依照样本均值一小时家庭老年照护的经济价值为 10.3 元；由于照护时间差异，每月对照护者的经济补偿应为 598~2 687 元。

通过本章的分析，笔者更加深入地了解了非正式照护的隐性成本，尤其在健康方面，其影响是多面的，不仅能够短暂带来精神方面的压力，而且长期会对身体产生耗损。健康资本一旦失去，难以弥补，如果照护者通过使用大量医疗服务来解决健康问题，势必产生额外的个人及社会成本。对此需要尽早规划制定公共政策以减轻家庭照护者负担。正式服务的供给和津贴的提供对缓解照护者负担同等重要。家庭照护经济价值和补偿金额的测算结果，可以作为确定津贴和服务供给量的理论依据。

7 正式和非正式照护平衡发展的国际经验

在长期照护制度中，筹资与服务无法割裂。对照护服务的组织和提供的国际经验进行梳理，需内嵌于整个照护制度之下。本章首先对筹资机制与服务体系的互动机制进行剖析；其次在我国已经决定采用社会保险筹资的背景下，梳理采用同样筹资方式的德国和日本经验，包括照护制度建立的背景、制度框架、制度演进和制度效果，尤其在非正式照护支持、正式照护市场培育、正式和非正式照护的引导和选择方面对比两国政策的异同与服务递送效果，以期汲取两国的经验，为我国社会长期照护保险筹资模式下的照护服务体系转型升级提供政策建议。

7.1 照护服务与筹资模式的互动机制

长期照护保障分为物质保障和服务保障，服务保障是本书的研究重点。不可否认的是，资金是保障服务得以提供的手段，照护服务与筹资无法割裂。本章对德国、日本照护服务组织和其提供的经验的梳理，均内嵌于其长期照护保险制度之下。筹资模式建立之前需要具备一定的照护服务基础，相应地，在筹资模式确立之后，主要目的是搭建以失能老人需求为导向，国家责任、正式和非正式照护有效配合的服务体系。

长期照护的筹资模式主要分为税收筹资和保险筹资。依照不同的筹资模式，长期照护制度又进一步划分为普享型、混合型和补缺型的长期照护制度（见表 7-1）。具体的制度类型受到社会文化和福利模式的影响。在不同的模式下，政府、市场、家庭承担的照护责任不同，然而无论哪种模式，家庭均不是照护费用的唯一承担者。

表 7-1　不同类型长期照护制度

福利体制	社会民主主义	自由主义	家庭主义	法团主义 1	法团主义 2
筹资方式	税收	税收	税收	社会保险	社会保险、税收
制度类型	普享型	补缺型	混合型	普享型	混合型
代表国家	瑞典、丹麦等	美国、英国等	西班牙、葡萄牙等	荷兰、德国、日本、韩国等	法国
政府责任	全责	兜底	鼓励家庭承担责任	组织社会保险	对护理组织保险、对照料兜底
覆盖范围	有照护需求的社会成员	最弱势群体	有照护需求的社会成员	有照护需求的参保成员	有照护需求的社会成员
支持服务类型	以正式照护为主	正式和非正式照护	以非正式照护为主	正式和非正式照护	以正式照护为主

照护保险与照护服务存在相互作用、相互依赖、共同发展的互动关系。一方面，照护保险能提供稳定的财源，是失能老人享受适切照护服务的基础。在非正式照护方面，照护保险对家庭照护者提供津贴或服务支持；在正式照护方面，照护保险采用政府购买或部分补贴的方式，提升失能老人的购买力。另一方面，照护保险制度的构建直接推动照护服务的发展。在总量方面，随着制度覆盖面的扩大、保障水平的提高，直接增加照护服务需求，促进服务供给。在结构方面，照护保险通过自付比例、给付范围、给付金额、给付组合设计，引导非正式、正式照护服务的使用，实现两者的配合。

社会长期照护保险的开办也依赖照护服务的提供，不然会陷入“有保险无服务”的境况。此外，服务结构的改变，如从机构转向居家（社区），鼓励非正式照护的使用、服务提供者间的竞争也会直接或间接地影响筹资制度设计。

7.2　德国模式——长期照护服务家庭化实践

7.2.1　制度背景

随着预期寿命的延长和人口出生率的降低，德国老龄化趋势加重。20世纪90年代初，大量照护需求者由于无法负担照护机构费用，申请社会救济，约70%的社会救济资金用于长期照护（Geraedts, et al., 2000）[①]，政府负担沉重。作为居家照护补充的社会服务在需求增长的情况下，严重不足。德国亟须建立独立的长期照护制度来回应社会需求。关于照护筹资方式，德国当时有三种方案：社会保险、强制商业保险和税收。考虑到税收将带给政府较重的财务负担，该方案支持者较少，商业保险受到自民党、雇主组织、保险业、巴登-符腾堡州的支持，社会保险受到基民盟、社民党和工会组织的支持。由于商业保险保费受到个人风险的影响，使得健康受损参保人保费较高，可能在一定程度上损害社会公平。最终，德国采用了社会保险作为长期照护筹资模式。

德国是"俾斯麦福利体系"的典范，在该体系下，制度具有三个特征：其一，社会保险建立的基础是"男主外，女主内"的家庭分工模式；其二，制度运作强调"补充性原则"，即需求应该首先由家庭满足，国家介入是最后手段；其三，积极的劳动力市场政策未受到足够重视，尤其在女性就业方面（陈明芳，2013）[②]。反映在照护保险政策中，该制度具有以下特点：居家照护为主，机构照护为辅；长期照护保险的目的是补足家庭非正式照护功能，通过封顶线、共付比例的设定，部分保障失能人员长期照护需求；对提供家庭照护的女性，以年金点数赠送的方式，保障其晚年经济安全。该制度的目的是促进长期照护家庭化，照护责任由国家和家庭共担。

7.2.2 制度框架与制度发展

7.2.2.1 制度框架

德国于1994年5月通过长期照护保险法。1995年1月，被保险人开始缴纳保费，基金达到一定积累后，于当年4月提供居家照护给付，于1996年7月开始提供机构照护给付，由此长期照护保险正式实施，成为德国社会保险第五支柱。

在管理机制方面，德国采用国家监督、多元保险人提供不同保险方案的竞争机制。联邦健康部作为长期照护保险的主管机构，下设法定医疗保险人总会，与联邦医疗保险人总会医事服务中心（MDS）联合制定长期照

---

① GERAEDTS M, HELLER G V, HARRINGTON C A. Germany's long-term-care insurance: Putting a social insurance model into practice [J]. The Milbank Quarterly, 2000, 78 (3): 375-401.

② 陈明芳. 福利国家的重构：以德国长期照护保险制度的建置与改革为例兼论对台湾制度规划之启发 [C]. // 中国社会保险学会，台湾社会福利学会. 海峡两岸农村社会保险理论与实践研究论文集. 浙江大学人口与发展研究所，2013：198-242.

护保险准则。各联邦设有保险人联合会，下设保险人协会，执行长期照护政策，医疗保险医事服务中心（MDK）为其提供配套需求评估、服务质量审查与咨询。在参保范围上，社会健康保险的被保险人自动成为长期照护险被保险人。高收入的商业健康险被保险人也要购买商业长期照护险。被保险人的家庭成员与已登记的同居伴侣一并纳入保障范围，不征收保费。在筹资标准方面，制度执行初期为收入的 1.7%，保费由企业和个人承担，各占 50%。退休人员由个人全额负担保费，失业人员由失业保险基金支付保费。经济弱势人员、未成年人或成年学生免缴保费。政府责任主要体现在社会救助及对正式照护服务机构、设施的支持和投入方面。保障对象为照护需求等级在等级一至等级三之间的人员（见表 7-2），照护服务需求由健康保险医事服务中心或其他独立机构评估认定，与年龄无关。在待遇给付形式方面，给付形式分为现金给付、实物给付和混合给付。给付项目分为居家照护、日间或夜间半机构式照护、全机构式照护。其中，居家照护分为服务给付和津贴，失能人员可以选择津贴和服务比例。制度赋予其自主选择权①。在给付金额方面，同一失能等级，实物给付金额大于现金给付，促进正式照护服务的使用。随着失能程度的上升，给付金额增加，同时鼓励居家和半机构式照护。对等级三（失能程度最高）的人员，居家实物给付、半机构式照护与机构照护给付金额相等（1995 年），体现鼓励居家照护的政策导向。

表 7-2　德国长期照护保险照护需求等级

项目	等级一 （显著照护需求者）	等级二 （重度照护需求者）	等级三 （极重度照护需求者）
需要基本 ADL 照护	至少两项、 每日至少一次扶助	每日不同时段需要 至少三次扶助	日夜需要扶助
需要 IADL 照护	每周多次	每周多次	每周多次
每天时间耗费	至少 90 分钟、 基本照护至少 45 分钟	至少 3 小时、 基本照护至少 2 小时	至少 5 小时、 基本照护至少 4 小时

资料来源：德国社会法法典第十一篇——长期照护保险法（2013 年 7 月 15 日修正）。

7.2.2.2　制度发展

德国长期照护保险于 1995 年建立后，制度不断发展，2008 年、2014 年、2015 年和 2017 年的改革引人注目。

在筹资来源和标准方面，德国使用现收现付制，具体筹资水平受到保

① 2004 年后还引入了个人照护预算制度，失能人员可以自由选择服务提供者。

险费率、人口结构、就业率（缴费与工作挂钩）的影响。其中，保险费率如果产生变动需要得到法律确认。2002 年，社会长期照护保险基金发生紧缺，德国于 2002 年规定退休人员需全额缴纳保费，于 2005 年对没有子女的被保险人加收保费，于 2008 年、2015 年、2017 年连续提高缴费率。由于社会长期照护保险仅提供基础保障，为了补足照护保障，德国于 2013 年推出商业保险购买激励计划，每月保费补贴 5 欧元。到 2015 年，商业照护险保单成交量已达 683 500 份①。

在保障对象方面，保障范围不断扩大，从失能人员扩展到失智人员。2013 年，德国对照护需求等级也进行了调整，如增加照护 0 级（需要看管和预防照护人员）、特殊艰难情形。2017 年，德国将原有需求等级重新划分为五类（等级一到等级五，等级越高，照护需求越高），并对需求评估流程进行了改进，由需要照护项目和照护时间的评估方式改为六项能力指标。

在给付标准方面，居家实物给付、居家现金给付、机构给付标准从 1995 年开始直到 2008 年 6 月均保持在同一水平，由此在十几年间照护保障水平其实是逐年下降的。该制度发生重要变化是在 2008 年 7 月，给付标准开始有所提高，但在三种服务方式中体现不同。在居家实物给付方面，给付标准在 2008 年、2010 年、2012 年逐年提高。德国在 2014 年引入了给付金额指数化动态调整机制。居家现金给付也逐步增长，但增加幅度小于居家实物给付增加幅度。在机构给付方面，照护需求等级一和等级二在政策实施将近 20 年的时间内待遇金额一直保持不变，照护需求等级三的给付金额在 2008 年、2010 年、2012 年均有上升。2015 年，各等级机构给付待遇均迎来一次上涨，反映出政策导向，即对失能程度较轻的个体鼓励居家照护。每档待遇的失能家庭均可享受一揽子补充服务（见表 7-3）。德国长期照护保险设计的初衷是“保基本”，同时强调家庭责任和市场倾向。虽然提供机构照护和居家照护选择，但在机构照护方面，待遇支付范围未包含食宿费用，使得自付比例较高。在政策实施前，照护需求申请救济的比例为 0. 84%（1992 年），之后降低到 1998 年的 0. 35%，2013 年又上升到 0. 55%。

在非正式照护支持方面，一方面，在实践中，居家现金给付多用来补偿家庭照护者，而不是购买正式服务；另一方面，符合条件的家庭照护者（2017 年规定每周照护 10 小时以上，且由于承担照护无法工作），保险基金提供其养老金缴费、失业保险缴费、健康保险缴费，且兼顾工作和照护的

---

① NADASH P, DOTY P, VON SCHWANENFLUGEL M. The german long-term care insurance program: Evolution and recent developments [J]. The Gerontologist, 2018, 58 (3): 588-597.

人员可以申请6个月不带薪假，或者兼职工作，最长达24个月。其他补充性服务包括“低门槛照护”（由社区服务人员在家庭照护者的看管下照顾失能人员）和照护技能培训等。

表7-3　德国长期照护保险部分补充服务（2017）　　单位：欧元①

服务内容	金额
短期喘息照护（临时）	125
长期喘息照护（每年不超过8周）	1 612
失能人员集中照护支持（每月）	214
失能人员集中照护房屋设施改造支持（按人支付，每户不超过10 000欧元）	2 500
机构失能人员特殊补充服务（每年）	266
护理设备或用品（每个）	40
住房改造（每年）	4 000

资料来源：NADASH P，DOTY P，VON S M. The german long-term care insurance program：Evolution and recent developments［J］. The Gerontologist，2018，58（3）：588-597.

正式照护服务强调市场倾向。公立机构占比极低，正式照护服务多数由营利或非营利私营机构提供，但政府会对价格进行相应管制。2008年改革的一个重要内容是由长期照护保险基金出资和社区联合建立照护据点，为被保险人提供就近答复与咨询、协调给付需要、网络化照护供应。随着正式照护服务主体和照护据点的增加，在居家待遇中，失能家庭从选择单一现金给付转变为现金和服务相结合，在一定程度上降低了对非正式照护的依赖性，正式照护的补充作用得以发挥。

在照护服务质量方面，德国在2008年改革强化了照护质量审查。健康保险医事服务中心与私人健康保险联合会负责，要求每家照护机构在一年内必须接受一次突袭式审查。德国建立维护和改善照护质量的专家标准，在照护机构内部建立服务管理机制，并成立仲裁机构，处理审查争议，审查结果进行网站公示，促进照护机构的竞争。领取居家现金给付的失能人员由专业照护工作人员进行照护质量审查（一年两次）。为了保证居家非正式照护质量，社区照护据点负责照护安排与照护技能培训。

7.2.3　制度效果

德国建立了独立的长期照护保险制度，通过个体和企业缴费独立筹资，

① 1欧元约等于7.032元人民币，下同。

以提供基本保障为目标，基本达到了全覆盖。2010 年，德国已经有 3%左右的被保险人享受保险待遇。在保障程度方面，已有数据显示，就机构照护而言，长期照护保险给付可覆盖费用的 50%①。

在服务选择方面，德国贯彻了“就地老化”的理念，引导使用居家照护成效显著。如表 7-4 所示，从 2003 年到 2017 年，居家照护占比呈上升趋势，由 2003 年的 69%增加到 2017 年的 74%，相应地，机构照护占比下降。居家照护使用增长最快的是 2015 年和 2017 年，主要由于 2013 年照护需求等级纳入了等级 0 以及 2017 年调整了评估等级，受益人数整体增加。

表 7-4　德国 2003—2017 年需要照护人员居家和机构照护使用情况

年份	居家照护			机构照护		
	人数/人	占比/%	增长率/%	人数/人	占比/%	增长率/%
2003	1 436 646	69. 17	—	640 289	30. 83	—
2005	1 451 968	68. 21	1. 07	676 582	31. 79	5. 67
2007	1 537 518	68. 43	5. 89	709 311	31. 57	4. 84
2009	1 620 761	68. 40	5. 41	748 889	31. 60	5. 58
2011	1 758 321	69. 08	8. 49	786 920	30. 92	5. 08
2013	1 861 775	69. 38	5. 88	821 647	30. 62	4. 41
2015	2 076 877	70. 78	11. 55	857 302	29. 22	4. 34
2017	2 594 862	73. 79	24. 94	921 878	26. 21	7. 53

注：居家照护包含居家实物和现金给付使用人，机构照护包含入住护理机构和日间/夜间照护机构人员。

数据来源：LOMAN R M J. Deinstitutionalisation of long-term care for older adults：A comparative study between Germany and the Netherlands [D]. Enschede：University of Twente, 2019.

在非正式照护方面，德国提高了非正式照护的吸引力，增加了非正式照护的供给和选择。欧盟统计局数据显示，2014 年，在德国，至少一周为家人提供一次非正式照护的个体占总人口的 15. 5%②。欧盟生命质量调查（European quality of life survey）数据表明，2016 年，非正式照护者占总人口的 23%③。

① 数据来源：SCHULZ E. The long-term care system in Germany [Z]. DIW Berlin Discussion Paper, 2010.

② 数据来源：Eurostat 网站（http://appsso.eurostat.ec.europa.eu/nui/show.do? dataset=hlth_ehis_ic1u&lang=en.）。

③ 数据来源：https://ec.europa.eu/social/main.jsp? catId=738&langId=en&pubId=8106&furtherPubs=yes.

在正式照护方面，市场主体、从业人员有一定增加，正式照护服务的使用率得到提升，更好地发挥了正式照护的补充作用（见表 7-5）。同时，德国创造了约 250 000 个就业岗位①。

表 7-5 德国 2003—2017 年正式照护机构和人员数

年份	照护机构和设施数/个	增长率/%	居家正式照护人员/个	增长率/%
2003	713 195	—	200 897	—
2005	757 186	6. 17	214 307	6. 68
2007	799 059	5. 53	236 162	10. 20
2009	845 007	5. 75	268 891	13. 86
2011	875 549	3. 61	290 714	8. 12
2013	902 882	3. 12	320 077	10. 10
2015	928 939	2. 89	355 613	11. 10
2017	952 367	2. 52	390 322	9. 76

数据来源：LOMAN R M J. Deinstitutionalisation of long-term care for older adults：A comparative study between Germany and the Netherlands［D］. Enschede：University of Twente，2019.

然而，德国长期照护保险仍然存在一些问题，一方面，人口老龄化趋势不断加重，基于现收现付的筹资充足性和可持续性存疑；另一方面，自付比例较高，无法较好地覆盖照护成本。

7. 2. 4 制度优势：服务组织和提供的维度

德国在服务的组织和提供方面，通过多元供给主体，促进了照护资源的整合和管理。制度优势体现在以下几个方面：

7. 2. 4. 1 支持家庭非正式照护

德国长期照护具有家庭化的显著特点，政府在积极介入照护的同时并没有忽视家庭的作用，而是以照护基金为后盾，通过一系列政策刺激家庭的互动参与，强化家庭在长期照护领域的责任。在间接支持策略上，德国以居家照护现金给付的方式，实现了家庭照护有酬化，肯定了非正式照护的价值。德国将居家实物给付作为非正式照护的有效补充。在直接支持策略上，一是信息支持。德国在法律上赋予了家庭照护者合法的咨询权，通过铺设社区照护据点，提供照护规划、技能指导、精神慰藉等帮助。二是

① NADASH P，DOTY P，VON SCHWANENFLUGEL M. The german long-term care insurance program：Evolution and recent developments［J］. The Gerontologist，2018，58（3）：588-597.

服务支持。即便是需求等级为0的失能人员，其家庭照护者也可以申请使用短期和长期喘息服务（2009年提升了喘息服务的支付金额），对缓解家庭照护者家庭冲突、社会娱乐冲突等时间约束带来的紧张和压力具有重要作用。三是劳动市场支持。最长24个月兼职和6个月不带薪照顾假，缓解照护者家庭与工作冲突。四是对由于照护影响就业的家庭成员，以长期照护保险基金为其缴纳养老保险、健康保险等社会保险费，试图解决照护导致的老年贫困问题，使保障更为全面长远。

7.2.4.2 促进正式照护服务市场发展

德国长期照护服务很少是由公立机构提供的，而是通过市场平等开放、合同管理的方式，促进营利和非营利正式照护机构发展。在长期照护保险开办后，正式照护服务基本按照市场化的方式来运作，从机构数量和从业人员方面，均有了大幅提升。政府鼓励各主体间的质量竞争，但对服务价格进行一定管制，一定程度上保证了照护服务的准公共产品性质。

7.2.4.3 赋予失能人员自主选择权，基于需求实现正式和非正式照护的配合

如何实现正式和非正式照护的协调和配合呢？德国模式的一个显著特征是以需求为核心，在居家照护给付方式上，由失能人员自主选择实物和现金给付比例，通过最长达6个月的试用，最终确定服务模式。此外，正式照护服务的提供者也在失能人员选择范围内，更进一步促进了照护服务市场的竞争。德国建立社区照护站，提供照护规划和咨询服务，帮助失能家庭选择合适的照护服务，减少其选择的盲目性。

7.2.4.4 严格把控照护服务品质

服务输送的最后一环是服务品质的监督。无论是正式照护还是非正式照护，德国通过照护保险法的形式，对照护服务质量责任，维持与改善照护质量的专家标准，仲裁机构的质量维护，质量审查主体、流程、结果等进行了规定，保证了监管的严厉性和有效性。同时，德国通过信息的透明化管理，以消费者选择倒推供给侧改革。

7.3 日本模式——从家庭照护到社会照护的实践

7.3.1 制度背景

日本是全球老龄化程度最高的国家。1960年，日本65周岁以上人口在总人口中的占比为5.7%；1970年，日本老龄化率达到了7.1%，正式步入

了老龄化社会；1980 年，老龄化率达 9.1%；1990 年，老龄化率达 12%；2000 年，老龄化率达 17.2%[①]，人口老龄化呈高速发展趋势。

日本介护保险的建立与老人福利政策、医疗政策的变化密切相关。在日本，老人福利政策主要包含特护老人机构、日间照护服务、居家辅助服务等内容，与我国民政部门主管的养老服务类似。医疗政策包含老人住院医疗护理、保健设施、疗养型病床等，与我国卫生健康部门主管的医疗服务相似。在 2000 年以前，由于老人预期寿命的延长，医保制度的“慷慨”，社会性住院现象较为普遍，推升了公共医疗支出。在持续的成本控制下，一方面，日本改革社会福利制度，增加养老服务供给，但服务的使用与收入密切挂钩，低收入阶层被“污名化”，高收入阶层负担较重，服务机构间缺乏竞争，服务质量较差，服务内容单一，老人无自主选择权；另一方面，日本改革医疗制度，不断调整老人门诊、住院自付费用，但由于老龄化趋势发展较快，仍然无法遏制“占床”问题，造成了对医疗资源的大量浪费，老人得不到适切的照护服务。有鉴于此，独立的长期照护制度的建立呼之欲出。

在具体的时间进程上，20 世纪 60 年代，日本开启了医疗、福利制度的基础建设。20 世纪 70 年代，随着老人免费医疗制度的实施，社会性住院增加，公共医疗支出上涨。20 世纪 80 年代，老人保健制度建立。1983 年，日本取消了免费医疗制度以抑制医疗费用上涨。针对社会性住院，1987 年，日本通过《老人保健设施法》将连接医院和家庭的中间机构（具有康复、护理功能）进行制度化规范，将住院老人引导到中间机构，最终实现回归家庭。20 世纪 90 年代，日本开始了介护保障制度的基础建设。1989 年 12 月，“黄金计划”实施。该计划的主要目标是增加正式照护机构、设施和人员。在“黄金计划”实施的过程中，日本政府意识到照护服务的供给依旧严重不足，于 1994 年制订“新黄金计划”，即在原计划基础上增加了照护机构和人员的总量要求。1997 年 12 月，日本国会通过了《介护保险法》。考虑到照护制度的建立需要更多的正式照护服务，日本于 1999 年推出了“21 世纪黄金计划”。2000 年，《介护保险法》开始实施，该法的实施开启了日本介护保险制度。

① 金永明. 日本社会观察（2016 年）[M]. 上海：上海社会科学院出版社，2017：203-205.

7.3.2 制度框架与制度发展

日本介护保险的保险人是市町村，负责征收保费、给付保险金、拟定介护保险计划、制订居家服务计划的相关文件以及其他保健福利业务。市町村内设置介护认定委员会，执行照护需求认定任务。日本中央政府拟定基本方针，都道府县对市町村提供支持和指导，国民医疗保险团体联合会连接市町村和服务提供机构，对服务提供的质量进行审查，对专业照护人员给予指导，并对正式照护机构进行支付。照护服务机构为失能人员提供服务。日本介护保险管理组织架构如图 7-1 所示。

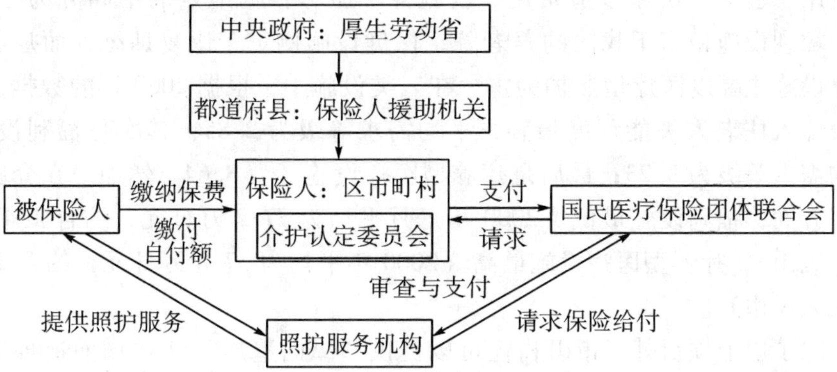

图 7-1 日本介护保险管理组织架构

日本介护保险的被保险人分为第一类参保人和第二类参保人。第一类参保人是 65 周岁以上居民，保费由市町村征收，根据不同收入确定保费缴纳额，按规定从养老金中扣除；第二类参保人是 40～64 周岁且参加了医疗保险的居民，保险费同医疗保险费一起缴付。日本介护保险的筹资来自被保险人、市町村、都道府县和中央政府。日本 40 周岁以上居民的保费强制缴纳，采用现收现付的方式由中央政府、都道府县、市町村和被保险人负担。享受保险给付的前提是进行需要介护认定。第一类被保险人被认定为“需要介护者”或“需要支援者”；第二类被保险人有脑血管障碍等特定疾病，需要介护支援，方可享受保险待遇。

正式照护服务分为居家介护服务和设施介护服务，原则上两者只能择其一，其中居家介护服务相当于我国的居家（社区）照护服务，设施介护服务相当于我国的机构照护服务。在居家介护服务中，第一类是上门介护。其中，访问介护主要提供个人照料、家务帮助以及两者结合的服务。访问看护是指上门提供医疗护理服务；居家疗养管理指导一般由医生、药剂师、营养管理师上门提供诊疗和指导服务。第二类是日间介护，主要在日间照料中心进行，每日需要接送老人。其中，通所介护主要针对虚弱、瘫痪及痴呆老人；通所康复训练主要针对轻度失能老人，目的是维持或恢复身体机能。第三类是喘息介护，目的是减轻非正式照护者的负担。其中，短期入所生活介护主要提供个人照料服务，而疗养介护主要提供医疗护理和康复服务。第四类是痴呆对应型共同生活介护，是指在痴呆老人集体生活之家（一般根据民宅改建，10 人左右共同居住）对其提供个人照料，需要支援等级的失能人员不能使用。第五类是特定设施入所者生活介护，是指针对自费入住养老院的老人，提供上门照护；同时保险还支付辅具租赁和购买费用、适老化房屋改造费用。设施介护服务根据地点的不同分为三类，其中福利设施相当于我国的养老院，保健设施侧重于康复训练，而疗养型医疗设施主要以医疗型照护为主。在三类设施中，根据 2000 年的数据，保健设施入住老人失能程度最轻，平均需求等级为 2.85；其次是福利设施，平均需求等级为 3.23；最后是疗养型医疗设施，为 3.64。然而，在介护服务费方面，福利设施最低（2000 年每月平均为 27.2 万日元，约合 1.45 万元人民币），疗养型医疗设施最高（2000 年平均为 37.8 万日元，约合 2.02 万元人民币）①。

除了以上项目外，市町村还可以提供“纵向追加”和“横向追加”的附加服务，分别增加服务支付金额上限和服务频次。此外，在居家介护中，居家介护支援服务也源自市町村的特别给付。该服务主要是以介护管理员为核心，将失能家庭的需求和正式照护服务供给有效结合在一起，避免选择的盲目性。

日本《介护保险法》从 2000 年实施至今，已经做过五次修订（2005 年、2008 年、2011 年、2014 年和 2017 年），政策调整以“持续的成本控制”为核心（见表 7-6）。由于日本的介护保险提供正式服务，在 2000 年政策实施初期，“慷慨普享”造成评估通过人数不断增加，增长率远超过 65 周岁和 75 周岁以上人口增长率，增长多集中在轻度失能人员。日本对中度、重度失能人员有进入机构的激励（机构自付费用较少），由此不断推高照护服务费用。

① 数据来源：住居广士．日本介护保险［M］．张天民，刘序刊，吉见弘，译．北京：中国劳动社会保障出版社，2009：109-116.

表 7-6 日本介护保险的五次改革

时间	改革原因	主要内容
2005	保险给付人数迅速增长，尤其是需求程度较低的群体；入住机构自付费用较低，失能人员存在入住机构激励	调整需求等级，提出预防照护；调整机构给付范围，不包含食宿费；建立社区综合照护服务体系，提高社区吸引力
2008	最大的照护服务机构 COMSN 以伪造业绩手段骗取报酬	照护经营机构完善业务管理体制；设立国家和都道府县的实地调查权；完善处罚措施
2011	预计二战后“婴儿潮”集体老化时间出现在 2025 年，应对“大护理时代”的到来	重点是建立社区综合照护服务体系；强化医疗和护理的结合；要求有偿老人院返还预付金，保护使用者权利；推进开展痴呆症预防措施
2014	应对“大护理时代”的到来	强化社区综合照护服务体系；预防给付转交给市町村，属社区综合服务事业；减轻第一类参保人中低收入者保费负担；第一类参保人中高收入者自负比例上调为 20%
2017	进一步强化社区综合照护服务体系，减轻费用负担	加强老人自立援助，防止照护重度化；推进医疗和护理合作；设立老人照护、残障人士支援、儿童照料相结合的共同服务；第一类参保人中高收入者自负比例调整到 30%；第二类参保人中缴费比例按总工资比例征收

日本的改革具有以下几个特点：一是调整需求等级，增加预防照护给付，将原来的需要介护 1 级认定细分为需要援助 2 级和需要介护 1 级；同时，对预防介护服务仅能由社区综合支援中心选择并决定服务的利用，降低轻度失能人员对居家（社区）照护服务的使用。二是建立社区综合护理体系，增加居家（社区）照护服务的选择，全面满足失能人员需求，如对小规模多功能居家照护服务展开认定，在社区中增加援助中心、区域密集型服务，提供 24 小时上门照护，设立预防照护、生活帮助综合服务，推进居家医疗和护理结合，针对认知症患者的特别服务，设立老人照护、残障人士支援、儿童照料相结合的共同服务等，增加居家（社区）照护的吸引力。三是对机构照护，要求被照护者自付食宿费，合理引导居家（社区）照护使用。四是要求费用负担公平化，如增加高收入参保人的自付比例，减轻低收入参保人的保费负担等。

7.3.3 制度效果

日本介护保险覆盖了 40 周岁以上人群，保障重点为 65 周岁以上老人的失能风险。在覆盖范围方面，第一类被保险人（65 周岁以上）在 2000 年为

2 242 万人，截至 2018 年 3 月底已经达到 3 488 万人。经过评估认定，需要照护或支援的人数在 2000 年为 256 万人，在 2018 年 3 月底已达到 641 万人，其中增长迅速的年份主要在介护保险开办前五年。随着政策的不断普及，申请人数和通过认定人数大幅增加。在保险给付费用方面，2000 年为 32. 427 亿日元，2018 年 3 月达到 94. 443 亿日元，增长了近 3 倍，同样在介护保险开办前 5 年增长较快，之后趋于稳定。2017 年 4 月到 2018 年 3 月底，日本全年的照护总费用为 102. 188 亿日元，除去保险给付，个人自付为 7. 745 亿日元，自付比例为 7. 58%①。

在结构方面，日本介护保险具有"慷慨普享"的设计特点，失能程度较轻的个体也可以得到保险给付，使用居家（社区）正式照护资源。在 2017 年度需要介护（支援）的个体中，轻度失能人员（支援 1 级、支援 2 级、介护 1 级、介护 2 级）占比达到 65. 05%，其中预防照护，即需要支援人群占比为 27. 46%。重度失能人员（介护 3 级到介护 5 级）占比为 34. 95%。与 2016 年度相比，需要支援 1 级的人数减少了 1. 12%，需要介护 5 级的人数基本保持恒定，其他等级均出现不同程度的增加，其中需要介护 4 级增长最快，达 3. 95%。按照不同参保类别划分，在居家照护服务和社区紧密型服务给付中，第一类被保险人约占 98%，老年人群是照护服务的主要给付对象。按照不同需求等级划分，2017 年度居家照护服务给付人数达 4 517. 8 万人（占比为 68. 09%），社区紧密型服务给付人数为 1 000. 8 万人（占比为 15. 08%），机构照护服务给付人数达 1 116. 1 万人（占比为 16. 82%），基本吻合以居家为主体、社区为依托、机构为补充的照护服务格局。在三类服务费用方面，居家照护费用为 44 922 亿日元（占比 50. 55%），社区照护费用为 14 784 亿日元（占比为 16. 64%），机构照护费用为 29 162 亿日元（占比为 32. 81%），机构使用人数虽然不足 17%，但费用却将近保险给付的 1/3。其中，轻度失能人员占使用居家服务总人数的 70. 49%，占使用社区居家服务总人数的 56. 30%，占使用机构服务总人数的 15. 57%。在费用方面，轻度失能人员照护费用占居家服务费用的 49. 94%，占社区服务费用的 41. 17%，占机构服务费用的 13. 88%②。日本介护保险以"就地老化"为导向，实现了对轻度失能人员向居家和社区的引导，一定程度上减少了照护费用。

---

① 数据来源：日本厚生劳动省网站（https://www.mhlw.go.jp/index.html.）。1 日元约等于 0.053 元人民币，下同。

② 数据来源：日本厚生劳动省网站（https://www.mhlw.go.jp/index.html.）。

7.3.4　制度优势：服务组织和提供的维度

7.3.4.1　对非正式照护的支持

日本介护保险的设计理念在于将照护责任从家庭转移到政府和社会，用正式照护服务替代非正式照护服务。因此，对非正式照护者，日本介护保险不提供现金给付①。直接支持措施主要是喘息服务（短期入所生活介护和短期入所疗养介护），间接措施包括为失能人员提供社区照护服务或居家上门服务，间接减轻家庭照护者负担。

7.3.4.2　制度实施前奠定正式照护服务基础

日本具有家庭照护传统，而介护保险给付的主要内容是正式照护服务，这对服务网络的广度和深度提出了要求。早在1990年，为了解决老人社会性住院问题，日本就制订了“黄金计划”，该计划在以税收为基础的社会福利系统进行。1994年，日本制订了“新黄金计划”。1999年，日本制订了“21世纪黄金计划”（见表7-7），利用市场机制增加正式照护服务供给。

表7-7　日本黄金计划、新黄金计划和21世纪黄金计划

项目	“黄金计划”	“新黄金计划”	“21世纪黄金计划”
短期照护机构	5万个床位	6万个床位	9.6万个床位
日间照护中心	1万个	1.7万个	2.6万个
往返型康复中心	—	—	
居家照护支援中心	1万个	1万个	—
上门看护站	—	5 000个	9 900个
特护老人机构	24万个床位	29万个床位	36万个床位
老人保健设施	28万个床位	28万个床位	29.7万个床位
照护住宅	10万人	10万人	10.5万人
老人生活支持中心	400个	400个	1 800个
痴呆老人集体之家	—	—	3 200个
居家照护员	10万人	17万人	35万人

数据来源：郑秉文. 中国养老金发展报告2017［M］. 北京：经济管理出版社，2017：238.

7.3.4.3　制度实施后不断完善正式照护服务

在介护保险实施后，为了完善正式照护服务，引导居家照护使用，日本在《介护保险法》修订中提出建立社区综合照护体系（见图7-2），以实

① 在严格条件下，如需求等级为4级或5级的失能人员，一年未使用保险给付，且家庭照护者拥有居家照护资格提供现金给付。

现老人自立，推进预防照护，强化医疗与照护的合作，明确“自助、互助、共助、公助”的理念，实现自立型看护管理并建立地域看护会议制度。该体系包含居住、照护、医疗、保健和援助五个要素，其中以需求为核心，统筹各个机构、人员，实现服务的融合。该体系不仅服务失能人员，还服务儿童、残疾人。日本构建了30分钟社区服务圈，整合社会保障多项服务。对照护机构，为了确保服务质量，日本在《介护保险法》中对业务管理体制、监督惩罚措施以及从业资质核定进行了明确规定。

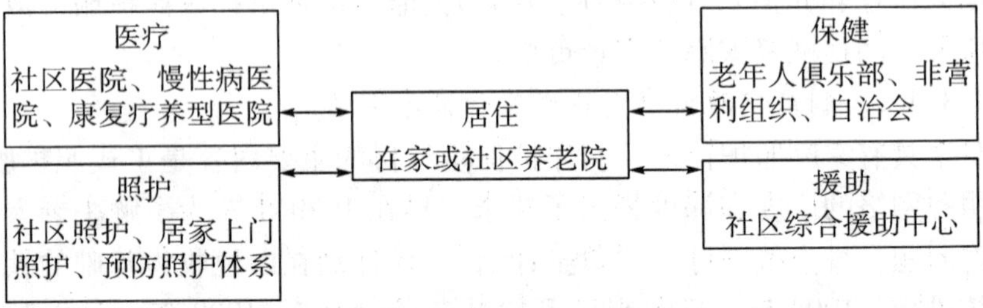

图 7-2 日本社区综合照护体系

7.3.4.4 介护管理员作为连接照护需求和供给的核心

在日本介护保险中，失能老人具有自主选择权。然而，对于失能老人而言，尤其是居家老人，正式照护服务可供选择的内容较多，服务的供应商繁杂，老人自己搜索和联络有一定困难。为了减少失能家庭选择的盲目性，介护管理员成为需求和供给的连接者，以制订介护服务计划的方式，让失能家庭以自己的意愿选择和利用服务。

7.4 德国和日本制度对比及启示

7.4.1 制度对比

在社会长期照护保险制度框架下，德国和日本照护服务的组织与递送具有明显的“再家庭化”和“去家庭化”特征。“再家庭化”是以保险基金作为后盾，将照护责任继续留置于家中，但不是家庭功能的简单回归，政府通过照护保险基金为家庭照护人员提供财务等方面的协助和支持，补足家庭照护能力，强化家庭照护功能。“去家庭化”是将原本由家庭承担的照护责任释放出来，直接提供替代性的正式照护服务，联结的服务供给方是政府、市场或社会，从而减少个体对家庭的依赖。不同的制度建立背景是产生照护服务“再家庭化”和“去家庭化”倾向的重要原因。

在社会文化方面，在德国，照护家人被视作“工作”，照护者有权享受“工作”相关的社会福利。日本受儒家孝文化影响，家庭照护传统浓厚。1985年，在日本，父母与成年子女同住的占比为65%，这一比例在德国仅为14%①。在日本，照护父母被视为子女（尤其是女性后代）应尽的义务。家庭老年照护人员中占比为34.2%的是儿媳②。日本女性承受的照护期待与社会压力远大于德国。在照护政策讨论期，日本的女性主义者认为“再家庭化”的策略会让女性陷入照护困境，阻碍两性平等发展，“去家庭化”呼声强烈。

在制度沿革方面，德国具有悠久的社会保险历史，社会保险框架下（如养老保险、医疗保险）给付以现金为主。俾斯麦福利体系的制度运作强调“补充性原则”，要求失能老人的照护需求应优先由非正式照护资源满足，在家庭资源耗尽后，国家是最后防线。照护服务的“再家庭化”符合德国福利政策理念。日本为了解决失能老人“占床”问题，最初的思路是发展社会福利替代社会性住院，建立公私混合的照护服务体系，改变主要由国家和家庭提供照护服务的状况。日本通过三次“黄金计划”，整合老人保健服务，利用市场机制增加照护服务供给。由于日本有家庭照护传统，2000年照护保险的实施如果采用“再家庭化”策略，可以预期的是多数老人将选择非正式照护，减少正式照护服务需求，同时给无心投入发展照护服务的地方政府有推卸责任的借口，使刚刚起步的正式照护服务体系发展受阻。“去家庭化”策略符合日本政策沿革。

对比德国和日本照护服务组织与递送框架（见表7-8），其中相同的部分包括在“就地老化”理念下出现了从机构到居家（社区）的发展趋势，这方面德国从政策实施最初就具有较好的效果，而日本在政策实施初期存在机构入住激励，2005年后对政策进行了调整；在促进正式照护服务社会化方面，德国和日本均不同程度促进营利和非营利机构的发展，在准入方面逐渐放开，相应地，政府建立了照护服务质量控制的机制体制；在服务方式选择方面，两国都赋予失能人员自主选择权，同时配合咨询制度，减少信息不对称，德国的失能人员可以在正式和非正式照护间取舍，而日本的失能人员能选择正式照护的提供方式和提供频次。

---

① ESPING-ANDERSEN G. Social foundations of postindustrial economies [M]. Oxford: Oxford University Press, 1999: 63.

② SODEI T. Care of the elderly: A women's Issue [M]. //KUMIKO F, ATSUKO K. Japanese women: New feminist perspectives on the past, present and future. New York: Feminist Press, 1995: 223.

表 7-8　德国和日本照护保险下服务组织提供方式对比

内容		德国	日本
服务组织与提供的原则		补充性原则，再家庭化	去家庭化
相同	居家（社区）转向	1995—2014 年，失能等级较低的机构给付金额保持不变，居家给付连续调高；在纳入保险金指数调整后，高度失能居家和机构给付金额相差较小	2000—2005 年，制度设计机构吸引力较高（自付费用更少），2005 年后强调居家（社区）回归
	正式照护社会化	照护保险开办促进了照护服务的社会化供给，公立机构占比极低	照护保险实施前和实施后不同程度促进了照护服务的市场化，但产生了供方诱导需求
	质量控制	建立了质量控制的体制机制	2008 年后有较大幅度改善
	失能人员自主选择权	居家照护可选择现金和实物给付比例；机构照护可选择提供商	居家照护可选择服务类别和频次及提供商；机构照护可选择提供商
	照护咨询	法律赋权，社区照护站提供	照护管理员提供照护咨询和规划
不同	非正式照护支持程度	高	低
	非正式照护支持方式	居家现金给付；喘息照护；照护培训；对因为照护无法工作的家庭照护人员提供养老、医疗等社会保险缴费；劳动市场政策	喘息照护
	预防照护	未明确强调	有
	照护连续性	未明确强调	社区综合照护体系实现医疗、保健、康复和照护的连接
	保障程度	自付比例约为 50%	自付比例在 10%～20%

德国和日本提供照护服务的核心差别在于对非正式照护的态度。德国鼓励家庭照护，要求失能人员优先求助于配偶、子女等近亲属。因此，在国家层面，德国通过政策和法律对家庭照护者权利进行确认。在直接支持措施方面，德国提供现金给付和服务等一揽子支持计划。日本的政策导向为用正式照护替代非正式照护，《介护保险法》第一条阐明，以国民连带理念为基础进行制度设计，目的是实现照护社会化，用正式照护服务减轻家庭负担（Webb，2003）①。日本照护保险给付仅提供正式照护服务。在制度

① WEBB P. Legislating for care：A comparative analysis of long-term care insurance laws in Japan and Germany [J]. Social Science Japan Journal，2003，6（1）：39-56.

实施初期，照护政策虽具有“去家庭化”偏好，但在实际操作中，居家照护对家庭照护资源存在过度依赖。一方面，对于非正式照护资源匮乏的老人而言，入住机构是其唯一选择，由此导致机构床位供不应求；另一方面，居家照护服务仅能补充家庭照护，如果失能人员失去非正式照护支持，生活将无法维持。因此，从2005年开始，日本政府对照护保险的目标进行了调整，对需要全天照护的高龄老人，即使一人独居，也不需要入住机构，居住在自己熟悉的区域持续生活，实现“在地终老”。日本通过服务模式的转换减轻对家庭非正式照护的依赖，以建立和完善社区综合照护服务体系为核心，整个照护服务体系从补充家庭照护功能转向替代家庭照护功能（游晓微等，2019）①，这在几次《介护保险法》的修订中均有体现。

德国和日本由于制度设计的理念不同，在长期照护费用方面差异较大。表7-9显示了德国和日本照护保险给付人数和给付金额，为了增强不同国家数据的可比性，计算了照护保险给付总额占当年GDP的百分比。2010—2015年，德国的给付占比从0.79%上升到0.87%；日本从2010年的1.51%上升到1.70%，日本照护费用占GDP的比重较高，约为德国的两倍。

表7-9　2010—2015年德国和日本照护保险给付金额占GDP的比重

年份	德国		日本	
	给付人数/万人	给付金额占GDP的比重/%	给付人数/万人	给付金额占GDP的比重/%
2010	228.8	0.79	506	1.51
2011	231.7	0.77	531	1.61
2012	239.7	0.79	561	1.71
2013	248.0	0.82	584	1.76
2014	256.9	0.82	606	1.72
2015	266.5	0.87	620	1.70

数据来源：德国联邦卫生部网站、德国联邦统计局网站、日本厚生劳动省网站、日本统计局网站。

表7-10显示了2005年德国和日本65周岁以上老人人均公共照护支出。无论是居家（社区）照护服务、机构照护服务还是行政管理费用，日本均高于德国。2005年，德国老人的平均公共照护支出为1 185美元②，相应

① 游晓微，巩爱华，植村尚史，等. 日本介护制度沿革对台湾长期照顾体系发展之启示［J］. 台湾公共卫生杂志，2019（5）：457-469.

② 1美元约等于6.361元人民币，下同。

地，日本老人的平均公共照护支出为 1 751 美元，高出德国 47.76%。由此可见，日本照护服务的去家庭化使得公共照护支出较高，对公共财政造成了一定负担。

表 7-10　2005 年德国和日本 65 周岁以上老人人均公共照护支出

单位：美元

项目	德国	日本
居家（社区）照护服务	480	617
居家照护	441	236
社区照护	17	368
福利用具、适老化改造等	22	14
机构照护	654	1 061
护理院	654	730
医院	0	222
养老院	0	109
行政管理	51	74
照护管理	16	74
核算	35	0
总支出	1 185	1 751

数据来源：CAMPBELL J C, IKEGAMI N, GIBSON M J. Lessons from public long-term care insurance in Germany and Japan [J]. Health Affairs, 2010, 29 (1): 87-95.

在正式照护服务发展方面，德国和日本长期照护政策对照护设施、机构和人力的带动作用不同。德国长期照护保险实施后，正式照护供给主体显著增加，从 1992 年的 5 400 个增至 2015 年的 13 323 个，其中增加最迅速的是营利照护机构，2015 年占比为 65%①。德国“再家庭化”的政策导向，使得在居家照护中申请现金给付人员高达 80%，其中使用现金购买服务的家庭仅为 11%②。失能家庭对居家正式照护服务需求增长缓慢，照护保险政策对本国照护就业的带动作用低于预期（Eichler & Pfau-Effinger，2009）③。

① THEOBALD H, CHON Y. Home care development in Korea and Germany: The interplay of long-term care and professionalization policies [J]. Social Policy & Administration, 2020, 54 (5): 615-629.

② WIENER J M, TILLY J, CUELLAR A E. Consumer-directed home care in the Netherlands, England, and Germany [R]. AARP Research Report, 2003.

③ EICHLER M, PFAU-EFFINGER B. The "consumer principle" in the care of elderly people: Free choice and actual choice in the German welfare state [J]. Social Policy & Administration, 2009, 43 (6): 617-633.

德国长期照护保险现金给付对使用途径并无限制，带动了“灰色市场”（gray market）的发展（陈明芳，2013）①。外来移民进入成为家庭照护的低价劳动力，促进了照护“再家庭化”的内涵更新（仲利娟，2018）②。日本长期照护服务“去家庭化”策略推动了营利照护机构的发展。在长期照护保险实施前，日本照护服务机构主要为非营利性质，照护保险的引入刺激了长期照护需求，政府在价格管制的前提下放开正式照护市场。其中，居家照护服务可以由营利机构提供，以改善服务递送效率，为失能人员提供更多选择。2000 年，日本居家照护经营主体为社会福利法人，占比为 43.2%。2017 年，营利法人成为居家照护服务最主要的供给主体，占比高达 49.9%，社会福利法人占比下降至 25.1%③。

7.4.2 制度启示

长期照护服务的组织和递送伴随着福利国家的发展，经历了家庭主义、去家庭化和再家庭化三个阶段。在发达国家长期照护服务发展历程中，围绕着去家庭化还是再家庭化、正式照护还是非正式照护、服务还是现金等一系列问题做出选择，虽然存在多种政策的组合运用，但几乎所有国家都在“双选”中呈现某种倾向（王杰秀等，2018）④。在长期照护政策的构建中，照护责任应该从家庭走向社会，还是从社会回归家庭？正式照护和非正式照护怎样达到协调？背后是政府、市场和家庭责任如何分担的问题，也是照护服务体系优化需要解决的重要问题。德国和日本两国照护制度的比较对我国长期照护服务体系的构建具有如下启示：

其一，无论是去家庭化还是再家庭化策略，个人和家庭都不是照护责任的唯一承担者。德国社会政策强调补充性原则，鼓励家庭非正式照护，非正式照护是正式照护的补充。日本具有家庭照护传统，照护保险建立的目的是实现照护服务社会化，以正式照护替代非正式照护，将传统上被束缚在家庭照料责任中的妇女解放出来，因此在居家给付内容上，只提供正

---

① 陈明芳. 福利国家的重构：以德国长期照护保险制度的建置与改革为例兼论对台湾制度规划之启发［C］. // 中国社会保险学会，台湾社会福利学会. 海峡两岸农村社会保险理论与实践研究论文集. 浙江大学人口与发展研究所，2013：198-242.

② 仲利娟. 长期护理保险家庭化：来自德国的证据［J］. 学海，2018（4）：73-79.

③ 权彤，郜明钰，石涛. 日本养老产业化发展条件及其启示［J］. 黑龙江社会科学，2020（1）：91-102.

④ 王杰秀，徐富海，安超，等. 发达国家养老服务发展状况及借鉴［J］. 社会政策研究，2018（2）：3-30.

式服务。无论给付采用现金、服务还是混合支付的方式，其背后的逻辑是一致的，即长期照护是公民的基本权利，家庭照护不再是基于伦理责任的无酬劳动，通过照护责任公共化，实现政府、市场和家庭责任的重新分配。

其二，消费者导向下正式和非正式照护的协调配合，需要发挥政府管理和服务的职能。为了满足家庭对正式照护的需求，正式照护服务市场亟待从供给侧进行突破，尤其对具有家庭照护传统的东亚国家。日本在保险开办前就以税收作为财源，实施照护机构、设施、人员发展的激励政策，在照护服务领域引入市场化机制，促进市场主体的进入。但是，由于市场失灵的存在，日本的照护机构增长一度出现失控，同时介护管理专员作为市场中介，也存在诱导需求或挑选服务机构的激励。正式照护服务的准公共产品性质，要求在服务供给社会化、充分利用市场机制的前提下，仍需发挥政府的作用，引导照护服务市场良性发展，保证照护服务的数量和质量，做好事前审核、事中监督和事后反馈。

其三，正式和非正式照护的平衡需要明确两者的角色与责任定位。这需要充分考虑各国长期照护保障发展的历史脉络、社会价值系统以及人口和经济因素，尤其关注正式和非正式照护资源的可获得性、“去家庭化”或“再家庭化”引发的经济成本以及对正式照护产业的长期影响。

在正式和非正式照护资源可得性方面，日本采用“去家庭化”的策略除了考虑“黄金计划”的政策沿革、女权主义的政治博弈等因素外，一个重要的原因是日本家庭核心化进程加速，“老老照护”现象普遍，非正式照护资源十分紧缺，家庭成员不是“不想照护”，而是“不能照护”。德国随着女性就业率上升、生育率走低，照护保险号召回归家庭责任，希望将女性拉回到家庭，重塑家庭价值。德国非正式照护资源未见严重短缺。我国照护服务体系的构建需要密切结合人口现状，而不是盲目地用正式照护替代非正式照护。

在经济成本方面，与正式照护相比，非正式照护成本较低，将照护责任留置于家庭，为家庭提供支持，能在一定程度上降低公共照护支出。德国长期照护服务实施“再家庭化”策略，鼓励家庭照护，津贴、服务以及混合给付的采用在很大程度上节约了保险基金。日本在“去家庭化”策略下，仅提供正式照护服务给付，推高了照护成本。日本政府照护负担较重，在制度实施的20年间，政策的调整始终围绕“成本控制”这一核心，在人口老龄化、“少子化”不断发展的今天，公共财政的承载能力是决定照护服务体系“去家庭化”和“再家庭化”的重要因素。这也是我国在构建照护保险主导的照护服务体系时需要重点考虑的问题。

在对正式照护服务发展的影响方面，德国“再家庭化”策略使得失能家庭对正式照护服务需求增长受限，保险政策对照护产业的带动作用低于预期，正式照护机构、设施和人员的增加缓慢。日本的经验表明，长期照护保险的“去家庭化”策略依托于健全的正式照护服务体系，对照护服务的社会化和产业化起到反向推动作用。在《介护保险法》的几次修订中，“地域综合照护服务体系”得以形成并不断强化。我国长期照护保险制度设计需要重视对正式照护产业发展的影响。在实践中，“再家庭化”策略也可以通过政策的合理设计，把对正式照护发展的负面影响降到最低，如照护津贴金额的合理设置、居家混合给付的必选项设置以及限制中度失能人员采用社区集中照护方式等，部分对冲对正式照护服务发展的负效应。“去家庭化”策略要达到推动正式照护服务发展的目的，需要有力的照护产业政策的配合，通过保险筹资大幅提高失能家庭的购买力。

7.5 本章小结

本章首先就照护服务与筹资模式的互动机制进行理论分析，得出照护保险与照护服务存在相互作用、相互依赖、共同发展的互动关系的结论。筹资模式建立之前需要具备一定的照护服务基础。相应地，在筹资模式确立之后，其主要目的是搭建以失能老人需求为导向，国家责任、非正式照护、正式照护有效配合的服务体系。考虑到我国长期照护服务采用社会保险筹资的方式，本书对德国和日本在照护保险筹资模式下的照护服务组织和提供模式进行了研究。

在对待非正式照护服务时，德国最突出的特点是“再家庭化”，即在补充性原则下要求家庭优先承担照护责任，政府补足家庭照护能力的不足。日本最突出的特点是“去家庭化”，即使用正式照护代替非正式照护。关于正式照护的支持措施，两国均采用社会化的方式，充分利用市场规律，发展私有营利和非营利机构提供服务，日本在介护保险开办前，通过三次“黄金计划”的实施，有效增加了正式照护服务的供给，介护保险开办后，逐渐探索出了社区综合照护体系，增强了社区正式照护功能。在正式和非正式照护的协调配合方面，两国都强调“消费者导向”，以失能人员需求为核心，以社区照护据点或介护管理员为桥梁，实现供求匹配，同时将照护咨询、照护计划制订、质量监督和反馈制度化。在制度效果方面，德国和日本的长期照护费用差异较大，日本照护服务的“去家庭化”使得公共照护支出较高，对公共财政造成一定负担。在正式照护服务发展方面，德国长期照护保险的实施对正式照护服务业的带动情况低于预期，日本建成了以“社区综合照护服务体”为核心的正式照护服务体系，极大促进了照护设施、人力的发展。

德国和日本两国照护制度的比较对我国长期照护服务体系的构建具有以下启示：其一，长期照护服务的组织和递送无论是“去家庭化”还是“再家庭化”，个人和家庭都不是照护责任的唯一承担者。其二，消费者导向下正式和非正式照护的协调配合，需要发挥政府管理和服务的职能。其三，正式和非正式照护的平衡需要明确两者的角色和责任定位，这需要充分考虑各国长期照护保障发展的历史脉络、社会价值系统以及人口和经济因素，尤其关注正式和非正式照护资源的可获得性、“去家庭化”或“再家庭化”引发的经济成本以及对正式照护产业的长期影响。

8 我国照护服务体系中正式和非正式照护平衡发展建议

以上章节分析了我国照护服务体系的发展历程、现状和焦点问题，并借鉴了德国和日本的经验。本章首先阐明正式和非正式照护平衡发展的目标与原则；其次，基于系统动力学视角，分析为满足失能老人需求，正式和非正式照护组织与递送各环节的因果关系，明确正、负反馈环上可以被政策干预的因素；再次，依照以上分析，充分考虑我国社会、经济和文化状况，得到正式和非正式照护平衡发展的政策基础；最后，在政策基础上，提出正式和非正式照护平衡发展的实现路径。

8.1 平衡发展的目标和原则

8.1.1 平衡发展的目标

在照护服务体系中，正式照护具有严密的组织和规范，注重经济动机和效率，适用于处理专业化、标准化的任务；非正式照护具有亲近性、灵活性，注重情感和义务，适用于处理非技术性和非标准化的任务。依据“平衡理论”和“责任分担理论”，虽然正式和非正式照护在服务提供的主体、递送的方式上存在差异，但通过机制设计可以实现两者的分工、合作，从而产出最优的照护服务，满足失能老人的需求。

正式和非正式照护平衡发展的目标是实现两者的共担、互补和协调。其中，共担是指服务的提供不应过度依赖于其中一种方式，正式和非正式照护应共同承担照护责任。正式照护主要由政府和市场提供，非正式照护主要由家庭提供，家庭不再是照护的唯一供给主体，照护责任应在政府、市场和家庭间重新分配。互补是指正式和非正式照护应匹配相应的照护任务，在劳动分工的基础上，发挥各自优势，实现功能互补。协调是指两者的分担和互补要基于中国当前的经济社会发展水平，道德、法律和文化背景，适应失能老人的需要，并综合考虑资源配置是否节约和有效，在现有条件下形成紧密配合，确保制度的稳定性。

8.1.2 平衡发展的原则

8.1.2.1 长期照护服务作为准公共品，政府在照护体系建设中应发挥主导作用

在长期照护服务体系中，政府责任定位不同，可能会导致完全相反的结果。政府如果定位准确，则能对照护服务体系起到重要的引领和推动作用；反之，如果政府责任边界划分不清，可能引发投入与产出不成比例，极大影响照护资源的配置效率。在我国老龄化、高龄化趋势不断加深的背景下，长期照护风险从家庭外溢到整个社会。我国应将长期照护视为社会潜在风险，由全社会互助共济化解。其中，政府应承担主导责任。这体现在以下三个方面：

其一，政府在长期照护顶层设计上统一规划，承担横向的立法责任和监管责任，负责纵向的中央和地方政府职能划分。在立法责任方面，政府应为照护服务体系的建设提供法律制度保障，做好统一规划，避免制度碎片化、分散化；在监管责任方面，政府是照护服务市场环境、服务质量的监督者；在中央和地方政府责任划分方面，中央政府应负责制度框架设计，地方政府应细化实施细则，建立与地方经济社会发展相协调的照护服务网络。

其二，政府是照护服务的财政后盾，但不代表政府承担长期照护的全部出资责任，政府在其中主要是筹资组织者和机制设计者的角色，对部分特殊失能人员（贫困、缺乏非正式照护资源等）进行兜底。国际主流长期照护筹资方式为税收筹资和保险筹资。与税收筹资相比，保险筹资不但可以实现失能人员和非失能人员、不同收入人群、不同地区之间的互助共济，还可以实现不同代际的互助共济。利用保险风险集中和分散的原理，长期照护风险得以在全体社会成员间进行分摊，受国家经济发展水平、财政脆弱性、不可预测性影响较小。

其三，就照护服务的供给而言，政府逐渐转变了服务生产者和提供者的角色。20 世纪 70 年代以来，西方国家逐渐出现筹资和服务递送分离的趋

势，服务生产逐渐由公共部门转移到了市场和民营非营利组织。同时，在服务的提供主体中，"福利多元主义"基本上达成了共识。

8.1.2.2 在照护服务体系中，明确正式和非正式照护的角色与责任定位

依据我国经济社会发展水平和文化传统，非正式照护仍应作为基础，正式照护作为有效补充。这具体表现在以下两个方面：

其一，维持非正式照护的基础地位。非正式照护符合中国老人的传统偏好，虽然在照护人力方面，随着人口出生率降低、老龄化加剧、家庭小型化发展、女性就业率上升、人口流动加速，非正式照护资源面临逐渐削弱的趋势，但由中国人民大学组织实施的中国老年社会追踪调查（CLASS）2014年的数据表明，60周岁以上老人健在子女数平均为3.02个，考虑到2015年我国已经开始实施"全面二孩"政策，未来能够在一定程度上扭转非正式照护资源下降的趋势。使用正式照护完全替代非正式照护，一方面不符合我国社会主流价值取向，另一方面"未富先老""未备先老"使得正式照护的替代性使用将带来沉重的公共财政压力。日本长期照护"去家庭化"的照护实践是有力佐证。正式照护完全替代非正式照护不可行也不可能（王莉和王冬，2019）①。目前，我国绝大多数的长期照护以非正式的形式存在，受家庭养老观念的持续影响，当前及未来很长一段时期，非正式照护仍将在照护服务体系中占有极其重要的地位。照护服务体系的建设首先应通过外部资源和服务支持强化非正式照护的基础地位，将对家庭照护者的社会支持与保护纳入制度体系，维持家庭照护的可持续。

其二，充分发挥正式照护的补充作用。在照护服务体系中，正式照护不是来替代非正式照护，而是补充或协助非正式照护功能的发挥，为失能家庭提供更多选择。一方面，正式照护服务的提供，对于家庭照护者而言是一种喘息，能够恢复非正式照护人员的活力；另一方面，随着老人年龄的增加、失能程度的上升，其对照护服务的需求量会显著增加，在非正式照护资源不足时，正式照护能起到补位的作用。此外，依据马斯洛需求层次理论，人的需求由低级向高级发展延伸，对失能老人满足的顺序应首先是疾病或身体照料需求、医疗护理需求、家务照料需求，之后才是心理慰藉和社会交往需求。随着老人经济独立性的增强，单一的非正式照护已经不能满足老人的全部需求，正式照护市场的出现可以满足老人的个性化需求。

---

① 王莉，王冬．老人非正式照护与支持政策：中国情境下的反思与重构［J］．人口与经济，2019（5）：66-77.

8.2 平衡发展的系统动力学分析

系统动力学（system dynamics）是研究系统反馈结构与行为的一门科学。在该理论框架下，系统的内部结构决定了其行为模式和特性。“反馈”是系统动力学中的重要概念，是指 X 影响 Y，Y 又通过一系列因果链影响 X，对 X 和 Y 之间的行为不能孤立地分析，将整体视作一个反馈系统才能得出正确结论。相应地，在系统动力学视角下，照护提供者、照护需求者、监管部门、正式和非正式照护服务、政策法规构成了照护服务体系这一整体。同时，这一整体又受到物质保障体系的影响，各个项目并非简单组合，而是存在复杂因果链。对我国照护服务体系的优化需要重视整体性，对每个对象及相互关系进行分析。

本书借助系统思考的环路概念，绘制正式和非正式照护因果关系图（见图 8-1）。在图 8-1 中，失能老人长期照护需求缺口受到期望照护量的影响，期望得到的照护越多，老人的需求缺口越大。有了需求缺口后，老人使用正式和非正式照护服务，构成照护服务使用总量，使得需求缺口减小。同时，正式和非正式照护在各自的闭环中存在交互影响，在其他条件不变的情况下，负反馈环使得需求缺口逐渐减小，正反馈环使得需求缺口不断扩大，分析的目的是明确正、负反馈环上可以被政策干预的因素，使负反馈环（需求缺口不断减小）得以强化，正反馈环（需求缺口不断增大）得以遏制，从而促进正式和非正式照护的平衡，更好地满足失能老人的需求。

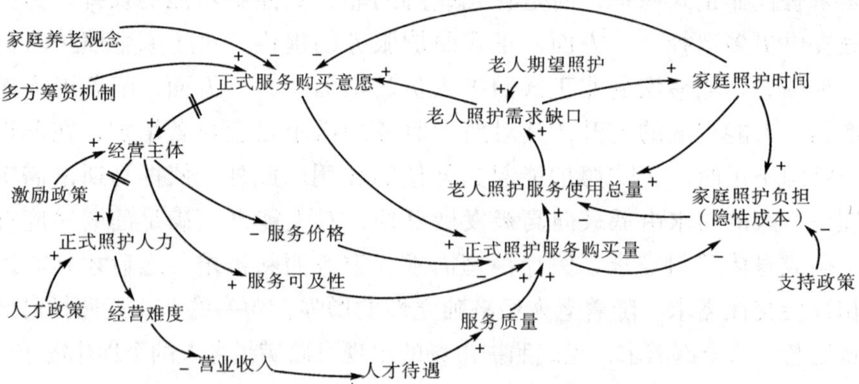

图 8-1　正式和非正式照护因果关系

资料来源：根据第四章、第五章、第六章的结论，使用 visem 自制。

在非正式照护闭环中，有一个负反馈环和一个正反馈环。其中，负反馈环是需求缺口→家庭照护时间→照护服务使用总量→需求缺口；正反馈环是需求缺口→家庭照护时间→照护负担→照护服务使用总量→需求缺口。考虑到我国家庭养老传统，当老人出现照护需求缺口时，首先将诉求反映到非正式照护中，家庭照护时间的增加会提高老人照护服务使用总量，从而弥补老人需求缺口，该负反馈环是家庭照护的理想状态，适用于老人失能程度较低、家人照料强度较小的情况。然而，随着家庭照护时间的增加，有可能引发家人的照护负担（如工作和照护冲突、经济紧张、健康水平下降等），从而减少非正式照护的供给，使得老人照护服务总量下降，需求缺口上升，政策重点应是对该正反馈环中的照护负担进行干预。

在正式照护闭环中，有四个负反馈环，分别是负反馈环1：需求缺口→正式服务购买意愿→正式服务购买量→老人服务使用总量→需求缺口。负反馈环2：需求缺口→正式服务购买意愿→经营主体→服务价格→正式服务购买量→老人服务使用总量→需求缺口。负反馈环3：需求缺口→正式服务购买意愿→经营主体→服务可及性→正式服务购买量→老人服务使用总量→需求缺口。负反馈环4：需求缺口→正式服务购买意愿→经营主体→正式照护人力→经营难度→营业收入→人才待遇→服务质量→正式服务购买量→老人服务使用总量→需求缺口。负反馈环1在其他条件不变的前提下，老人产生需求缺口，想要购买正式服务，通过正式照护服务使用，达到照护需求得以满足的理想状态。在这一回路中，购买意愿通常受到家庭养老观念和筹资机制等外生因素的影响以及非正式照护时间的内生影响。因此，在现实中，虽然很多失能老人都有照护缺口，但是对正式照护服务的购买意愿不强。在该回路中，政策重点应是增强老人正式服务购买意愿。负反馈环2和负反馈环3表明，随着老人正式服务购买意愿的提高，正式照护经营主体逐渐增加，但该回路存在延迟，即供给对需求的响应存在时滞。同时，经营主体的增加受政府激励政策外生影响极大，随着经营主体的增加，正式照护服务价格下降、可及性提高，从而增加正式服务购买量，以满足老人需求。在该反馈中，政策重点除了强化老人购买意愿，更应侧重于对经营主体的激励。在负反馈环4中，随着经营主体的增加，对照护人力的需求增加，需求引发供给，但存在延迟，照护人力增加，从而降低了经营难度，增加了营业收入，进一步促进了人才待遇的增长，保障了服务质量，促进了正式照护购买的发生。在这一反馈环中，政策重点应该是人才政策，长期照护作为劳动密集型行业，人员数量的增长和质量的提升能起到内生驱动的作用。

在正式和非正式照护交互闭环中，一方面，老人需求缺口引发正式照护服务购买意愿增加，购买意愿通过直接影响、增加经营主体和增加照护人力的间接影响，增加正式照护服务购买量。随着正式照护服务购买量的增加，家庭照护负担降低，增加老人照护服务使用总量，降低需求缺口。这组负反馈实现了需求缺口从增加到得以弥补的自平衡。另一方面，老人需求缺口引发家庭照护时间增加，但会降低正式照护购买意愿（第四章得出非正式照护对正式照护有替代效应的结论），购买意愿通过直接和间接影响，降低正式照护服务购买量，减少老人照护服务使用总量，需求缺口扩大。这两组回路反映了正式和非正式照护的相互作用，在使用家庭照护的同时，如果可以实现正式照护购买意愿到购买行为的转化，家庭照护负担得以缓解，老人能够得到更多（或更好的）照护服务。然而，由于家庭照护对正式照护存在替代效应，多数家庭在使用家庭照护时对正式照护的购买意愿不强，被迫陷入需求缺口→家庭照护时间→照护负担→老人照护服务使用总量→需求缺口增大的增强环路中。筹资机制的完善、经营主体和经营人力的增加以及养老观念的革新对打破需求缺口自我增强的闭环具有重要作用。

从整个结构来看，为了将非正式和正式照护服务递送给失能老人，弥补照护需求缺口，首先，直接且见效较快的方法是对非正式照护者实施支持政策，增加非正式照护供给量。其次，建立覆盖全国的照护服务筹资机制，提升失能老人购买力，促成购买意愿到购买行为的转化，通过激励政策促进社会力量进入照护行业，增加经营主体，通过人才政策，增加照护人力，提高正式照护的可及性、服务质量的优质性、服务价格的合理性，为失能老人选择正式照护服务创造必要条件。然而，筹资机制从试点到在全国范围内实施，经营主体和照护人力的增加可能存在时滞，政策短期效果可能不显著。最后，在促进正式和非正式照护协同方面，政策重点是让老人在使用非正式照护时，逐渐增强正式照护购买意愿，一方面增加照护服务使用总量，另一方面缓解照护负担，增强非正式照护的可持续性。其中，筹资机制是前提，经营主体和照护人力是要件，传统养老观念的革新具有长远持续影响。

8.3 平衡发展的政策基础

上一节在分析照护服务系统要素的基础上，研究了正式和非正式照护间的内在关系。可以发现，在整个体系中，因果关系可以相互转化、形成闭环。为了实现照护服务体系的最终目的——满足失能老人需求，对非正式照护的支持政策、正式照护主体的激励政策、人才政策以及筹资机制等对促进良性循环、减轻恶性循环起到了重要作用。除此之外，体系的顺利运转需要管理机构和管理标准的存在。本节对以上政策因素进行详细论述。

8.3.1 建立照护管理机制

长期照护服务体系涉及现行行政体制下民政部门、医疗保障部门和卫生健康部门，部门间部分职责交叉、目标不一，体系的优化亟须打破部门分立，整合行政体制，理顺管理机制。一方面是部门间整合，如增设专门机构统管长期照护业务，实现管理的单一窗口化；另一方面是部门内整合，即照护管理的纵向分级，从中央、地方一直延伸到社区，同时搭建信息平台，推进信息在部门间和部门内共享。

在部门整合的基础上，首先，健全失能评估体系，对失能老人实行分级分类管理。一方面，我国应规范失能评估工作流程，设定不同参与主体分工和责任。我国应明确评估负责机构和评估人员资质，规范评估申请和评估实施流程，开发信息化评估网络系统，建立结果公示和争议处理机制，确保评估过程的公平性。另一方面，我国应继续探索完善失能评估指标体系。我国应在总结各地长期照护保险失能评估经验的基础上，开发全国统一的失能评估标准，采用复合指标涵盖老人的身体功能（认知、移动、自理、交流、生活活动、参与）、医疗信息和社会支持状况，科学量化不同指标的权重，兼顾标准的可操作性。我国应确保指标能准确识别长期照护的需求人群和受益人群，作为长期照护保险给付的依据；将老人的身体状态和需要的照护服务对应，作为机构提供服务和社区照护管理中心供求匹配的依据，从而实现评估结果的公平性。

其次，规范机构设立和正式照护服务流程，出台国家和行业标准。我国应在现行养老机构国家标准的基础上，突出失能老人照料和护理特性，出台照护机构建立标准，体现养老和照护的融合与分治。对照护服务机构，我国应实施全国统一评级，减少失能老人选择的盲目性。在照护服务提供过程中，我国应规范照护操作流程，以此作为照护纠纷的处理依据，保护失能老人和正式照护人员的合法权益。

再次，建立照护服务质量评价体系。我国应在照护服务质量评价体系中明确照护服务质量审查主体，规范审查流程，制定审查结果公示和奖惩办法。随着照护服务提供民营化，民间资本的逐利性与照护服务的公共性不会自动匹配，需要建立一整套照护服务质量评价标准。该体系的质量审查包含正式和非正式照护服务，正式照护服务以全面检查的形式进行，非正式照护服务主要以回访、抽查的形式进行。审查结果应做到信息的透明化管理，加强公众监督。

8.3.2 建立照护筹资机制

“未富先老”“未备先老”导致大量失能老人并不具备购买正式照护服务的资金实力。为了应对长期照护风险，我国亟待搭建多层次的照护筹资体系，其中以社会性长期照护救助制度作为保底层，以社会长期照护保险制度作为主体层，以商业长期照护保险制度作为补充层。

长期照护救助主要针对困难（如“三无”“五保”和“贫困”）失能老人，采用现金救助（发放护理补贴）和服务救助（如集中收养、发放护理服务券等形式）相结合的方式，以维持最低生活需要为标准，政府承担出资责任。在具体实施中，我国可以考虑将现行的养老服务补贴、护理补贴和高龄津贴进行整合，瞄准低收入和失能的“双困”老人。

关于社会长期照护保险，2016 年 6 月，人社部印发《人力资源和社会保障部办公厅关于开展长期护理保险制度试点的指导意见》，部署在 15 个城市开展试点，并确定了“十三五”期间基本形成我国长期护理保险制度政策框架的目标。为了更好地发挥社会保险筹资对照护服务的带动和引导作用，本书提出以下建议：

其一，我国应明确政策的功能定位和价值理念。首先，照护保险的引入是为了遏制老人医疗费用的增加，还是改善老人生活质量，抑或是减小家庭负担，从而保证财政安全，这需要在政策制定初期进行明确，这涉及筹资渠道和标准、保障程度以及医疗和照护待遇享受的兼容性问题。其次，明确政策目标，建立独立的社会保险制度。“独立性”要求在顶层设计中对长期照护保险的基本制度框架进行规定，同时与地方的自主管理相结合，在参保范围、保障范围、评估标准方面尽量统一，在筹资标准、待遇支付方面可以与地方人口结构、经济社会发展水平挂钩。

其二，在参保范围上，突出政策的“全覆盖”，即在参保身份方面应涵盖城镇职工和城乡居民，在参保年龄上应覆盖全年龄段人群。虽然是全员参保的方式，但可以实行差别费率，依照收入和年龄进行调整，体现社会长期照护保险的收入再分配功能以及不同年龄段失能风险水平。

其三，在保障范围方面，保障对象应包括失能和失智人员，重点保障重度和中度失能人员，为轻度失能人员提供少量预防照护给付。

其四，在资金来源和标准方面，目前的资金来源实质上仍是单一的，依附于医疗保险筹资，独立的长期照护保险应以单位和个人缴费为主，财政补贴为辅。筹资标准的确定基于收支平衡精算模型，有赖于信息管理系统和大数据对失能规模的预测及照护服务成本的核算。同时，我国应建立筹资标准的动态调整机制，与缴费基数、缴费年限和人口年龄结构挂钩。长期照护基金独立管理，可提取一定比例的预防照护基金，用于轻度失能老人预防照护给付，将对老人的“事后照护”转为“事前预防”。

其五，待遇支付方面，在多层次的社会保障体系中，社会长期照护保险的主要目的是“保基本”，更高层次的保障应由商业长期照护保险承担。照护保险的给付范围应明确区别于医疗保险，强调生活照料和日常护理，而非医学治疗。在给付水平上，我国应坚持“低起步”，随着政策覆盖面的扩大，在精算平衡的前提下，逐步提高给付水平。

其六，在经办管理上，政府应成为利益平衡者而不是利益主体①，在社会保险和商业保险的合作框架下，因地制宜灵活采用“代理人-购买服务”“管家-委托管理”“盟友-购买产品”三种经办模式，发挥商业保险公司在人力编制、办公设施、信息系统等方面的资源优势。

其七，由于我国城乡和区域差异较大，社会长期照护保险应采用“渐进式”方式推进。

商业长期照护保险由个人在市场上选择购买，保障水平高于社会保险，在补足家庭照护服务购买能力方面具有重要作用。然而，充足的保险产品供给是消费者选择的前提。政府应继续完善商业长期照护保险个税抵扣制度，根据长期照护保险年缴保费较高的特点，适度提高年抵扣金额；同时，鼓励保险公司开发长期照护相关险种，支持保险公司参与照护服务。保险公司一方面应随着社会照护保险的试点，积累失能率、照护成本数据，为产品的合理定价奠定基础，充分利用社会长期照护保险建立的统一评估标准和照护服务体系，实现商业保险和社会保险保障的无缝对接；另一方面不断开发复合型保险产品，将长期照护保险作为终身寿险和年金保险的附加险，建立寿险赔付责任与护理支付责任转换机制，允许预支死亡给付以支付照护费用。此外，保险公司应不断创新保险给付方式，探索与养老、护理机构的深入合作，灵活配置“现金+服务”的给付模式。

① 张仲芳. 国际社会保障动态 应对人口老龄化的长期护理保障体系［M］. 上海：上海人民出版社，2018：464.

8.3.3 建立非正式照护支持政策体系

我国早在1996年出台的《中华人民共和国老年人权益保障法》中就明确，老年人养老以居家为基础……赡养人应当履行对老年人经济上供养、生活上照料和精神上慰藉的义务，照顾老年人的特殊需要。我国在相关政策文件中强调“着力巩固家庭养老地位”。对家庭照护责任伦理的强调，使得一直以来非正式照护被视为既定、免费的资源，存在家庭照护政策盲区。然而，家庭照护不仅包含显性成本，还包含隐性成本（主要由照护提供者承担）。在劳动市场表现方面，照料老人会显著降低家庭照护者劳动参与率。在健康方面，短期提供非正式照护会提升照护者的抑郁水平；在长期，非正式照护者面临健康的累积劣势。无论是“就业挤出”还是“健康磨损”，忽视非正式照护的负面影响，缺少对非正式照护的支持，势必会产生更为沉重的社会成本。

在这方面，发达国家将家庭照护者作为照护服务体系的重要利益相关者。在国家整体层面，国家通过政策和法律对家庭照护者权利进行确认。在具体措施层面，国家采用直接支持和间接支持相结合的方式对家庭照护者提供帮助（见表8-1）。在国家整体层面，有些国家立法承认家庭照护者的贡献，并要求对照护者实施需求和能力评估，促进其在照护时兼顾工作，保证其身心健康，如英国1995年的《照护者（认可和服务）法》、美国2000年的《国家家庭照护者支持计划》；有些国家以法律的形式保障家庭照护者社会保险领取权，如德国对照护影响就业的家庭成员，以长期照护保险基金为其缴纳养老保险、健康保险等社会保险费，试图解决因照护导致的老年贫困问题。间接支持措施的作用对象是失能人员，通过现金给付和服务支持，间接缓解家庭照护者负担，这一举措在各国最为常见。直接支持措施主要分为经济支持、服务支持和劳动市场政策三类。其中，经济支持主要采用照护者津贴的方式，一般对每周最低照护小时或天数有明确规定，部分国家对津贴领取者收入有要求，如英国对每周35小时以上且收入低于95英镑（约合795元人民币）的照护者，提供每周约53英镑（约合444元人民币）的津贴（赵青和李珍，2018）[①]。服务支持包含为家庭照护者提供信息咨询、照护技能的教育和培训，通过互助组织提供精神慰藉以

① 赵青，李珍. 英国长期照护：基本内容、改革取向及其对我国的启示［J］. 社会保障研究，2018（5）：96-103.

及喘息照护。在劳动市场政策方面，针对家庭照护者较为有效的是带薪（不带薪）假期，如美国规定 50 人以上规模的企业必须为家庭照护者提供一年最高 12 周的不带薪假（Coleman，2000）①，英国大型企业主动提供弹性工作时间、带薪（不带薪）假期来支持家庭照护者（Brodsky，et al.，2003）②。

表 8-1　对非正式照护支持的三个层次

项目	内容	特征	整合程度	实施范围
顶层设计	国家政策、法律权利、社会认同、需求识别	照护服务体系的宏观层面	高	大
照护者间接支持	失能津贴（支付给失能人员，一般主要用来补贴家庭照护者）或替代性服务	主流方式	中	中
照护者直接支持	信息咨询、护理培训、照护津贴（支付给照护者）、喘息服务等	目的主要是支持非正式照护者	低	小

资料来源：EMILIE COURTIN，NADIA JEMIAI，ELIAS MOSSIALOS. Mapping support policies for informal carers across the European Union［J］. Health Policy，2014，118（1）：84-94.

我国亟待在家庭照护者支持政策方面做出整体性的规划和探索，包含法律权利确认、直接支持政策和间接支持政策。在法律权利确认方面，我国不仅应强调家庭照护义务，还应明确家庭照护人员享有的权利，实现权利与义务对等。在法律层面，国家应对家庭照护人员承担的社会责任予以认可，肯定其贡献和价值，保障其社会地位。这是建立家庭照护支持政策体系的前提。

在直接支持政策方面，我国应基于生命历程视角，对提供老年照护引致的健康风险从源头上进行防范，以预防和早期干预为目标为家庭照护者提供全面支持。我国可以考虑将支持措施嵌入社会长期照护保险制度框架中，以保险基金为后盾，以照护保险社区、机构服务设施为据点，协助家庭照护者。首先是信息支持。我国应不断丰富社区功能，建立社区照护管理中心，为家庭照护者提供照护规划、技能指导、精神慰藉等帮助。其次是服务支持。社会长期照护保险中应设立喘息照护项目，规定一年内有效次数，家庭照护人员可以在居家喘息、社区喘息和机构喘息三种之间任选其一，缓解照护压力，通过一定自负比例的设置，减少喘息照护资源的过

① COLEMAN B. Helping the helpers：State-supported services for family caregivers［R］. AARP Public Policy Institute Report，2000.

② BRODSKY J，HABIB J，HIRSCHFELD M J. Key policy issues in long-term care［R］. New York：World Health Organization，2003.

度使用。再次是劳动市场支持。我国应鼓励企业为有老年照护需求的员工提供弹性工作时间；进一步落实“独生子女护理假”政策，扩大覆盖对象，细化配套措施（如对企业的激励措施、奖惩办法等），缓解老年照护带来的时间冲突和精神压力。

在间接支持政策方面，我国应灵活设计社会长期照护保险给付方式，肯定非正式照护的价值，实现家庭照护有酬化，具体给付金额可以参考第六章第四节的测算，综合考虑照护者福利、照护者就业和保险基金的可持续性，科学设置照护时间门槛值。居家实物给付可以作为非正式照护的有效补充。

8.3.4 建立正式照护主体和人力的有效动员政策体系

正式照护服务的发展，需要借鉴福利多元主义的思路，通过多元化的照护服务供给结构与供给方式，实现社会福利最大化。正式照护服务的多元供给主体应包括政府、市场和社会组织。从目前来看，我国正式照护服务供给主要以政府投入为主，市场机制作用发挥不够，民间资源参与积极性有限（何文炯，2015）①。

为了促进正式照护服务的发展，需要实施照护主体、人力的有效动员策略。其一，将照护服务体系发展规划嵌入城市、乡村整体发展规划中，综合考虑不同区域老龄化、失能率数据，在建设用地选址和规模上提前做好照护机构和设施布局，在社区和楼盘建设中，为嵌入式机构预留空间。其二，明确不同正式照护服务主体的职能定位，为民营机构发展提供机会。民营非营利组织具有一定的社会公益性，服务对象为普通失能老人，服务价格低于市场供求均衡价格。民营企业以追求利润最大化为目的，服务对象是中高收入失能老人，按照市场供求均衡价格提供照护服务。公立机构具有社会福利性质，服务对象是弱势失能老人，服务价格采用政府指导定价的形式，提供兜底性质的基本照护服务。公立机构应逐渐加强改革和转制，因地制宜采用公建民营、公办民营、服务外包、公私合营（PPP）等形式，提高其服务能力和运营效率。同时，政府应逐渐转变照护服务生产者的角色，对“保基本”的服务，采用政府购买的方式，由政府提供，民营机构生产。其三，优化正式照护服务主体的市场竞争环境，促进公立和民营机构公平竞争。政府对民营机构提供多种优惠政策，在提高支持力度的

① 何文炯. 老年照护服务：扩大资源并优化配置［J］. 学海，2015（1）：88-93.

基础上，重点促进政策的落地。一方面，政府应继续降低民营机构准入门槛，简化设立审批手续，减少民营机构进入照护行业的制度成本。另一方面，政府应在资金保障上严格落实建设补贴、运营补贴、以奖代补制度；在提供优惠建设用地、用房方面，加强部门协调，提高政策的有效性；在税收优惠方面，对民营企业，考虑在经营初期免缴企业所得税，经营中期在一定比例范围内征收企业所得税，增强民营资本进入的积极性；在金融支持政策方面，鼓励金融机构业务向长期照护领域延伸，创新信贷品种，为民营照护机构提供专属信贷渠道和优惠利率，允许民营机构尤其是非营利机构在登记机关管辖范围内设立分支机构，扩大经营规模，秉承出资财产归出资人所有的原则，允许出资人获得一定比例的利润回报，创新激励机制。其四，优化正式照护服务结构，合理配置机构、社区和居家照护资源，体现居家和社区导向。政府应大力推广和普及社区嵌入式照护、社区连锁照护、家庭夜间照护床位、家庭智慧照护等新型居家（社区）照护模式。

长期照护属于劳动密集型工作，照护人力的发展不仅关系到服务的可及性，还是提高服务质量的关键。正式照护人力资源体系应涵盖两大类人员：一类是专业性、技术性要求较高的人员，如护理师、康复师、个案管理师、营养师、社工等，这类人员有学历和职称；另一类是专业要求较低、以承担生活照料类工作为主的人员，如一线护工和护理员。扩充第一类人员，需要强化职业教育、人员招聘、职业资格评定、薪酬制度、岗位管理，从院校招生到人才培养应明确其未来的职业定位和发展路径，打通理论学习、实习实训、入职和晋升的全渠道，匹配其专业属性。扩充第二类人员，对专业性要求较低，人员的吸纳应充分调动剩余劳动力的积极性，如就业困难人员、退休人员等。对这类人员应注重培训，培训合格后鼓励其参加职业资格认证，职业资格等级与待遇挂钩，维持从业人员的稳定性。

8.4 平衡发展的具体路径

照护服务体系的优化应与我国经济社会和文化传统高度契合。在照护政策的基础上，本节规划正式和非正式照护平衡发展的具体路径。

8.4.1 以社区建设为基础，促成三大平台技术、服务流动

家庭、社区和机构是为老人提供照护服务的三大平台。国外长期照护

的实践表明，最初提倡机构照护带来了照护成本的快速攀升，之后发达国家纷纷出现了从机构向居家和社区转向。英国于20世纪50年代就倡导居家（社区）照护的理念，日本在照护保险给付居高不下的情况下，也提出了“社区综合照护服务体系”的构建措施。对于失能老人而言，最优居住地是自己家里，社区与老人的家庭具有天然邻近性，应发展基于社区的正式照护服务网络，让社区成为正式和非正式照护协同配合的载体。

社区建设的目的不仅是让老人“在社区照护”，还包括“由社区照护”。其中，“在社区照护”是指失能老人在社区的机构或设施内接受照护，如老人入住日间照料中心、长者照护之家、在护理站接受服务等。在这种方式下，失能老人更多依赖社区照护资源，家庭承担部分辅助功能，如接送老人进入日间机构、负责老人回家后的照护等。“由社区照护”是指老人居住在家中，接受来自社区的正式照护服务。正式照护服务的内容涵盖家务劳动、个人照料、送餐服务、紧急救援、护理服务、康复服务、居家无障碍环境改造和部分与照料相关的医疗服务。这种方式下仍需要家庭照护人员在场，对服务过程、服务质量进行监督和反馈。其中，非正式照护能够发挥灵活性、及时性的优势，全天候为老人提供陪伴式照护，并提供精神慰藉；正式照护能够发挥专业性，在康复和医疗护理方面能够弥补家人照护的不足，并为非正式照护提供有效咨询和指导。

建立社区照护服务网络，需要整合现有社区资源，提高社区服务的吸引力。目前，社区资源主要有养老服务中心、日间照料中心、社区卫生服务机构及以民营为主的社区嵌入式养老机构。其主要针对的是健康老人，而不是失能老人。在设施和人员配备上，其仅能提供生活照料，医疗护理、康复服务十分欠缺，服务方式也以入住社区机构为主，较为单一。照护资源的整合首先需要明确范围，以日本为例，社区划分的范围依照中学学区，要求30分钟之内可以将照护服务输送给服务对象。我国在社区建设中可充分借鉴，摒弃大而全、小而全的观念，在30分钟照护服务圈内，推动原有机构的合并和分立。我国可以在服务圈中设置一个长期照护中心，主要对准失能老人提供日间或夜间的社区机构照护服务与社区喘息服务。该中心应配备专业照护人员，对入住老人失能等级做出要求；设置一个护理站，承担老人到站医疗、康复、护理以及居家上门复健、上门护理、紧急救援等服务。原来养老服务中心负责一站式综合为老服务，包括提供面向健康老人和轻度失能老人的社区短期托养、日间照料、老年饭厅、娱乐活动以及低技术类别的居家上门服务，如上门家政、上门送餐等。其次，照护资源的整合需要调动社区内人力资源，如低龄老人、志愿者等，在培训后主要承担生活照料类服务，可以考虑以“时间银行”的方式，依托社保卡建立个人时间账户，促进社区内照护人力的灵活配置，实现社区人员间的互助。

以社区建设为基础，居家（社区）照护作为主流模式，并不排斥机构照护，相反要打破家庭、社区、机构相互区隔的现状，实现服务和技术的流动。大型照护机构在照护专业人员配备、照护经验上具有优势，社区照护机构、护理站的人员在专业性上有所欠缺，而家庭照护人员仅具备基本的生活照料技能，这需要建立机构-社区-家庭之间的区域技术、服务流动机制。大型机构对社区机构进行指导，社区机构对家庭非正式照护人员进行培训，实现以社区为基础的正式和非正式照护技能的提升。大型机构也可以采用分支机构入驻社区的形式，直接实现机构、社区专业人员和技术的共享。相应地，非正式照护人员负担过重时，可以选择采用社区喘息或机构喘息的方式。当失能人员依赖程度上升，非正式照护无法继续或非正式照护资源严重不足时，社区也能起到为机构引流的作用。

8.4.2　以失能老人为核心，依托照护管理中心优化供求匹配

在社区建设的基础上，设置照护管理中心，优化供求匹配。德国在2008年改革，由长期照护基金出资和社区联合建立照护据点，为失能家庭提供照护规划和咨询服务。日本也设置了介护管理员，减少失能家庭的盲目选择。对于我国而言，在宏观管理机制建立的基础上，我国应在社区成立照护管理中心。该中心在国家统一照护政策的指导下，规划和组织社区内照护服务。

社区照护管理中心直接联结了供求的两端，其中一端是正式照护服务，管理中心需要开发可供家庭选择的服务网络；另一端是失能老人，失能评定等级不同、非正式照护资源不同，具体的照护需求也会有差异，管理中心为他们提供服务信息，制订照护计划，推进计划执行，并实施监督反馈。同时，随着失能老人失能程度的变化，照护管理中心应根据需求的变动适时调整照护安排，更好地满足失能老人的需求。

社区照护管理中心的设立，对失能家庭而言，拓宽了信息渠道，增加了照护选择，依据失能老人需求，匹配一揽子照护服务，促进正式和非正式照护以整合的方式共同合作。对于整个照护服务体系而言，服务供给和服务需求汇集在管理中心，通过管理中心的匹配，提高了整个体系的服务递送效率，促进了照护服务的连续性和整合性。

然而，需要注意的是，照护管理的前提是正式和非正式服务网络的存在，无论是非正式照护维持，还是正式照护服务社会化、产业化发展，均离不开政府前期落地的支持政策以及政策效应的充分发挥。

8.4.3 以保险给付方式为动力，实现照护服务互补融合

正式照护服务的使用，有赖于在购买力的驱动下，使需要转化为有效需求，多层次的筹资机制在其中发挥着重要作用。2019 年 4 月，《国务院办公厅关于推进养老服务发展的意见》再次提出，加快实施长期护理保险制度试点，推动形成符合国情的长期护理保险制度框架。社会长期照护保险作为照护保障制度中的基本经济保障，随着制度覆盖面的扩大、保障水平的提高，在总量方面将直接增加需求，拉动正式照护服务供给。在结构方面，社会长期照护保险通过自付比例、给付范围、给付金额、给付组合的设计，引导正式和非正式照护服务的协调、配合。

通过第五章第三节对我国照护保险试点现状和问题的梳理可以发现，在给付方式设计上，各试点城市思路不一。其一，在给付内容方面，如长春、承德和宁波仅提供机构照护服务，事实上将绝大多数的居家失能老人排除在了政策之外。成都包含居家和机构选项，在居家照护中设置了上门照护和自主照护两个选项（且给付金额相同），使得 80%以上的家庭选择居家自主护理（照护津贴），对非正式照护的现金支付挤出了正式照护，在一定程度上抑制了照护服务业的发展。青岛、上海、广州仅提供正式照护服务，居家上门照护和社区集中照护具有较好的正式和非正式平衡效应，但对服务设施要求较高，在目前正式照护网络覆盖有限的情况下，失能家庭获得感不强。其二，在给付金额方面，在失能等级评估的基础上，部分城市依据不同机构级别，设置金额上限，如养老机构给付上限低于医疗机构（照护专区）；还有的城市将现金给付和服务给付设置为相同金额，政策设计导向较为模糊。

对于这一问题，在第七章中，德国给出了一个较好的设计样板。给付方式设置有居家和机构照护选项，居家照护中分为服务和现金两种给付方式。同一失能等级，居家服务和机构照护给付金额仅有微小差别（如 2017 年最高失能等级 5 级居家服务给付为 1 995 欧元/月，机构给付为 2 005 欧元/月[①]），

① LOMAN R M J. Deinstitutionalisation of long-term care for older adults: A comparative study between Germany and the Netherlands [D]. Enschede: University of Twente, 2019.

居家现金给付金额仅为服务给付金额的一半。现金给付主要用于补贴非正式照护人员。居家失能人员可以在现金和服务间两者择其一，或者以一定比例同时享受现金和服务给付。这样的结果是，一方面，机构和居家给付差异较小，实现了制度设计中的“就地老化”导向；另一方面，现金给付远低于服务给付，促进了居家正式照护服务的使用。此外，现金给付的设置赋予了制度灵活性，对非正式照护人员也是一种认可和鼓励。

在我国已经决定采用社会长期照护保险作为基本筹资方式的前提下，保险给付方式应该作为一种动力机制，推动正式和非正式照护的互补融合，在充分考虑我国经济发展水平和孝文化传统的基础上，进行科学设计。对此，本书提出以下建议：其一，照护保险给付的依据首先应是失能等级，失能等级越高给付金额越高。给付方式设计应充分体现居家（社区）导向，服务方式分为居家（社区）照护和机构照护，两种方式给付限额应维持同一水平，居家照护的基金支付比例高于机构照护，以产生居家（社区）照护激励。其二，居家给付方式分为服务给付和现金给付两种。现金给付方式的设置是对非正式照护的补偿，同时可以增加基金使用的灵活性，尤其在我国广大正式照护覆盖不足的乡村地区，运用过剩劳动力，增加非正式照护供给。但为了避免产生现金挤出正式照护服务的结果，现金给付金额应为服务给付的一半，并赋予失能老人自主选择权，在现金给付和服务给付间可以按比例搭配使用。德国的经验表明，随着正式照护服务与照护管理制度的发展，在居家待遇中，更多失能家庭由选择单一现金支付到现金和服务组合，对非正式照护的依赖逐渐降低，正式照护的补充作用逐渐显现。在居家照护现金和服务混合支付的情形下，一方面应充分发挥照护管理中心的作用，做好事前咨询与方案设计，为失能家庭的选择提供充分信息和专业支持；另一方面，对家庭非正式照护人员应进行照护技能培训，同时配合上门回访、监督制度，保障照护品质。

此外，在推动正式和非正式照护平衡方面，照护保险制度还存在额外的助益。长期照护保险基金可以作为服务付款方与正式照护提供者进行谈判，以取得最低照护服务费率。在规模化生产条件下，正式照护成本和非正式照护隐性成本相当时，在成本效用比较下，会增加失能家庭对正式照护服务的选择。

8.4.4 以文化建设为引领，推动照护观念发展革新

社会需要继续重视家庭代际和谐建设，营造养老、孝老、敬老的社会

氛围。对于长期照护服务体系而言，失能、失智老人是体系的核心，他们照护观念的转变，将对照护方式的优化、照护资源的互补与融合产生实质性的影响。社会应在以下两个方面对老人及“准老人”加强宣传引导：一方面，随着经济社会的发展、家庭结构的转型，“照护-工作”冲突、“照护-家庭”冲突、“照护-闲暇”冲突、“照护-经济”冲突等问题使得非正式照护作为老年照护的基础模式，同样需要得到正式照护的支持，正式照护的使用并不代表责任的推卸，反而是维持非正式照护长期可持续的有效措施。另一方面，作为非正式照护的主要来源，子女有时面临的不是“不想照护”的问题，而是“不能照护”的问题，老人对非正式照护的过度依赖，易产生心理落差，导致代际关系紧张。在社会化养老趋势下，老人应逐渐转变照护理念，家庭不再是照护责任的唯一承担者，自助、互助、共助、公助等多元照护的方式将逐渐成为主流，其中政府、市场、家庭和社会将负有不同的责任。随着正式照护社会化、产业化的发展，专业照护也将逐渐走向普及化、亲民化、人性化。家庭在照护服务中将逐渐转换为正式照护的联结者、购买者和监督者，并为老年人提供更高层次的“归属与爱”的需求满足。

8.5　本章小结

本章首先阐明了正式和非正式照护平衡发展的目标是实现两者共担、互补和协调。其中，共担是指服务的提供不应过度依赖于其中一种方式，正式和非正式照护应共同承担照护责任；互补是指正式和非正式照护应匹配相应的照护任务，在劳动分工的基础上，发挥各自优势，功能互补；协调是指两者的分担和互补要基于中国当前的经济社会发展水平、道德、法律和文化背景，在现有条件下形成紧密配合。平衡发展需遵循以下原则：照护服务具有准公共品性质，政府在照护体系建设中应发挥主导作用；正式和非正式照护具有各自的角色与责任定位，非正式照护仍应作为基础，正式照护作为有效补充。

其次，本章基于系统动力学视角，分析正式和非正式照护递送各环节的因果关系。为了实现照护服务体系的最终目的——满足失能老人需求，非正式照护的支持政策、正式照护主体的激励政策、人才政策以及筹资机制等对促进良性循环、减轻恶性循环起到了重要作用。除此之外，体系的顺利运转需要管理机构和管理标准的存在。由此，照护服务体系的优化需要加强顶层设计，完善以下基础政策：其一，建立照护管理机制，实现部门间和部门内整合，建立照护管理的单一窗口；建立失能评估标准和评估机制，对失能老人进行分级分类管理；对正式照护机构、设施的建立及服务流程设立行业标准；建立照护服务质量评价体系。其二，建立照护筹资机制，搭建多层次的照护筹资体系，其中以社会性长期照护救助制度作为保底层，以社会长期照护保险制度作为主体层，以商业长期照护保险制度作为补充层。其三，建立非正式照护支持政策体系，包含非正式照护人员的法律权利确认、直接支持政策和间接支持政策。其四，建立正式照护主体和人力的有效动员政策体系，将照护服务体系发展规划嵌入城市、乡村整体发展之中，做好整体布局；对不同的正式照护服务主体进行分类，明确各自职能，为民营机构留足发展空间；优化正式照护经营主体的市场竞争环境；注重照护服务体系结构，合理配置居家、社区、机构照护资源；对长期照护人力实施分类开发政策。

最后，在政策基础上，本章提出正式和非正式照护平衡发展的实现路径。其一，以社区建设为基础，促成家庭、社区、机构间技术和服务流动；其二，以失能老人为核心，依托照护管理中心优化供求匹配；其三，以保险给付方式为动力，实现照护服务互补融合；其四，以文化建设为引领，推动照护观念发展革新。

参考文献

中文文献

[1] 曹艳春，陈翀. 大数据背景下我国老年长期照护分级机制及其动态系统均衡探讨 [J]. 社会保障研究，2016，23 (1)：149-158.

[2] 曹煜玲. 我国老年人的照护需求与服务人员供给分析：基于对大连和南通的实证研究 [J]. 人口学刊，2014，36 (3)：41-51.

[3] 陈功，杜鹏，陈谊. 关于养老“时间储蓄”的问题与思考 [J]. 人口与经济，2001 (6)：67-73.

[4] 陈璐，范红丽. 家庭老年照料对女性照料者健康的影响研究 [J]. 人口学刊，2016 (4)：48-59.

[5] 陈璐，范红丽，赵娜，等. 家庭老年照料对女性劳动就业的影响研究 [J]. 经济研究，2016，51 (3)：176-189.

[6] 陈璐. 家庭老年照料的成本和经济价值 [J]. 中国保险，2018 (12)：7-10.

[7] 陈明芳. 福利国家的重构：以德国长期照护保险制度的建置与改革为例兼论对台湾制度规划之启发 [C]. // 中国社会保险学会，台湾社会福利学会. 海峡两岸农村社会保险理论与实践研究论文集. 浙江大学人口与发展研究所，2013：198-242.

[8] 陈卫民. 城市高龄老人的照护资源与照护供给分析 [J]. 中国人口科学，2004 (S1)：119-122，178.

[9] 陈卫民. 发达国家老年照护服务供给体制改革及其借鉴意义 [J]. 南开学报，2002 (3)：58-64.

[10] 成都市卫健委. 成都市2018年老年人口信息和老龄健康事业发展状况报告[EB/OL]. (2019-10-21)[2019-11-20]. http://sc.people.com.cn/n2/2019/1019/c345167-33451281.html.

[11] 崔乃夫. 当代中国的民政[M]. 北京: 当代中国出版社, 1994.

[12] 党俊武. 中国城镇长期照料服务体系研究[D]. 天津: 南开大学, 2007.

[13] 丁雪萌. 中国老年人长期照护服务的供需研究[D]. 北京: 对外经济贸易大学, 2020.

[14] 丁一. 我国失能老人长期照护模式构建研究[D]. 北京: 首都经济贸易大学, 2014.

[15] 董红亚. 中国政府养老服务发展历程及经验启示[J]. 人口与发展, 2010, 16 (5): 83-87.

[16] 杜鹏, 李兵, 李海荣. "整合照料"与中国老龄政策的完善[J]. 国家行政学院学报, 2014 (3): 86-91.

[17] 范红丽, 陈璐. 替代效应还是收入效应? 家庭老年照料对女性劳动参与率的影响[J]. 人口与经济, 2015 (1): 91-98.

[18] 弗雷德里希·奥古斯特·冯·哈耶克. 通往奴役之路[M]. 王明毅, 等译. 北京: 中国社会科学出版社, 1997.

[19] 哥斯塔·埃斯平-安德森. 福利资本主义的三个世界[M]. 苗正民, 滕玉英, 译. 北京: 商务印书馆出版社, 2010.

[20] 顾大男, 柳玉芝. 老年人照料需要与照料费用最新研究述评[J]. 西北人口, 2008 (1): 1-6.

[21] 顾和军, 刘云平. 照料父母对中国农村已婚妇女健康状况的影响[J]. 妇女研究论丛, 2012 (5): 23-27.

[22] 桂世勋. 构建广义的老年人照料体系: 以上海为例[J]. 人口与发展, 2008 (3): 78-83.

[23] 国家统计局. 中国2000年人口普查资料[EB/OL]. (2002-08-01)[2020-09-01]. http://www.stats.gov.cn/tjsj/pcsj/rkpc/5rp/index.htm.

[24] 国家统计局. 中国2010年人口普查资料[EB/OL]. (2012-04-01)[2020-09-01]. http://www.stats.gov.cn/tjsj/pcsj/rkpc/6rp/indexch.htm.

[25] 国家统计局. 中华人民共和国2019年国民经济和社会发展统计公报[EB/OL]. (2020-02-28)[2020-09-01]. http://www.stats.gov.cn/tjsj/zxfb/202002/t20200228_1728913.html.

［26］国务院发展研究中心社会部课题组．养老服务体系发展的国际经验与中国实践［M］．北京：中国发展出版社，2019.

［27］何文炯．老年照护服务：扩大资源并优化配置［J］．学海，2015（1）：88-93.

［28］黄枫，傅伟．政府购买还是家庭照料？基于家庭照料替代效应的实证分析［J］．南开经济研究，2017（1）：136-152.

［29］黄枫．人口老龄化视角下家庭照料与城镇女性就业关系研究［J］．财经研究，2012，38（9）：16-26.

［30］黄匡时．供求关系视角下的中国老年照料服务资源分析［J］．中国人口·资源与环境，2013，23（S2）：488-491.

［31］霍曼．社会老年学：多学科的视角［M］．周云，等译．北京：中国人口出版社，2007.

［32］纪竞垚．中国居家老年人家庭-社会照料模型［J］．人口研究，2020，44（3）：53-70.

［33］金永明．日本社会观察（2016 年）［M］．上海：上海社会科学院出版社，2017.

［34］姜向群．我国老年人社会服务及其改革方向［J］．人口研究，1995，19（4）：13-17.

［35］蒋承，赵晓军．中国老年照料的机会成本研究［J］．管理世界，2009（10）：80-87.

［36］荆涛，杨舒，仲维树．“居家扶助型”养老模式：美国经验与中国实践［J］．社会建设，2019，6（6）：25-33.

［37］李芳，姜日进．我国长期照护人力资源的短缺及其制度应对［J］．东方论坛，2019（5）：44-52.

［38］李佳，于昌健．日本“黄金计划”对我国长期照护服务体系构建的启示［J］．现代日本经济，2019，38（3）：63-72.

［39］李俊．支持非正式照料者：发达国家老年福利制度新动向及其对中国的启示［J］．学海，2018（4）：80-86.

［40］李明．济南市城区失能老年人居家长期照护现状及需求研究［D］．济南：山东大学，2015.

［41］李珍．关于完善老年服务和长期护理制度的思考与建议［J］．中国卫生政策研究，2018，11（8）：1-7.

［42］联合国．2019 年世界人口展望报告［EB/OL］．（2019-06-17）［2020-09-01］．https://population.un.org/wpp/.

［43］梁誉，林闽钢. 论老年照护服务供给的整合模式［J］. 中共福建省委党校学报，2017（7）：88-95.

［44］林莞娟，王辉，邹振鹏. 中国老年护理的选择：非正式护理抑或正式护理：基于 CLHLS 和 CHARLS 数据的实证分析［J］. 上海财经大学学报，2014，16（3）：54-62.

［45］林艳，党俊武，裴晓梅，等. 为什么要在中国构建长期照护服务体系？［J］. 人口与发展，2009，15（4）：52-64.

［46］刘柏惠，寇恩惠. 社会化养老趋势下社会照料与家庭照料的关系［J］. 人口与经济，2015（1）：22-33.

［47］刘柏惠. 我国家庭中子女照料老人的机会成本：基于家庭动态调查数据的分析［J］. 人口学刊，2014，36（5）：48-60.

［48］刘柏惠. 中国老年照料服务体系分析与重建［D］. 上海：上海财经大学，2012.

［49］刘二鹏，张奇林，韩天阔. 照料经济学研究进展［J］. 经济学动态，2019（8）：99-115.

［50］刘岚，陈功. 我国城镇已婚妇女照料父母与自评健康的关系研究［J］. 人口与发展，2010，16（5）：52-59.

［51］刘岚，董晓媛，陈功，等. 照料父母对我国农村已婚妇女劳动时间分配的影响［J］. 世界经济文汇，2010（5）：1-15.

［52］刘妮娜，郭月青. 城乡有别：我国老年人照料方式的选择［M］. //中国人口学会. 新形势·新挑战·新机遇：中国人口学会年会论文集（2016）. 北京：中国人口出版社，2017：350-367.

［53］陆杰华，张莉. 中国老年人的照料需求模式及其影响因素研究：基于中国老年社会追踪调查数据的验证［J］. 人口学刊，2018，40（2）：22-33.

［54］路遇，翟振武. 新中国人口六十年［M］. 北京：中国人口出版社，2009.

［55］罗丽娅，丁建定. 长期照护服务的国际实践举措与启示［J］. 学习与实践，2019（6）：67-76.

［56］罗丽娅，丁建定. 典型福利国家老年长期照护服务的国际比较与价值启示［J］. 经济社会体制比较，2021（1）：22-32.

［57］罗丽娅，郭林. "家庭主义福利"的审视与再修正：来自西班牙老年长期照护服务发展的经验［J］. 国外社会科学，2019（4）：112-121.

［58］罗小华. 我国城市失能老人长期照护问题研究［D］. 成都：西南财经大学，2014.

［59］吕宝静. 老人照顾：老人·家庭·正式服务［M］. 台北：五南图书出版股份有限公司，2001.

［60］吕学静，江华. 基于社交网络的北京市城市老年人服务体系研究［M］. 北京：首都经济贸易大学出版社，2012.

［61］马岚. 新中国70年来我国社会养老服务的本土化实践［J］. 兰州学刊，2019（8）：184-194.

［62］马焱，李龙. 照料老年父母对城镇已婚中青年女性就业的影响［J］. 人口与经济，2014（2）：39-47.

［63］曼昆. 经济学原理（微观部分）［M］. 梁小民，译. 北京：机械工业出版社，2003.

［64］穆光宗. 中国都市社会的养老问题：以北京为个案［J］. 中国人民大学学报，2002（2）：80-87.

［65］南希·福布尔，宋月萍. 照料经济的特征、价值与挑战：基于性别视角的审视［J］. 妇女研究论丛，2020（5）：5-11.

［66］裴晓梅. 老年型城市长期照护服务的发展及其问题［J］. 上海城市管理职业技术学院学报，2004（6）：35-37.

［67］彭华民. 解析社会政策（上）：重要概念与主要理论［M］. 上海：华东理工大学出版社，2017.

［68］彭希哲，宋靓珺，黄剑焜. 中国失能老人长期照护服务使用的影响因素分析：基于安德森健康行为模型的实证研究［J］. 人口研究，2017，41（4）：46-59.

［69］平力群，田庆立. 日本构建“地域综合照护体系”政策理念的提出及其制度化［J］. 社会保障研究，2016（5）：98-104.

［70］权彤，郜明钰，石涛. 日本养老产业化发展条件及其启示［J］. 黑龙江社会科学，2020（1）：91-102.

［71］全国老龄工作委员会办公室. 老龄政策调研（2017版）［M］. 北京：华龄出版社，2018.

［72］荣增举. 社区老年日间照料中心存在的问题与对策：以青海西宁市为例［J］. 北京工业大学学报（社会科学版），2013，13（2）：19-23，58.

［73］上海市老龄科学研究中心. 2019年上海市老年人口和老龄事业监测统计信［EB/OL］.（2020-05-20）［2020-09-01］. http://www.shweilao.cn/cms/cmsDetail? uuid=6e177166-42e8-49d2-8621-a8ad22a2a2a9.

［74］邵思齐. 日本社区综合照护服务体系的构建与借鉴［J］. 东北财经大学学报，2018（6）：69-76.

[75] 施巍巍. 发达国家老年人长期照护制度研究 [M]. 北京：知识产权出版社，2012.

[76] 施巍巍. 发达国家破解老年长期照护难点带给我们的启示 [J]. 西北人口，2013，34（4）：105-109.

[77] 舒奋. 从家庭养老到社会养老：新中国 70 年农村养老方式变迁 [J]. 浙江社会科学，2019（6）：83-91.

[78] 宋岳涛，杨兵. 老年长期照护 [M]. 北京：中国协和医科大学出版社，2015.

[79] 苏群，彭斌霞，陈杰. 我国失能老人长期照料现状及影响因素：基于城乡差异的视角 [J]. 人口与经济，2015（4）：69-76.

[80] 唐钧. 中国老年服务的现状、问题和发展前景 [J]. 国家行政学院学报，2015（3）：75-81.

[81] 唐敏. 失能老人养老服务的理论模型、系统构成与支持体系 [J]. 社会保障评论，2018，2（2）：148-156.

[82] 唐咏. 去碎片化：中国老年长期照护政策的整体化路径 [J]. 深圳大学学报（人文社会科学版），2012，29（5）：83-88.

[83] 陶裕春. 失能老年人长期照护研究 [M]. 南昌：江西人民出版社，2013：233.

[84] 涂爱仙. 供需失衡视角下失能老人长期照护的政府责任研究 [J]. 江西财经大学学报，2016（2）：70-76.

[85] 王杰秀，徐富海，安超，等. 发达国家养老服务发展状况及借鉴 [J]. 社会政策研究，2018（2）：3-30.

[86] 王莉，王冬. 老人非正式照护与支持政策：中国情境下的反思与重构 [J]. 人口与经济，2019（5）：66-77.

[87] 王裔艳. 英国居家照料服务及其对我国的启示 [J]. 人口与发展，2012，18（6）：24-30.

[88] 王震，朱凤梅. 长期照护服务供给的国际趋势 [J]. 中国医疗保险，2017（2）：70-72.

[89] 邬沧萍，杜鹏. 老龄社会与和谐社会 [M]. 北京：中国人口出版社，2012.

[90] 吴华. 苏北城市社区老年社会问题研究：以徐州市为例 [M]. 徐州：中国矿业大学出版社，2011.

[91] 肖云，陈涛. 老龄背景下民营养老机构护理人员队伍的优化 [J]. 四川理工学院学报（社会科学版），2013，28（2）：29-33.

［92］肖云. 中国失能老人长期照护服务问题研究［M］. 北京：中国社会科学出版社，2017.

［93］谢立黎，付敏. 我国老年照护服务供给模式的变迁与选择［J］. 老龄科学研究，2019，7（4）：21-30.

［94］杨红燕. 去商品化与去家庭化：老年照护服务体制的国际比较：以欧洲14个典型国家为例［J］. 江淮论坛，2019（2）：143-150.

［95］杨团，李振刚，石远成. 农村老人照护服务体系的初步探索［J］. 社会保障研究，2008（2）：116-131.

［96］杨团. 农村失能老年人照料贫困问题的解决路径：以山西永济蒲韩乡村社区为例［J］. 学习与实践，2016，（4）：92-103.

［97］杨团. 以家庭为本、社区服务为基础的长期照护政策探索［J］. 学习与实践，2014（6）：82-91.

［98］杨团. 中国长期照护的政策选择［J］. 中国社会科学，2016（11）：87-110，207.

［99］杨晓娟，丁汉升，杜丽侠. 美国老年人全面照护服务模式及其启示［J］. 中国卫生资源，2016，19（4）：354-357.

［100］姚远. 对我国养老服务历史经验的研究与借鉴［M］. 北京：华龄出版社，2018.

［101］尹尚菁，杜鹏. 老年人长期照护需求现状及趋势研究［J］. 人口学刊，2012（2）：49-56.

［102］游晓微，巩爱华，植村尚史，等. 日本介护制度沿革对台湾长期照顾体系发展之启示［J］. 台湾公共卫生杂志，2019（5）：457-469.

［103］于洪. 国际社会保障动态：社会保障的政府责任［M］. 上海：上海人民出版社，2016.

［104］袁小波. 农村高龄老人的照料需求与照料供给分析［J］. 西北人口，2007（6）：34-37，43.

［105］曾宪新. 北京市社区养老支持对老年健康的影响研究［M］. 北京：中国人口出版社，2012.

［106］曾毅，陈华帅，王正联. 21世纪上半叶老年家庭照料需求成本变动趋势分析［J］. 经济研究，2012，47（10）：134-149.

［107］张林，黄蕾. 女性主义经济学的兴起及衡量“女性劳动”价值的分析［J］. 福建论坛（人文社会科学版），2017（9）：161-165.

［108］张娜，苏群. 基于需要视角的我国老年照料问题分析：兼论社会照料体系的构建［J］. 学术论坛，2014，37（6）：135-139.

[109] 张笑天，吕海清，张亚林，等. 城市老年人长期照护保障体制探讨 [J]. 中国卫生事业管理，1995 (9)：483-485.

[110] 张盈华，闫江. 中国养老服务现状、问题与公共政策选择 [J]. 当代经济管理，2015，37 (1)：51-56.

[111] 张盈华. 老年长期照护制度选择与国际比较 [M]. 北京：经济管理出版社，2015.

[112] 张仲芳. 国际社会保障动态：应对人口老龄化的长期护理保障体系 [M]. 上海：上海人民出版社，2018.

[113] 赵怀娟. 老年人长期照护服务供给：国内学者相关研究综述 [J]. 福建江夏学院学报，2012 (5)：62-67.

[114] 赵青，李珍. 英国长期照护：基本内容、改革取向及其对我国的启示 [J]. 社会保障研究，2018 (5)：96-103.

[115] 郑秉文. 中国养老金发展报告 (2017) [M]. 北京：经济管理出版社，2017.

[116] 郑功成. 社会保障概论 [M]. 上海：复旦大学出版社，2005.

[117] 郑伟，姚奕，刘子宁，等. 长期护理保险制度的评估框架及应用：基于三个案例的分析 [J]. 保险研究，2020 (10)：66-79.

[118] 郑伟. 全面理解"多层次长期照护保障制度" [J]. 中国医疗保险，2020 (2)：34.

[119] 仲利娟. 长期护理保险家庭化：来自德国的证据 [J]. 学海，2018 (4)：73-79.

[120] 周春山，李一璇. 发达国家 (地区) 长期照护服务体系模式及对中国的启示 [J]. 社会保障研究，2015 (2)：83-90.

[121] 朱凤梅，王震. 长期照护供需失衡的政策分析 [J]. 中国医疗保险，2016 (9)：34-37.

[122] 住居广士. 日本介护保险 [M]. 张天民，刘序刊，吉见弘，译. 北京：中国劳动社会保障出版社，2009.

英文文献

[1] ABEL E K. Adult daughters and care for the elderly [J]. Feminist Studies, 1986, 12 (3): 479-497.

[2] AMIRKHANYAN A A, WOLF D A. Parent care and the stress process: Findings from panel data [J]. Journals of Gerontology, 2006, 61 (5): 248-255.

[3] ANDERSEN R M, MCCUTCHEON A, ADAY L A, et al. Exploring dimensions of access to medical care. [J]. Health Services Research, 1983, 18 (1): 49-74.

[4] ANTTONEN A, SIPILA J. European social care services: Is it possible to identify models? [J]. Journal of European Social Policy, 1996, 6 (2): 87-100.

[5] APPLEBAUM R, BARDO A, ROBBINS E. International approaches to long-term services and supports [J]. American Society on Aging, 2013, 37 (1): 59-65.

[6] BARCZYK D, KREDLER M. Long-term care across Europe and the United States: The role of informal and formal care [J]. Fiscal Studies, 2019, 40 (3): 329-373.

[7] BOLIN K, LINDGREN B, LUNDBORG P. Informal and formal care among single-living elderly in Europe [J]. Health Economics, 2008, 17 (3): 393-409.

[8] BONSANG E. Does informal care from children to their elderly parents substitute for formal care in Europe? [J]. Journal of Health Economics, 2009, 28 (1): 143-154.

[9] BOOKWALA J. The impact of parent care on marital quality and well-being in adult daughters and sons [J]. The Journals of Gerontology, 2009, 64 (3): 339-347.

[10] BRODSKY J, HABIB J, HIRSCHFELD M J. Key policy issues in long-term care [R]. New York: World Health Organization, 2003.

[11] BRODSKY J, HABIB J, MIZRAHI I. Long-term care laws in five developed countries: A review [R]. Geneva World Health Organization, 2000.

[12] CAMPBELL J C, IKEGAMI N, GIBSON M J. Lessons from public long-term care insurance in Germany and Japan [J]. Health Affairs, 2010, 29 (1): 87-95.

[13] CANTOR M, LITTLE V. Aging and social care [M]. //BINSTOCK R H, SHANAS E. Handbook of aging and social sciences. New York: Van Nostrand Reinhold, 1985: 745-781.

[14] CAPISTRANT B D, BERKMAN L F, GLYMOUR M M. Does duration of spousal caregiving affect risk of depression onset? Evidence from the health and retirement study [J]. The American Journal of Geriatric Psychiatry, 2014, 22 (8): 766-770.

[15] CARMICHAEL F, CHARLES S. The labour market costs of community care [J]. Journal of Health Economics, 1998, 17 (6): 747–765.

[16] CHAPPELL N, BLANDFORD A. Informal and formal care: Exploring the complementarity [J]. Ageing & Society, 1991, 11 (3): 299–317.

[17] CHARI A V, ENGBERG J, RAY K N, et al. The opportunity costs of informal elder–care in the United States: New estimates from the American time use survey [J]. Health Services Research, 2015, 50 (3): 871–882.

[18] CHARLES K K, SEVAK P. Can family caregiving substitute for nursing home care? [J]. Journal of Health Economics, 2005, 24 (6): 1174–1190.

[19] COE N B, VAN HOUTVEN C H. Caring for mom and neglecting yourself? The health effects of caring for an elderly parent [J]. Health Economics, 2009, 18 (9): 991–1010.

[20] COLEMAN B. Helping the helpers: State–supported services for family caregivers [R]. AARP Public Policy Institute Report, 2000.

[21] COLOMBO, FRANCESCA, ANA LLENA–NOZAL, et al. Help wanted? Providing and paying for long–term care, OECD health policy studies [M]. Paris: OECD Publishing, 2011.

[22] CREMER H, ROEDER K. Long–term care policy with lazy rotten kids [J]. Journal of Public Economic Theory, 2017, 19 (3): 583–602.

[23] DE ZWART P L, BAKX P, VAN DOORSLAER E K A. Will you still need me, will you still feed me when I'm 64? The health impact of caregiving to one's spouse [J]. Health Economics, 2017 (26): 127–138.

[24] DI NOVI C, JACOBS R, MIGHELI M. The quality of life of female informal caregivers: From scandinavia to the mediterranean sea [J]. European Journal of Population, 2015, 31 (3): 309–333.

[25] DO Y K, NORTON E C, STEARNS S C, et al. Informal care and caregiver's health [J]. Health Economics, 2015, 24 (2): 224–237.

[26] EICHLER M, PFAU–EFFINGER B. The "consumer principle" in the care of elderly people: Free choice and actual choice in the German welfare state [J]. Social Policy & Administration, 2009, 43 (6): 617–633.

[27] ESPING–ANDERSEN G. Social foundations of postindustrial economies [M]. Oxford: Oxford University Press, 1999.

[28] FAST J E, WILLIAMSON D L, KEATING N C. The hidden costs of informal elder care [J]. Journal of Family and Economic Issues, 1999, 20 (3): 301–326.

[29] FERRER-I-CARBONELL A, FRIJTERS P. How important is methodology for the estimates of the determinants of happiness? [J]. The Economic Journal, 2004, 114 (497): 641-659.

[30] GERAEDTS M, HELLER G V, HARRINGTON C A. Germany's long-term-care insurance: Putting a social insurance model into practice [J]. The Milbank Quarterly, 2000, 78 (3): 375-401.

[31] HARMELL A L, CHATTILLION E A, ROEPKE S K, et al. A review of the psychobiology of dementia caregiving: A focus on resilience factors [J]. Current Psychiatry Reports, 2011, 13 (3): 219-224.

[32] HEGER D. The mental health of children providing care to their elderly parent [J]. Health Economics, 2017, 26 (12): 1617-1629.

[33] IKEGAMI N, CAMPBELL J C. Choices, policy logics and problems in the design of long-term care systems [J]. Social Policy & Administration, 2010, 36 (7): 719-734.

[34] KEHL K, STAHLSCHMIDT S. A new perspective on the economic valuation of informal care: The well-being approach revisited [Z]. SFB 649 Discussion Paper, 2013.

[35] KENNY P, KING M T, HALL J. The physical functioning and mental health of informal carers: Evidence of care-giving impacts from an Australian population-based cohort [J]. Health & Social Care in the Community, 2014, 22 (6): 646-659.

[36] KOHL N M, MOSSAKOWSKI K N, SANIDAD I I, et al. Does the health of adult child caregivers vary by employment status in the United States? [J]. Journal of Aging and Health, 2019, 31 (9): 1631-1651.

[37] KOOPMANSCHAP M A, VAN EXEL N J A, VAN DEN BERG B, et al. An overview of methods and applications to value informal care in economic evaluations of healthcare [J]. Pharmacoeconomics, 2008, 26 (4): 269-280.

[38] KRAMER B J. Gain in the caregiving experience: Where are we? What next? [J]. Gerontologist, 1997, 37 (2): 218-232.

[39] KRAUS M, et al. A typology of long-term care systems in Europe [R]. ENEPRI research report No. 91 for the assessing needs of care in European nations (ANCIEN) research project. Brussels: European Network of Economic Policy Research Institutes, 2010.

[40] KUSANO C T, BOULDIN E D, ANDERSON L A, et al. Adult informal caregivers reporting financial burden in Hawaii, Kansas, and Washington: Results from the 2007 behavioral risk factor surveillance system [J]. Disability & Health Journal, 2011, 4 (4): 229-237.

[41] LEGG L, WEIR C J, LANGHORNE P, et al. Is informal caregiving independently associated with poor health? A population-based study [J]. Epidemiol Community Health, 2013, 67 (1): 95-97.

[42] LILLY M B, LAPORTE A, COYTE P C. Do they care too much to work? The influence of caregiving intensity on the labour force participation of unpaid caregivers in Canada [J]. Journal of Health Economics, 2010, 29 (6): 895-903.

[43] LITWAK E, MEYER H J. A balance theory of coordination between bureaucratic organizations and community primary groups [J]. Administrative Science Quarterly, 1966, 11 (6): 31-58.

[44] LITWAK E. Helping the elderly: The complementary roles of informal networks and formal systems [M]. New York: The Guilford Press, 1985.

[45] LIU W T, KENDIG H. Critical issues of caregiving: East-west dialogue [M]. // LIU W T, KENDIG H. Who should care for the elderly: An East West Value Divide. Singapore: Singapore University Press, 2000.

[46] LIU Y, KIM K, ZARIT S H. Health trajectories of family caregivers: Associations with care transitions and adult day service use [J]. Journal of Aging and Health, 2015, 27 (4): 686-710.

[47] LOMAN R M J. Deinstitutionalisation of long-term care for older adults: A comparative study between Germany and the Netherlands [D]. Enschede: University of Twente, 2019.

[48] MEIJER C D, BROUWER W, KOOPMANSCHAP M, et al. The value of informal care - a further investigation of the feasibility of contingent valuation in informal caregivers [J]. Health Economics, 2009, 19 (7): 755-771.

[49] MESSERI P, SILVERSTEIN M, LITWAK E. Choosing optimal support groups: A review and reformulation [J]. Journal of Health and Social Behavior, 1993, 34 (2): 122-137.

[50] NADASH P, DOTY P, VON SCHWANENFLUGEL M. The german long-term care insurance program: Evolution and recent developments [J]. The Gerontologist, 2018, 58 (3): 588-597.

[51] NOCERA S, ZWEIFEL P. Women's role in the provision of long-term care, financial incentives, and the future financing of long-term care [M]. // Long-term care: Economic issues and policy solutions. Boston: Springer, 1996: 79-102.

[52] NORTON E C, NEWHOUSE J P. Policy options for public long-term care insurance [J]. JAMA The Journal of the American Medical Association, 1994, 271 (19): 1520-1524.

[53] NORTON E C. Long-term care [M]. //CULYER A J, NEWHOUSE J P. Handbook of health economics. New York: North-Holland, 2000: 955-994.

[54] OLSHANSKY S J, RUDBERG M A, CARNES B A, et al. Trading off longer life for worsening health [J]. Journal of Aging & Health, 1991, 3 (2): 194-216.

[55] ORLOFF A S. Gender and the social rights of citizenship: The comparative analysis of gender relations and welfare states [J]. American Sociological Review, 1993, 58 (3): 303-328.

[56] OSHIO T. How is an informal caregiver's psychological distress associated with prolonged caregiving? Evidence from a six-wave panel survey in Japan [J]. Quality of Life Research, 2015, 24 (12): 2907-2915.

[57] PARSONS T. The social structure of the family [M]. //ANSHEN R N. The family: Its function and destiny. New York: Harper and Brothers, 1959.

[58] PAVALKO E K, WOODBURY S. Social roles as process: Caregiving careers and women's health [J]. Journal of Health and Social Behavior, 2000, 41 (1): 91-105.

[59] PESTIEAU P, SATO M. Long-term care: The state, the market and the family [J]. Economica, 2008, 75 (299): 435-454.

[60] POWDTHAVEE N, VAN DEN BERG B. Putting different price tags on the same health condition: Re-evaluating the well-being valuation approach [J]. Journal of Health Economics, 2011, 30 (5): 1032-1043.

[61] RHEE J C, DONE N, ANDERSON G F. Considering long-term care insurance for middle-income countries: Comparing South Korea with Japan and Germany [J]. Health Policy, 2015, 119 (10): 1319-1329.

[62] SCHMITZ H, WESTPHAL M. Short-and medium-term effects of informal care provision on female caregivers' health [J]. Journal of Health Economics, 2015 (42): 174-185.

[63] SCHULZ E. The long-term care system in Germany [Z]. DIW Berlin Discussion Paper, 2010.

[64] SCHULZ R, O'BRIEN A T, BOOKWALA J, et al. Psychiatric and physical morbidity effects of dementia caregiving: Prevalence, correlates, and causes [J]. The Gerontologist, 1995, 35 (6): 771-791.

[65] SODEI T. Care of the elderly: A women's Issue [M]. //KUMIKO F, ATSUKO K. Japanese women: new feminist perspectives on the past, present and future. New York: Feminist Press, 1995: 223.

[66] SPILLMAN B C, PEZZIN L E. Potential and active family caregivers: Changing networks and the "sandwich generation" [J]. Milbank Quarterly, 2000, 78 (3): 347-374.

[67] STONE R I, KEMPER P. Spouses and children of disabled elders: How large a constituency for long-term care reform? [J]. The Milbank Quarterly, 1989, 67 (34): 485-506.

[68] THEOBALD H, CHON Y. Home care development in Korea and Germany: The interplay of long-term care and professionalization policies [J]. Social Policy & Administration, 2020, 54 (5): 615-629.

[69] VAN DEN BERG B, AL M, VAN EXEL J, et al. Economic valuation of informal care: Conjoint analysis applied in a heterogeneous population of informal caregivers [J]. Value in Health, 2008, 11 (7): 1041-1050.

[70] VAN DEN BERG B, BROUWER W B F, KOOPMANSCHAP M A. Economic valuation of informal care [J]. The European Journal of Health Economics, 2004, 5 (1): 36-45.

[71] VAN DEN BERG B, BROUWER W, VAN EXEL J, et al. Economic valuation of informal care: Lessons from the application of the opportunity costs and proxy good methods [J]. Social Science & Medicine, 2006, 62 (4): 835-845.

[72] VAN DEN BERG B, FERRER-I-CARBONELL A. Monetary valuation of informal care: The well-being valuation method [J]. Health Economics, 2007, 16 (11): 1227-1244.

[73] VAN HOUTVEN C H, NORTON E C. Informal care and health care use of older adults [J]. Journal of Health Economics, 2004, 23 (6): 1159-1180.

[74] VAN HOUTVEN C H, NORTON E C. Informal care and medicare expenditures: Testing for heterogeneous treatment effects [J]. Journal of Health Economics, 2008, 27 (1): 134-156.

[75] VAN PRAAG B M S, BAARSMA B E. Using happiness surveys to value intangibles: The case of airport noise [J]. The Economic Journal, 2005, 115 (500): 224-246.

[76] WAKABAYASHI C, DONATO K M. Does caregiving increase poverty among women in later life? Evidence from the health and retirement survey [J]. Journal Health and Social Behavior, 2006, 47 (3): 258-274.

[77] WEBB P. Legislating for care: A comparative analysis of long-term care insurance laws in Japan and Germany [J]. Social Science Japan Journal, 2003, 6 (1): 39-56.

[78] WEBER M. The theory of social and economic organization [M]. New York: Oxford University Press, 1947.

[79] WIENER J M, TILLY J, CUELLAR A E. Consumer-directed home care in the Netherlands, England, and Germany [R]. AARP Research Report, 2003.

[80] ZENG Y, VAUPEL J W, XIAO Z, et al. The healthy longevity survey and the active life expectancy of the oldest old in China [J]. Population, 2001, 13 (1): 95-116.

后记

本书是在我的博士学位论文的基础上完成的。

从2016年9月刚进入博士生阶段学习时，我就确定了自己的研究方向——老年长期照护，这多半是受到攻读硕士学位时导师的研究兴趣的影响。长期照护虽然是热点，但是研究起来非常不容易。导师经常说，长期照护研究分为三个方面：一是筹资，二是服务的组织和提供，三是治理。在这三个方面，对一名保险专业的学生而言，筹资应该是最擅长的。通过对国内长期照护筹资方面的文献进行梳理，我发现在20世纪90年代末，我国学术界就已经开始了长期护理保险的研究，从国外经验介绍、启示借鉴，到我国长期照护保险制度的选择、长期照护保险制度细节的设定、试点地区经验总结等方面都有了较为深入的研究。我最关心的是照护保险的绩效评估，但试点时间短、数据积累缺乏，给实证研究带来了极大的困难。

此时，成都市正在进行长期照护保险试点。跟导师讨论之后，我决定先进入保险公司实习一段时间，再做打算。成都市照护保险试点采用保险公司经办的方式。我在实习期间深刻地认识到，长期照护保险与医疗、养老保险有着很大的不同，可能对于医疗、养老来说，保险只要做到风险的集中和分散，采用经济补偿的方式，就达到了最终目的。但对于长期照护而言，其最终目的是要让失能老人享有照护服务，而筹资只是一种手段，最重要的还是服务的组织和提供。与上海市、青岛市等东部沿海地区城市的试点方案不同的是，成都市长期照护保险通过直接给照护老人的家庭成员发放津贴，鼓励家庭提供非正式照护服务，通过直接补偿家庭照护者，辅以照护指导、上门回访监督，探索出了“亲情优于专业”的特色照护模式。这让我思考：其一，在快速老龄化背景下，家庭照护资源可获得性下降，但通过政策的鼓励，提高了家庭照护老人的参与度，激发了家庭照护的积极性；其二，在中国传统文化影响下，老人偏好家人照护，照护津贴的形式正好匹配了老人的需求。那么，在老龄化快速发展和中国传统文化的影响下，非正式照护制度化能否作为解决老人长期照护问题的一个重要手段？将非正式照护纳入长期照护服务体系，一方面以非正式照护为基础；另一方面在技术性、专业领域，正式照护为非正式照护提供补充，通过两者的协调和配合，能否提高照护服务供给效率，从而更好地满足失能老人的需求？在有了这个想法之后，我开始了本书的研究。

袁笛

2021 年冬